ACCIÓN
VALEROSA COMPASION

Beth Gran es una de las personas mejor cualificadas para hablar de este tema. Ella ha dedicado su vida a presentar a Cristo a las personas más explotadas y abandonadas del planeta. Y cumple esta tarea no solo con las palabras que habla, sino porque el amor y la compasión que fluyen de su corazón son tan profundos, tan dispuestos al sacrificio, y tan incesantes como para ser algo que proviene de sus sentimientos. Estas páginas le entregarán un panorama de este amor y esta compasión, pero por encima de todo, usted tendrá una vislumbre de Cristo.

Jeremy Vallerand, *Presidente,*
Rescue: Freedom International

Cuando viví y trabajé un años en Bangladesh a principios de 1990, escuché acerca de Beth y David Grant. Este matrimonio, que sirve a la iglesia global con gran discernimiento espiritual, vivía el Gran Mandamiento y la Gran Comisión. Lo vi entonces. Lo veo hoy. Veinte años después, la Dra. Beth Grant le ha dado una perspectiva fresca a la obra del evangelio en todos nosotros, que como creyentes podemos marcar la diferencia en nuestro mundo por la causa de Cristo. Su presentación inteligente y articulada refleja su sabiduría y su corazón compasivo. Pero dentro de ese mismo corazón está el valor de una guerrera enardecida por las injusticias en el mundo. Mi deseo es que el fuego del Espíritu que arde en el corazón de la Dra. Beth Grant renueve el corazón de quienes lean este libro.

Dr. Barry Corey, *Presidente,*
Biola University, La Mirada, California

Valerosa Compasión es un llamado profético al pueblo de Dios del siglo veintiuno. Su corazón arderá, su mente será desafiada, y su visión expandida. Le advierto: usted no será el mismo. Dios le hablará, y usted descubrirá un nuevo propósito para su vida, ¡tal vez lo que preparó para usted desde antes que naciera!

Dr. Jo Anne Lyon, *Superintendente General,*
Iglesia Wesleyana

El tráfico y la explotación sexual de seres humanos se ha convertido en una pandemia global. Hoy afecta la vida de millones de mujeres, hombres, niños, y niñas en la mayoría de las ciudades del mundo. Los cristianos evangélicos están respondiendo a esta crisis con un aumento de la defensa, la intervención directa, las políticas públicas, y la atención compasiva. El libro *Valerosa Compasión* es un llamado a la acción, a la oración, y a la transformación bíblica. Grant nos recuerda que la Biblia habla de la injusticia social, y desafía a los cristianos a responder a este concepto moderno de la esclavitud. Ella nos desafía a adoptar una compasión holística e integrada, que enfrente seriamente las realidades humanas, sociales, y culturales de la explotación sexual y la obra de Dios a través de Jesucristo, quien ofrece la suprema respuesta para los problemas del sufrimiento humano. Escribo desde el punto de vista médico, después de dedicarme a la lucha global contra este mal. Beth nos presenta la vida y la historia de personas que han experimentado el dolor del abuso y la gracia redentora de Dios. *Valerosa Compasión* será de utilidad en la iglesia, a los educadores, los activistas, los líderes, y otros que quieran estar mejor preparados para luchar contra tráfico humano.

Dr. Bill Prevette, *Centro Oxford de Estudios Misioneros, Oxford, UK, Niños y jóvenes en situación de riesgo—estudio, defensa, e intervención*

Mucho antes que términos como *tráfico humano, esclavitud sexual,* y *niños en situación de riesgo* fueran parte del discurso misiológico evengélico, David y Beth Grant ya estaban profundamente inmersos en los asuntos relacionados con la justicia social y la compasión. *Valerosa Compasión* de Beth Grant tiene como fuente un cúmulo de experiencias personales de dos décadas que han sido clave para delinear una poderosa teología de preocupación social que es bíblicamente saludable. En una época de conciencia social global sin precedente, la emergente generación de inquietos seguidores de Cristo, que enfrentan diariamente esta cruda realidad social, están cada vez más descontentos con la respuesta fría y desinteresada de creyentes que simplemente calientan un asiento en su iglesia. Le advierto . . . éste no es un libro frío ni desligado de la realidad. Grant es una minuciosa erudita, pero también profundamente fervorosa en su esfuerzo de atraer a los lectores a una convincente y transformadora aventura de seguir los pasos de Jesús en un valeroso enfrentamiento con los males sociales de nuestro mundo. *Valerosa Compasión* atraerá especialmente a los lectores, jóvenes y ancianos, a los eruditos, y al público en general, cuya pregunta «¿Dónde estaría Jesús y qué haría si hoy estuviera presente corporalmente en nuestro planeta?» no es un asunto solamente para el debate académico sino un deseo de saber para seguir a Jesús en su misión de sanidad para un mundo enfermo.

Dr. Ivan Satyavrata, *Pastor principal,*
Misión Asamblea de Dios, Calcuta, India

Es sorprendente el fervor que destila cada página de este libro con las implicaciones de lo que Beth Grant ha escrito. Ella y su esposo David, ambos ministros de las Asambleas de Dios, no comenzaron un ministerio: ellos vieron una necesidad y oraron hasta que el Señor tocó el corazón de un líder nacional que sería el líder. Durante los últimos diecisiete años, ellos han animado a los equipos, han colaborado en la recaudación de fondos para Project Rescue [Proyecto Rescate], y ellos mismos han sido guerreros de oración en esta batalla. En muchas reuniones Beth ha compartido su sentir por las mujeres víctimas del tráfico, y me alegro de que finalmente lo exprese por escrito. El libro contiene muchas historias y sugerencias prácticas para que otros reflexionen y oren acerca de cómo podrían participar en el ministerio. Ella enfrenta la cautividad de la iglesia de los Estados Unidos a su cultura en sus comentarios sobre las muchas personas que escuchan que hay una necesidad y deciden responder de manera independiente sin consultar ni comunicarse con los ministerios ya existentes. El trabajo entre personas que han sufrido requiere de una confianza que no se cultiva durante un viaje misionero de corto plazo, y este libro nos presentará nuevos desafíos que debemos explorar y acciones que debemos cumplir contra el mal del tráfico humano en nuestro mundo.

Dra. Judith Lingenfelter, *Profesora honoraria,*
Biola University, La Mirada, California

Valerosa Compasión es un llamado profético a seguir los pasos de Jesús —a satisfacer las necesidades físicas y espirituales de los pobres y de los que sufren. Beth Grant y su esposo David, se han ganado el derecho de hablar acerca de este tema. Ellos han trabajado por muchos años en diversos lugares del mundo, rescatando a mujeres y niños que han sido víctimas del tráfico humano. Ellos han visto directamente lo que se puede alcanzar cuando los ministros de Cristo administran compasión conforme a sus modelo. Este libro es un claro y oportuno recordatorio de que cada uno de nosotros tiene un deber bíblico de representar a Jesús y su amor. Espero que su mensaje nos mueva a la acción, más que a solamente expresar palabras de compasión y piedad.

Hal Donaldson, *Presidente, Convoy of Hope*

Durante la décadas que he conocido a Beth y David Grant como colegas y amigos, invariablemente han mostrado este fervor —no se trata de cualquier fervor, sino de una devoción al Señor, a los perdidos, y a la obra del Señor. Las ilustraciones personales en el libro son impactantes y representan el sentir de ellos por el ministerio a los que sufren. Sus años de servicio en la India y en otros lugares del mundo los han calificado de una singular manera para enseñar su perspectiva teológica acerca del ministerio de la compasión y la justicia social. *Valerosa Compasión: Enfrentemos la injusticia social a la manera de Dios* es un libro rico e inspirador que trata uno de los más importantes temas de esta generación. Recomiendo encarecidamente su lectura y uso en grupos de estudio para enriquecer nuestro punto de vista pentecostal en relación con este importante tema.

Dr. Greg Mundis, *Director ejecutivo,*
Misiones Mundiales de las Asambleas de Dios

El libro de la Dra. Grant toca el fondo y la amplitud de una compasión que es denodada y valerosa; una compasión que va más allá de las simples palabras, que traduce esas palabras en acción. Grant reconoce que esta compasión es no solo compleja sino también costosa. Para establecer la validez de esta declaración, el lector emprende un desgarrador viaje al tenebroso y despreciable ámbito de los quebrantados donde la vida se despliega en el contexto de la maldad y la injusticia. Nuestra reacción inicial es retroceder ante las realidades del viaje que revelan por qué solamente la costosa compasión puede traspasar la densa oscuridad que envuelve a los que sufren para darles libertad. Sin embargo, como la compasión ejemplifica el carácter de Dios en cuanto a quién es Él y cómo responde a sus hijos, también se debe aceptar el costo. El viaje también nos compele a examinar nuestra propia compasión. ¿Es adecuada para el ministerio de trasformación, o encontramos algunas aberturas que necesitan remiendo o la obra de Aquel que llamamos «Padre misericordioso»?

Dr. Phyllis Kilbourn, *Fundador y director de educación,*
Crisis Care Training International

Valerosa Compasión es una obra fundamental para entender las complejidades y los desafíos que se enfrentan en la lucha contra el tráfico humano en el siglo veintiuno. Beth Grant ha obtenido sus credenciales tanto en el campo de batalla con sus esfuerzos de oposición al tráfico en el mundo y en el campo del estudio que procura responder a uno de los temas sociales más insidiosos de nuestros días. Lo que ella dice tiene importancia estratégica y aplicación práctica. Ella invita al lector «a sacar conclusiones y a tomar una decisión».

Dentro de un marco bíblico, Beth le da al lector razones de continuar leyendo y participar en la lucha. Sus historias son actuales y verdaderas. Sus sugerencias son prácticas. Y su fervor por ver la libertad de quienes se encuentran esclavizados es el mensaje de cada página. No es frecuente encontrar a un guerrero que luche con tezón y que escriba bien. Beth Grant es una de esos pocos. Su libro es un penetrante desafío.

Dr. Dick Foth, *orador,*
autor de When the Giant Lies Down
[Cuando el gigante se acuesta]

De la pregunta de la madre Teresa: «¿Qué hará hoy?» a la pregunta de una madama respecto a una niña que ya no quería: «¿La quiere usted?», *Valerosa Compasión* lo desafía a hacer mucho más que simplemente aprender a cuidar de otros. Advertencia: éste libro se lee mejor si se tiene un pañuelo a la mano! Las historias que revelan la profunda necesidad humana son estremecedoras y cuativantes. Los conmovedores testimonios de las victorias que se han ganado a través de sencillos actos de compasión lo motivarán a la acción valerosa y compasiva!

Rod Loy, *Pastor principal,*
First Assembly of God, North Little Rock Arkansas;
autor de Tres Preguntas *y* Obediencia Inmediata

A lo largo de la historia de la iglesia, el péndulo de la verdad acerca de la proclamación, un énfasis en el evangelizmo, y un enfoque primario en las buenas obras ha oscilado de un extremo al otro. Por ejemplo, a veces el énfasis ha sido la proclamación, con poco énfasis en el llamado de la iglesia a alimentar al hambriento y a romper las cadenas de los oprimidos. En otros momentos la palabra de Dios ha sido desplazada por la inclinación a las obras. Este péndulo oscilante es un tema de especial relevancia hoy. Somos bendecidos con una generación de jóvenes que quieren participar en la obra de Dios y que buscan su dirección. Si buscamos en las Escrituras encontraremos claridad en Hechos 6, cuando los discípulos fueron enfrentados a un desafío similar. Después de que oraron y tuvieron la dirección del Espíritu Santo, ellos establecieron el patrón, y dijeron: «No está bien que nosotros los apóstoles descuidemos el ministerio de la palabra de Dios para servir las mesas». Es aquí donde, de una vez, se establece la prioridad de la Iglesia. Esa prioridad es la proclamación —la realidad de que el alma es más importante que el cuerpo, y la eternidad es más importante que el tiempo. Sin embargo, la iglesia primitiva también dio un paso deliberado para asumir la responsabilidad de alimentar al que tiene hambre y atender al pobre. Ellos organizaron un plan para que nadie fuera postergado—un importante componente de la misión de la iglesia.

En *Valerosa Compasión*, Beth Grant presenta una saludable posición bíblica acerca del ministerio a las necesidades espirituales, mientras damos un vaso de agua fría en el nombre de Jesús. Debemos vivir nuestra vida con equilibrio, tanto para proclamar la verdad de que no hay otro nombre por el cual podemos ser salvos, como también para vivir esa verdad al hacer buenas obras, y si fuera necesario, sacrificarnos para cumplirlas. Recomiendo el mensaje de este libro, y agradezco a Beth que haya usado sus dones y talentos en el área de la misiología y en escribir para compartir este mensaje.

Bob Hoskins, *Fundador, OneHope*

He conocido a Beth Grant como colega y amiga durante muchos años. En todo ese tiempo, nunca he visto que su tezón para luchar contra el tráfico humano disminuya o vacile. Al contrario, ella ha compartido su fervor a través de sus escritos, la enseñanza, las conferencias, y el ejemplo personal, y nos ha desafiado a pensar cómo Dios podría usarnos para hacer «algo» respecto a esta tragedia del sufrimiento humano. En *Valerosa Compasión*, la Dra. Grant establece un sólido fundamento para el alcance compasivo informado. Ella demuestra la comisión para la respuesta cristiana, señalando a las Escrituras que nos muestran la dirección a la «mejor práctica» en nuestro acercamiento a las intervenciones anti-tráfico. Con mucha gracia, ella presenta la necesidad de que confiemos en Dios, dejemos a un lado los temores, nos unamos unos a otros, y tomemos la mano de la iglesia local y aquellos que conocen la cultura y el contexto de una situación en particular. Este es un libro de lectura obligatoria para cada cristiano y ciertamente para cualquier persona que quiera empezar un esfuerzo anti-tráfico.

JoAnn Butrin, *PhD, Directora de ministerios internacionales, Misiones Mundiales de las Asambleas de Dios*

En *Valerosa Compasión* Beth Grant hace algo más que lanzar un simple desafío a la iglesia. Ella anuncia un palabra profética. Nuestras respuestas privadas y públicas a las injusticias en el mundo deben enfrentarse con la postura de la compasión que nuestro Salvador nos mostró como ejemplo. El libro está colmado de cautivantes historias personales, documentadas y cuidadosamente analizadas. Todo estudiante universitario debe leer *Valerosa Compasión*.

E. Scott y Crystal Martin, *Directores nacionales, Ministerio Universitario Chi Alpha*

Una vez que la iglesia ha sido establecida, debe representar con valor y compasión el gobierno (reino) de Cristo en toda la orbe y en cada aspecto de la sociedad. La iglesia se levanta por la justicia y la rectitud, y contra el mal en cualquier lugar que éste se encuentre. Por eso en misiones, hay un prioridad lógica de fundar iglesias entre los pueblos que no han sido alcanzados y una innegable responsabilidad de que la iglesia que es fundada sea compasiva. La Dra. Beth Grant vive y articula la armonía entre estas dos pasiones de Dios, complementarias e inseparables. Debemos fundar iglesias donde no las hay, y esa iglesia debe mostrar el amor de Dios al mundo que es práctico y que también está dispuesto al sacrificio. *Valerosa Compasión* resiste la tentación de distraerse al atender solo los síntomas del mal, y con todo amor nos desafía a procurar una cura de largo alcance que venga directamente de Dios.

Dick Brogden, *Live Dead Arab World, El Cairo, Egipto*

En Valerosa Compasión, Beth proporciona una visión sustancial de una estructura para la compasión que muestra fe y acción, y cuya meta es cambiar el mundo. Su más profundo desafío al ministerio de compasión de la iglesia local a menudo es también el más problemático, el poder de la colaboración que aun no ha sido explotado. Su llamado a reflexionar, revisar, y evaluar nuestros viejos patrones de independencia, y esforzarnos para construir un modelo de justicia dispuesto a la colaboración, se apoya en el consejo y en lecciones que se han aprendido con sacrificio. Yo creo que esto no sólo transformará el mundo, también transformará a la iglesia, y cada uno de nosotros.

Dra. Sandie Morgan, *Directora, Centro de Estudios para las Mujeres, y fundadora de Live2Free, Vanguard University*

Vivimos en una cultura que todo lo racionaliza. A la codicia se llama industria, a la tacañería se llama ambición, y el acaparamiento es prudencia. Este libro es un llamado de atención de la exhortación del apóstol Pablo de que nos renovemos en el espíritu de nuestra mente (Efesios 4:23). Es un recordatorio de que debemos tener primeramente un corazón y un modo de pensar compasivo. Hoy necesitamos desesperadamente un enfoque de transformación integral que incluya la compasión y la justicia.

Dr. Jesse Miranda, *Presidente y fundador, Centro Jesse Miranda para el Liderazgo Hispano, Vanguard University*

VALEROSA
COMPASIÓN

ENFRENTEMOS LA JUSTICIA SOCIAL
A LA MANERA DE DIOS

BETH GRANT

MY HEALTHY CHURCH

Diseño de portada por Sheepish Designs

Diseño de contenido por Prodigy Pixel www.prodigypixel.com

Traducido por Marcela Robaina

El texto bíblico indicado con «NTV» ha sido tomado de la *Santa Biblia*, Nueva Traducción Viviente, © Tyndale House Foundation, 2008, 2009, 2010. Usado con permiso de Tyndale House Publishers, INC., 351 Executive Dr., Carol Stream, IL 60188, Estados Unidos de América. Todos los derechos reservados.

Utilizado con permiso. Todos los derechos reservados mundialmente. www.zondervan.com. La «NVI» y «Nueva Versión Internacional» son marcas comerciales registradas en la Oficina de Patentes y Marcas de Estados Unidos de América por Bíblica Inc. TM

Nota: En algunas de las historias de este libro, los nombres y detalles han sido cambiados para proteger el anonimato.

ISBN: 978-1-62423-111-7

17 16 15 14 • 1 2 3 4 5

Impreso en los Estados Unidos de América

ÍNDICE

RECONOCIMIENTOS

Valerosa compasión es una realidad gracias a mi querida familia, mis amistades y colegas, que han sido ejemplo de valerosa compasión conforme cumplen la misión encomendada por Cristo entre todos aquellos que sufren, dondequiera que Dios los puso en su mundo.

- Mi esposo, David; no conozco un visionario con tanta generosa compasión como él

- Nuestras hijas, Rebecca Shults y Jennifer Barratt, que vivieron el periplo con nosotros

- Nuestros yernos, Jonathan Barratt y Tyler Shults, no tenían idea del baile en que se metían, pero se han integrado al proceso de todo corazón y con las fuerzas de Dios

- Rev. Drs. Mark y Huldah Buntain, fundadores de la Misión Asambleas de Dios en Calcuta, y toda la obra de compasión que han desarrollado

- Rev. David Mohan, superintendente general de las Asambleas de Dios de la India, Madrás (Chennai), fundador y pastor de New Life [Vida Nueva]

- Dr. George Wood, superintendente general del Concilio General de las Asambleas de Dios en Estados Unidos de América

- K. K. Devaraj y Latijah, fundador director de Bombay Teen Challenge, Mumbai, India

- Rev. Ambika Pandey, fundador director de Deepika Welfare Society, Calcuta, India

- Dr. John y Faith Higgins, pastor y director de la Misión de las Asambleas de Dios, Calcuta, India

- Dr. Ivan y Sheila Satyavrata, pastor de la Misión de las Asambleas de Dios, Calcuta, y presidente de la junta de Deepika Welfare Society, Calcuta

- Doug y Ramona Jacobs, fundadores, Project Rescue Nepal

- Easo y Leela Daniel, Project Rescue Sharansthan, Nagpur, India

- Mathew y Suha Daniel, fundadores, Project Rescue Pune, India

- Pastor Gavin y Amenla Cunningham, First Assembly of God [Primera Iglesia de las Asambleas de Dios], Bangalore, India

- Joni Middleton, capacitadora y consultora especializada en temas vinculados a la niñez para el programa Project Rescue

- Andy y Nancy Raatz, AGWM, fundadores de Freedom Home, Moldavia

- Pastor Robert Jeyaraj, Global Christian Life Church, Delhi, India

- Rohit y Vinita Bhalla, fundadores, Suraksha Project Rescue Delhi, India

- Kevin y Lucy Donaldson, Project Rescue Delhi, India

- George Varghese, Fundación Project Rescue, India

- Sumi Samuel y Arul Santosh, directores, Project Rescue, New Life AG, Madrás (Chennai), India

- Pastor Rajnish y Oriana Jacob, Jaipur, India, fundador del ministerio a los pueblos de Rajastán, donde se ejerce la prostitución hereditaria

- Fiona Bellshaw, fundadora y directora, Project Rescue, Madrid, España

- Angela Trementozzi, Europa, Misiones Mundiales de las Asambleas de Dios

- Lisa Russi, fundadora, Project Rescue Bangladesh

- Mel y Jillian Rogers, Project Rescue Bangladesh

- Dr. JoAnn Butrin, directora de Ministerios Internacionales de AGWM, especialista en ministerios de compasión

- Cindy Hudlin, AGWM colega y co-editora, y jefa del projecto Hands That Heal [Manos sanadoras]

- Lisa Thompson, especialista en la lucha contra el tráfico ilegal de personas (Oficina Mundial del Ejército de Salvación), y ahora coordinadora de la lucha contra el tráfico ilegal de personas de World Hope [Esperanza para el mundo]

- Dr. Joann Lyon, superintendente general de la Iglesia Metodista Wesleya , exdirectora ejecutiva de World Hope

- Dr. Sandie Morgan, Centro de Estudios sobre las Mujeres (Vanguard University), fundadora de Live2Free, exdirectora del grupo de acción contra el tráfico ilegal de personas de Southern California Orange County

- Dr. Melody Palm, directora de consejería, Seminario Teológico de las Asambleas de Dios, y consejera especialista en la superación de traumas y el tratamiento de personas que han sido víctima de abuso sexual

- Patricia Green, pionera del ministerio a las prostitutas de Bangkok, Tailandia, fundadora/directora de Alabaster Box, Berlín, Alemania

- Lauran Bethell, pionera de los ministerios a las mujeres prostituidas en Asia y Europa, consultora y capacitadora internacional

INTRODUCCIÓN

UN MARCO PERSONAL PARA LOS MINISTERIOS DE COMPASIÓN

No recuerdo que se hablara mucho sobre el ministerio de compasión, mientras vivía y crecía en una pequeña iglesia pentecostal, en los suburbios de Washington, DC. Me crié en una familia cristiana donde la compasión era parte de la rutina que mis padres practicaban en el ejercicio de su fe personal. Más de una vez, recuerdo que los necesitados golpeaban a la puerta porque mi padre, para quien todos eran conocidos, los había invitado a visitarnos. Mi madre era la organizadora, y sus respuestas solidarias se caracterizaban por estar mejor planificadas —éstas habían sido objeto de más reflexión y eran más deliberadas. Pero para ambos, compartir un vaso de agua fría (Mateo 10:42) era parte integral de seguir a Jesús, algo tan natural como respirar.

Después, en 1977, mi esposo David, misionero y evangelista, me llevó a la India. Una semana después de casarnos, llevó orgullosamente a su nueva compañera, que había enviudado a los veinticinco años, a conocer a la gente y a la nación que él amaba profundamente. Repentinamente, la palabra *compasión* irrumpió en mi mundo bien ordenado y prolijo. En un contexto de necesidad humana atroz, que jamás hubiera podido imaginar, mi circunspecta definición de compasión se vio cuestionada por el activismo denodado del evangelista misionero Mark Buntain. Observé cómo él alimentaba al hambriento, lloraba por el alcohólico, abrió un hospital y recibía niños enfermos —todo entre domingo y domingo, el día en que predicaba con poder la Palabra, y los quebrantados de corazón de Calcuta escuchaban la voz estentórea del evangelista y profeta que los invitaba a venir a Jesús. Y vaya si vinieron.

Y también vinieron los debates misiológicos sobre los ministerios de compasión. Comencé a escuchar frases como *evangelio social*, dichas en voz baja. Cuando participaba de algunas de mis primeras reuniones de comisión de las Misiones Mundiales de las Asambleas de Dios, teníamos que evitar el uso de la palabra *holístico*. Participé en debates en los que la predicación y la compasión se concebían como dos objetivos misioneros opuestos y divergentes. Durante aquellos años, mis estudios de grado me aportaron el don de la reflexión sobre la vida de Cristo y la misión, intercalado con períodos de inmersión en las palpables y acuciantes necesidades de Calcuta, Mumbai y Delhi. Mi esposo, David, continuaba predicando sobre Jesús y dedicado a la labor misionera, respondía con compasión a las abrumadoras necesidades humanas.

Hasta que en 1996, nuestro colega K. K. Devaraj visitó por primera vez la zona roja de Kamatapura, en Mumbai. Él y su esposa, Latijah, se habían trasladado a Mumbai para comenzar el ministerio Teen Challenge [Desafío Juvenil] entre los jóvenes vagabundos de la ciudad, pero por primera vez, Dios condujo al equipo de Devaraj a un lugar donde la iglesia no suele ir. Kamatapura abrió nuestros ojos a un mundo de horrenda explotación sexual, que produce miles y miles de víctimas, mujeres y niños: un mundo que existía, pero que nosotros desconocíamos. Cuando las mujeres nepalesas involucradas en la trata de blancas le dijeron al equipo de Teen Challenge que querían seguir a Jesús, pero que no podían dejar los burdeles donde trabajaban como esclavas, le pidieron a Devaraj que se llevara a sus hijas para protegerlas. Devaraj llamó a mi esposo, David, a altas horas de la noche y le hizo una propuesta que cambiaría el curso de nuestras vidas y de nuestro ministerio. Ahogando las lágrimas, le preguntó: «*Hermano Grant, ¿le parece que podríamos recibir a treinta y siete niñas pequeñas?*».

Sin pensar en cómo ni dónde, ni en si la acción era compatible con nuestra misiología, mi esposo respondió con un sonoro: «¡Por supuesto que sí!». Así nació la visión del programa Project Rescue [Proyecto Rescate], un ministerio a las mujeres, los niños y las niñas víctimas de la esclavitud sexual. Fue también el comienzo de un viaje personal para entender cómo esta obra se insertaba en la misión más general de Mateo 28:19. En todos nuestros años anteriores de ministerio, nada había evocado las profundas emociones humanas que las necesidades de las víctimas de explotación sexual despertaron en nuestro equipo y nuestros colaboradores. Me sentía personalmente responsable de asegurarnos de que nos mantendríamos en el centro de la corriente redentora de Dios, para no dejarnos distraer por las inmensas necesidades y la respuesta emocional sin precedentes.

Los meses y años subsiguientes, a medida que Dios dio el crecimiento a los ministerios Proyecto Rescate, han sido desafiantes e inspiradores, liberadores y descorazonadores, formidables y asombrosos. Nos hemos sentido animados y desanimados, ayudados y entorpecidos, admirados y mirados con desconfianza… a veces, ¡todo eso en un mismo día! Los directores de nuestra misión, a veces perplejos por el camino que estábamos recorriendo, han tenido que recibir llamadas cargadas de duda, de pastores que han preguntado con absoluta franqueza: «¿David Grant está haciendo *qué* con prostitutas?»

Pero en el curso de este viaje que hemos emprendido, hemos llegado a conocer, como nunca, a un Dios que es incondicionalmente compasivo y hemos sido testigos de su poder para salvar y transformar la vida de los que viven cautivos en la esclavitud. Hemos visto su gracia obrar en millares de complicadas vidas que nunca habían oído hablar de la salvación por la gracia. Hemos cometido errores, y hemos ido aprendiendo, conforme intentábamos obedecer la guía de su Espíritu. A medida que nosotros y los integrantes del equipo continuamos compartiendo con los más quebrantados la esperanza de la nueva vida que solo se encuentra en Jesucristo, Dios ha seguido cambiando vidas. Hemos aprendido algunas lecciones prácticas y liberadoras sobre la misión bíblica:

- Podemos clamar a Jesús y a su Nombre en un burdel, y Él escuchará y responderá la oración.

- Todas las mujeres y todas las niñas han sido creadas por Dios y Él les dio vida para un propósito: un propósito bueno. Cada una fue creada para ser una mujer de Dios.

- La oscuridad espiritual es más que un concepto. Es una realidad asfixiante, tangible, destructiva.

- La luz espiritual es más que un concepto. ¡Jesús es una realidad liberadora, amorosa, sanadora, y transformadora!

- No hay ningún lugar tan oscuro en que la luz de Jesús no pueda brillar.

- La compasión que Jesús enseña no es anémica, ni debilucha ni rehúye los conflictos. Obra con denuedo, es necesariamente valiente y supone cambios radicales de vida.

En este libro, encontrarás las historias de personas que habiendo vivido en la esclavitud sexual encontraron la libertad, así como los testimonios de colegas en el ministerio que las acompañaron en ese proceso transformador y a veces doloroso. Gran parte de lo que leerás es fruto de años de inversión fervorosa en la vida de mis alumnos para que sean ministros interculturales y de los aportes con que ellos han enriquecido mi enseñanza y han hecho posible que aprendamos unos de otros. Espero sinceramente que pondrás en oración y reflexionarás sobre las verdades y los principios plasmados en este libro, y que los conversarás con tu familia, en tu iglesia y en tus clases. Juntos podemos explorar el mandato de Jesús de Lucas 4 en nuestro mundo del siglo veintiuno: *«El Espíritu del Señor está sobre mí, porque me ha ungido para llevar la Buena Noticia a los pobres. Me ha enviado a proclamar que los cautivos serán liberados, que los ciegos verán, que los oprimidos serán puestos en libertad, y que ha llegado el tiempo del favor del Señor» (Lucas 4:18,19 – NTV).*

CAPÍTULO 1

DIOS DECIDE INTERVENIR: LA COMPASIÓN SEGÚN ISAÍAS 59

Por eso no hay justicia entre nosotros y no sabemos
nada acerca de vivir con rectitud. Buscamos luz,
pero sólo encontramos oscuridad; buscamos cielos
radiantes, pero caminamos en tinieblas.
Andamos a tientas, como los ciegos junto a una pared,
palpando para encontrar el camino, como la gente que no tiene
ojos. Hasta en lo más radiante del mediodía, tropezamos como
si estuviera oscuro. Entre los vivos, somos como los muertos.
Gruñimos como osos hambrientos; gemimos como el arrullo
lastimero de las palomas. Buscamos la justicia, pero nunca
llega; buscamos el rescate, pero está muy lejos de nosotros.
Pues nuestros pecados se han acumulado ante
Dios y testifican en contra de nosotros. Así es,
sabemos muy bien lo pecadores que somos.
Sabemos que nos hemos rebelado contra el Señor y también
lo hemos negado; le hemos dado la espalda a nuestro
Dios. Sabemos que hemos sido injustos y opresores,
preparando con cuidado nuestras mentiras engañosas.
Nuestros tribunales se oponen a los justos, y no se
encuentra justicia por ninguna parte. La verdad tropieza
por las calles y la honradez ha sido declarada ilegal.
Sí, la verdad ha desaparecido y se ataca a
todo el que abandona la maldad.

ISAÍAS 59:9–15A (NTV)

En septiembre de 2010, escuché por primera vez la noticia de una trágica historia de injusticia propia del siglo veintiuno, que es cada vez más común. Una mujer joven de veintiún años había sido admitida con un paro cardíaco a la emergencia del hospital de la localidad. Mientras los médicos atendían a la paciente, se dieron cuenta de que algo estaba espantosamente mal. La mujer mostraba signos visibles de tortura y de violencia por abuso sexual. En los días subsiguientes, la historia malsana de la paciente se fue haciendo patente.

La víctima tenía quince años de edad y era una persona con discapacidad mental; un hombre y una mujer le ofrecieron un lugar para vivir en su hogar. La adolescente, en vez de recibir la ayuda que buscaba, quedó atrapada en la esclavitud física y sexual durante los siguientes cinco años. Sufrió tortura y violaciones sexuales bestiales, que eran filmadas por «clientes» ávidos de crueldad y perversión sexual, en su carácter de participantes, observadores o consumidores de pornografía en video. La joven, que había sufrido un paro cardíaco debido a la gravedad de los traumas durante su cautiverio, finalmente fue liberada por sus captores; paradójicamente, en un intento de defender sus acciones, los perpetradores alegaban que la joven disfrutaba de su abuso y que le agradaba posar para fines pornográficos. Esa es «la verdad» del siglo veintiuno en un mundo según Isaías 59.[1]

La descripción del profeta Isaías del contexto de maldad e injusticia interpela al cristiano contemporáneo, y lo hace en varios niveles. En primer lugar, el contenido del pasaje es gráficamente siniestro, plagado de maldad y desalentador, y presenta una inquietante descripción de muchas ciudades del mundo en la actualidad. El escritor bien podría estar describiendo los barrios más sórdidos de Mumbai, El Cairo, Moscú, Johannesburgo, o Ciudad de México, sumidos en la

---

1   Springfield Man, Four Others Indicted in Sex Conspiracy [Un hombre de Springfield y otros cuatro procesados en una conspiración sexual] *Springfield News-Leader*, 10 de septiembre de 2010: B1.

explotación y la violencia. O, por desgracia, como en el caso de la noticia que referimos al comienzo, también representa algunas localidades pequeñas del suroeste de Missouri. El alcance en el medio rural de los Estados Unidos de América será diferente, pero el grado de maldad que revela, la violencia que manifiesta, y los efectos sobre las víctimas son los mismos. Anualmente,[2] más de un cuarto de millón de niños y jóvenes de los Estados Unidos son víctima de la explotación sexual y la trata comercial: la injusticia global se ha instalado entre nosotros.

La maldad descontrolada de avaricia e injusticia, que Isaías retrató, nos recuerda los rostros trágicos de niñas «muertas» que deambulan por las zonas rojas en todo el mundo. En palabras del profeta, «Entre los vivos, somos como los muertos» (Isaías 59:10a, NTV). La esclavitud sexual adopta diversos estilos de vestimenta, de maquillaje, y de comportamiento según la cultura, pero las miradas no mienten; son trágicamente las mismas en todo el mundo. El efecto de esta oscuridad extrema y la violencia sexual que la acompaña es la muerte emocional, espiritual, y sicológica de las víctimas, que las convierte en simples caparazones físicos vacíos, donde antes había niñas inocentes y rebosantes de vida. Así como Dios creó a las mujeres y a las niñas para que lo adoren con cuerpo, mente, y espíritu, la injusticia y la maldad destruyen el cuerpo, la mente, y el espíritu: producen una vergüenza aparentemente desesperanzadora que separa a las víctimas de Dios. Sus cuerpos deben continuar ejecutando como se les exige, día tras días, mediante la intimidación y el control, pero los ojos sin vida son un testimonio desgarrador de que la persona por dentro está muerta.

---

2   Luke Gilkerson, «$28-Billion-Crime: New film shows the dark connection between sex addiction and sex trafficking» [Un delito por 28 mil millones de dólares: una nueva película muestra la conexión siniestra entre la adicción sexual y el tráfico sexual]. Covenant Eyes. http://www.covenanteyes.com/pureminds-articles/28-billion-crime-new-film-shows-the-dark-connection-between-sex-addiction-and-sex-trafficking/

LA REALIDAD DE UN DIOS COMPASIVO
QUE AMA LA JUSTICIA

Sin embargo, gracias a Dios, el capítulo 59 de Isaías no termina en el versículo 15.

Estaba asombrado al ver que nadie intervenía para ayudar a los oprimidos.

Así que se interpuso él mismo para salvarlos con su brazo fuerte, sostenido por su propia justicia.

Se puso la justicia como coraza y se colocó en la cabeza el casco de salvación.

Se vistió con una túnica de venganza y se envolvió en un manto de pasión divina.

Él pagará a sus enemigos por sus malas obras y su furia caerá sobre sus adversarios; les dará su merecido hasta los confines de la tierra.

En el occidente, la gente respetará el nombre del Señor; en el oriente, lo glorificará. (Isaías 59:16–19a, NTV)

Ante el panorama de oscuridad, violencia, e injusticia que presenta el siglo veintiuno, es maravilloso cómo el mensaje del profeta nos revela con su luz la verdad sobre el Dios a quien servimos:

1. Dios no es indiferente, indolente ni insensible a las injusticias y sus efectos; no lo fue en el pasado, no lo es en el presente, ni lo será en el futuro. Aunque el sentimiento de «asombro» no es una cualidad que atribuimos a Dios, Isaías indica que «estaba asombrado al ver» que no hubo nadie dispuesto a ayudar e intervenir.

2. Dios no se deja intimidar por la oscuridad espiritual, sino que intervino en el tiempo y el espacio cuando envió a Jesús, su Hijo. Por medio de Jesús, Dios intervino con verdad, justicia, y redención.

3. La respuesta compasiva de Dios fue denodada, valiente y de cualidades épicas. No hay nada tentativo, vacilante, ni inseguro en el tono de la respuesta de nuestro Padre a la violencia y la injusticia que se describe en Isaías.

No obstante, como en toda la Escritura, la realidad que describe el profeta Isaías y la respuesta de Dios a esta oscuridad demandan una respuesta de parte de sus hijos. Dios estaba y está consternado. ¿Y nosotros? ¿Dónde está la iglesia, el pueblo de Dios, ante tamaña oscuridad espiritual, violencia e injusticia? ¿Lo único que hacemos es lamentarnos? ¿Nos negamos a dar la cara? ¿Hemos perdido la voz de denuncia que Dios nos dio? ¿O respondemos conforme al espíritu y el ejemplo de Jesús, a quien seguimos? Estas son las preguntas que el Espíritu Santo nos hace, a los seguidores de Jesús y miembros de la comunidad de fe. Son el tipo de preguntas proféticas que incomodan y que nos obligan a examinarnos en lo más profundo de nuestro ser y que han inspirado este llamado a la acción. Ante la magnitud de esta oscuridad y maldad, ¡ya es hora de que el pueblo de Dios intervenga!

> Dios no se deja intimidar por la oscuridad espiritual.

UNA VALEROSA COMPASIÓN

Pero ¿cómo pasar de una compasión vacilante y anémica a una compasión caracterizada por el valor y el denuedo? ¿Qué pasos podemos dar?

1. ESTUDIAR LA VIDA DE JESÚS A TRAVÉS DE LOS LENTES DE SUS RESPUESTAS COMPASIVAS A LOS MÁS NECESITADOS. ÉL ES NUESTRO PRINCIPAL MODELO.

Conforme exploramos la vida de Jesús en los Evangelios, comenzamos a percibir la presencia de un patrón en sus respuestas compasivas. En su contexto cultural e histórico, su accionar habría sido visto como valiente y nada habitual. Jesús ayudó a personas que la sociedad marginaba: niños, mujeres, personas con discapacidades físicas, y endemoniados, ¡y también a algunos malandrines! Es importante entender que aquellas personas que llamaron la atención de Jesús hace dos mil años todavía representan enormes segmentos de la población mundial en el día de hoy. Con frecuencia, estas personas aún hoy son despreciadas, estigmatizadas o explotadas, en todas las culturas.

> Jesús ayudó a personas que la sociedad marginaba: niños, mujeres, personas con discapacidades físicas, y endemoniados, ¡y también a algunos malandrines!

Si consideramos solo uno de los grupos hacia el cual Jesús mostró compasión, los niños, y adoptamos su mirada para contemplarlos dentro del marco de los problemas mundiales contemporáneos, el resultado es revelador. En el siglo veintiuno, la población mundial infantil es de 2.2 mil millones; de estos, 1.5 mil millones (¡dos tercios!) están en situación de riesgo o en crisis.[3]

---

3   Phyllis Kilbourn, *Healing for Hurting Hearts: A Handbook for Counseling Children and Youth in Crisis* [Sanidad para los sufridos de corazón: Manual para el apoyo psicológico de niños y jóvenes en situaciones de crisis] (Fort Washington, PA: CLC Publications, 2013).

Los niños con frecuencia son las víctimas que más sufren en aquellas naciones donde impera la maldad:[4]

- a los niños se los obliga a convertirse en soldados para pelear en conflictos étnicos

- los niños son víctimas del abuso sexual y el incesto en las familias disfuncionales

- los niños son vendidos a redes de prostitución

- los niños son forzados a incorporarse a la fuerza laboral en aquellos lugares de extrema pobreza

- los niños son ofrecidos a los ídolos en ritos religiosos, que invocan poderes demoníacos

- los niños y niñas son ofrecidos como mercancía para matrimonios arreglados

- los niños y niñas son comercializados como mercancía para pedófilos en sus aventuras de turismo sexual

- se los viste y se los acicala para la pornografía infantil que circula en los foros de internet

Y, por desgracia, la lista podría seguir. Sin embargo, las acciones y las palabras de Jesús, en el evangelio de Lucas, descuellan por el marcado contraste profético que ofrecen:

---

4   Ver el curriculum de la Dr. Phyllis Kilbourn para conocer su experiencia en el ministerio a grupos específicos de víctimas infantiles en todo el mundo. Crisis Care Training International, «About Curriculum», http://crisiscaretraining.org/about-crisis-care-training/about-curriculum/. Ver también Rainbows of Hope, «Resources», http://rainbowsofhope.org/resourceswp.

Entonces Jesús llamó a los niños y dijo a los discípulos: «Dejen que los niños vengan a mí. ¡No los detengan! Pues el reino de Dios pertenece a los que son como estos niños». (Lucas 18:16, NTV)

«Entonces tomó a los niños en sus brazos y después de poner sus manos sobre la cabeza de ellos, los bendijo» (Marcos 10:16, NTV). Nosotros, la iglesia contemporánea, ¿qué estamos haciendo para bendecir a los niños en nuestra comunidad local como los bendijo Jesús?

Una de las mejores maneras de bendecir a los niños, en nuestra comunidad local y en todo el mundo, es no limitarnos a bendecirlos de manera física, emocional, y espiritual en el nombre de Jesús, sino enseñarles también a practicar la compasión y a bendecir a los demás de la misma manera. Dios bendice a sus hijos con oportunidades de ser fuente de su bendición y compasión a otros. A la iglesia no le cuesta entender este privilegio cuando se trata de adultos, pero sí tiene dificultad cuando se trata de niños que aman a Jesús; con mucha facilidad descuidamos la oportunidad de enseñarles y darles herramientas para que ellos también puedan practicar la compasión y ser de bendición a otros. Esta valorización de los niños con responsabilidad espiritual es radical en las culturas tradicionales. Además, la Escritura nos revela que el Dios Creador del cielo y de la tierra, Aquél que está por encima

> Algunas de las oraciones más poderosas a favor de David y de mi han sido pronunciadas por niñas que nacieron en burdeles de Mumbai, India.

de todos los reinos, principados y poderes, bendice a los niños para que ellos bendigan a los demás.[5]

A modo de ilustración, algunas de las oraciones más poderosas a favor de David y de mí han sido pronunciadas por niñas que nacieron en burdeles de Mumbai, India. Estas pequeñas que han salido de la gran oscuridad y la maldad descrita en Isaías 59, y que han conocido un horror que yo ni siquiera podría imaginar, aprendieron de sus mentores espirituales que ellas también pueden clamar a Dios en el nombre de Jesús, y que Él escuchará y responderá sus oraciones.

—Tía, ¿podemos orar por ti? —Qué lección de humildad me dio esa pregunta en labios de una débil niña cuya madre carga con el estigma social de ser «una mujerzuela».

—¡Por supuesto! Me encantaría que oraras por mí —le respondí mientras me arrodillaba en el suelo, en humildad, rodeada por niñas de cinco, seis y siete años que ahora conocían a Jesús y que pronunciaban oraciones llenas de fe, caracterizadas por una especial candidez debido a su sinceridad y sencillez.

—Jesús, sabes que soy solo una niña y que esta es una gran mujer de Dios. —Esas palabras me desarmaron por completo—. Pero, Jesús, sé que tú escuchas mis oraciones. ¡Bendice a esta tía! En el nombre de Jesús. Amén.

La valerosa compasión tiene diversos rostros en el mundo. Pero se requiere de una compasión resuelta, como la que Jesús ejemplificó, para bendecir, restaurar y empoderar a aquellas personas a quienes los poderosos de este mundo consideran débiles e insignificantes. A través de los ojos de Jesús, vemos a las personas más vulnerables como Él las vio: hombres y mujeres de Dios con el potencial para desarrollar un proceso de sanidad y de vidas transformadas.

---

5   Douglas McConnell, Jennifer Orona y Paul Stockley, eds., *Understanding God's Heart for Children: Toward a Biblical Framework* [Entendamos el corazón de Dios por los niños y las niñas: un marco bíblico] (USA: Authentic Media, 2007).

2. CULTIVAR INTENCIONADAMENTE, MEDIANTE LA ORACIÓN Y EL ESTUDIO BÍBLICO, UNA PROGRESIVA CONCIENCIA DE LA AUTORIDAD ESPIRITUAL Y MORAL QUE EL CREYENTE TIENE EN JESÚS, Y DE LA RESPONSABILIDAD ASOCIADA A DICHA AUTORIDAD DE SER COMPASIVOS CON QUIENES NOS RODEAN.

Muchos años antes del fallecimiento de la madre Teresa, nuestras hijas y yo tuvimos la oportunidad de visitarla en su casa de Calcuta. Una de las primeras cosas que me impactó de esta modesta mujer tan respetada fue que un cuerpo tan pequeño (no era más alta que nuestra hija de doce años, Jennifer) albergara tanta fuerza y valor. Había en ella una humildad tangible y un evidente sacrificio, acompañados de gran autoridad.

Un acaudalado empresario de Calcuta había acordado entrevistarse con la madre Teresa justo antes de nuestra cita. Ella nos invitó a sentarnos con ellos mientras conversaban. Estaba claro desde el principio que el hombre de negocios la visitaba para pedir la bendición de la madre sobre él, su familia y su próspero negocio en el ramo de los textiles. Sin embargo, mientras él la adulaba y comenzaba a implorarle una bendición, la madre Teresa lo interrumpió:

—Pero ¿qué hará usted por mis pobres?

Este hombre de autoridad quedó visiblemente desconcertado e intentó volver a pedir la bendición de la madre Teresa. Una vez más, ella lo interrumpió y le reiteró la pregunta con valor:

—Pero ¿qué hará usted por mis pobres?

El empresario se sintió obviamente incómodo y comenzó a explicarle cuánto había hecho ya por los pobres y toda la tela para saris que había donado. La madre Teresa no se sintió disuadida, e insistió:

—Eso está bien. Pero ¿qué hará *hoy*?

El valor de aquella diminuta mujer era extraordinario. He pensado muchas veces en aquel intercambio, y me he dado cuenta de que ella podía ser tan audaz porque estaba pidiendo sinceramente para los pobres, y no para sí. Parte de su compromiso espiritual era un voto de

> Nos dedicamos a quienes están en necesidad porque nos compele el amor de Dios.

pobreza, que ella y sus hermanas mantenían fielmente. Su preocupación y su labor a favor de los pobres y los moribundos de Calcuta estaban saturados de integridad y autoridad ética, ya que tenían como base e inspiración la compasión de Jesús por los pobres. Sus iniciativas de compasión no eran autocomplacientes, sino que nacían del amor a «sus pobres» para quienes ella se sacrificaba con su trabajo y su vida.

Claramente, la mayoría de nosotros no hemos sido llamados a una vida y ministerio como el de la madre Teresa. Sin embargo, podemos aprender de la valerosa compasión que ella practicaba y articulaba a diario. Cristo era el foco, Cristo estaba en el origen, y Cristo le infundía pasión. Su vida transmitía una compasión con autoridad moral y ética que cautivaba a todos: a los pobres y a los ricos; a los hindúes, los musulmanes y los cristianos; desde los niños más pequeños hasta los más grandes estadistas.

Los seguidores de Jesús del siglo veintiuno que practicamos la compasión, en cualquiera de las profesiones en que nos desempeñamos, debemos examinar nuestras motivaciones y guardar nuestro corazón y mente. Lamentablemente, la autoridad espiritual y ética de la iglesia y de las personas de fe se ve socavada cuando los supuestos ministerios de solidaridad se convierten en máquinas impulsadas por ambiciones individuales y ganancias personales. La compasión que Cristo enseñó es resultado natural de andar codo a codo con Jesús, día a día, para sentir cómo late el corazón de su Padre. Lloramos por quienes Él llora. Nos dedicamos a quienes están en necesidad porque nos compele el amor de Dios.

3. ENFRENTAR NUESTROS TEMORES; ASÍ LO DEMANDA LA VALEROSA COMPASIÓN.

Además de exponer poderosamente la respuesta de Dios a un mundo de injusticia, la descripción del profeta Isaías en el capítulo 59 nos recuerda que la injusticia, la violencia, la esclavitud y la maldad en todas sus formas están insertas en un contexto. No son meros conceptos ni problemas sociales que se dan en un vacío físico, emocional, y espiritual. Aunque las conferencias en las que se tratan estos problemas son excelentes, en ocasiones pueden encubrir la realidad y la importancia del contexto que permiten entender y practicar la compasión que transforma vidas. El VIH/SIDA, la pobreza, las violaciones como estrategia bélica, la falta de vivienda propia, las adicciones y los vicios, el desplazamiento de poblaciones, la violencia doméstica, el tráfico sexual, y cuanta otra maldad social se nos ocurra, acontecen en lugares reales con desafiantes y complejas dinámicas. Es posible que eso justamente sea lo que más tememos: el peligro, la violencia, la perversión, el odio, la avaricia, la ira, la hostilidad, el miedo, la traición, la rebeldía, los asesinatos, la intimidación, la mentiras, las peleas, las enfermedades, los engaños, la anarquía, e incluso la muerte.

Como cristianos del siglo veintiuno, podríamos ser buenos samaritanos… solo si quienes fueron golpeados y asaltados y dejados por muertos no estuvieran en las calles más peligrosas y solitarias de nuestras ciudades. Gozosamente llevaríamos la esperanza de Cristo a las «Marías Magdalena» de nuestro mundo… si no deambularan por las zonas rojas llenas de hombres lascivos. Oraríamos pidiendo la liberación para los endemoniados… solo si no fueran tan violentos e impredecibles. Sí, serían bienvenidos en nuestras iglesias, pero… .

Sin embargo, ¡tenemos una buena noticia! Jack Hayford afirma: «Hoy en día hay un gran despertar social»,[6] y observa que el nuevo fenómeno no se limita a las iglesias pentecostales. Muchos seguidores de Cristo se han sentido conmovidos, no solo por las necesidades apremiantes que ven en nuestro oscuro mundo espiritual, sino que han sido movidos por el poder del Espíritu Santo que echa fuera el temor e infunde un santo valor a sus hijos para que puedan obrar.[7] Muchas personas del pueblo de Dios en todo el mundo se están animando y Aquel que tiene poder para echar fuera todo temor está rompiendo las cadenas del temor (1 Juan 4:15–19). En las siguientes páginas, esbozaremos algunas de sus historias inspiradoras, y vislumbraremos la justicia y la compasión de un Dios que es poderoso para transformar vidas.

PREGUNTAS PARA REFLEXIONAR SOBRE EL COMPROMISO CON LA COMPASIÓN

1. Cuando comparo mi visión del ministerio de compasión con la visión presentada en Isaías 59 en este capítulo, me doy cuenta de lo siguiente:

2. Cuando me enfrento a informes sobre la violencia, el abuso sexual y la injusticia en mi comunidad local, ¿cuál es mi respuesta íntima, en lo privado? ¿Cuál es mi respuesta pública?

3. ¿Cuáles son las principales influencias que moldean y definen mi respuesta a la injusticia? ¿Por qué? ¿Cómo?

---

6   Citado por Robert C. Crosby en «A New Kind of Pentecostal,» [Una nueva clase de Pentecostal] *Christianity Today*, Agosto 3, 2011, http://www.christianitytoday.com/ct/2011/august/newkindpentecostal.html.

7   Véase capítulo 12, «Supernatural Power for a Supernatural Compassion,» [Poderes sobrenaturales para una compación sobrenatural] pg. 247.

4. Cuando nuestra iglesia local recibe informes sobre la violencia, el abuso sexual y la injusticia en nuestra comunidad, ¿cuál es mi respuesta?

5. Conforme consideramos y ponemos en oración nuestra propia situación, ¿qué nos pide Dios que hagamos como individuos, como familias, y como iglesia para intervenir y llevar el amor y el poder de Dios a los lugares más tenebrosos de nuestro mundo, a aquellas personas que están esclavizadas y sumidas en gran oscuridad?

6. Pon en oración y medita sobre cuáles podrían ser los primeros pasos que Dios quiere que des para obedecerle con acciones de valerosa compasión. Completa la siguiente oración, escribiendo lo que harías: «Yo _____ , solo si _____». Al buscar la guía de la Palabra de Dios, ¿cuál es su respuesta?

SUGERENCIAS PARA UNA EXPERIENCIA DE APRENDIZAJE

En un grupo pequeño, comiencen a investigar y a poner en oración las necesidades más apremiantes de su ciudad o comunidad. Identifiquen las personas o los problemas que más preocupan a las autoridades de su ciudad. Pongan en oración y mediten en lo que ustedes, como individuos y como comunidad de fe, podrían hacer para ayudar a satisfacer esa necesidad. Identifiquen y pongan en oración los obstáculos, incluyendo los temores, que podrían impedir esas acciones de valerosa compasión. Planifiquen etapas de acción para llevar, con la guía del Espíritu, el compromiso de ser compasivos a un nuevo nivel.

LECTURAS ADICIONALES

- Crosby, Robert C. «A New Kind of Pentecostal» [Una nueva clase de pentecostal]. *Christianity Today*, 3 de agosto de 2011.

- Kilbourn, Phyllis, ed. *Shaping the Future: Girls and Our Destiny* [Un futuro diferente: Las niñas y nuestro destino]. Pasadena, CA: William Carey Library, 2008.

- McConnell, Douglas, Jennifer Orona, y Paul Shockley, eds. *Understanding God's Heart for Children: Toward a Biblical Framework* [Entendamos el corazón de Dios por los niños y las niñas: un marco bíblico]. Colorado Springs, CO: Authentic Publishing, 2007.

- Miles, Glenn, and Josephine-Joy Wright, eds. *Celebrating Children: Equipping People Working with Children and Young People Living in Difficult Circumstances around the World* [Celebremos a los niños: Herramientas para aquellas personas que trabajan con niños, niñas y adolescentes en circunstancias difíciles]. Oxford: Paternoster Biblical and Theological Monographs, 2004.

UN LLAMADO A LA COMPASIÓN COMO PARTE INTEGRAL DE LA MISIÓN

Conocemos lo que es el amor verdadero, porque Jesús
entregó su vida por nosotros. De manera que nosotros
también tenemos que dar la vida por nuestros hermanos.
Si alguien tiene suficiente dinero para vivir bien y ve a un
hermano en necesidad pero no le muestra compasión,
¿cómo puede estar el amor de Dios en esa persona?
Queridos hijos, que nuestro amor no quede sólo en palabras;
mostremos la verdad por medio de nuestras acciones.

1 JUAN 3:16–18, NTV

Se palpaba el entusiasmo aquella cálida tarde en Ashagram, Ciudad
de la Esperanza. Todas las mujeres y los niños que habían salido
de la zona roja para encontrar una nueva vida, junto con los jóvenes del
programa Teen Challenge [Desafío Juvenil] de Bombay (BTC), estaban
reunidos con el personal e invitados a un emocionante día de celebración.
Había llegado el momento en que los graduados de la comunidad de
servicio de BTC recibieran su diploma de reconocimiento por haber
completado el programa de discipulado.

Luego llegó la hora de honrar a las mujeres que habían salido de este tipo de esclavitud moderna y que habían hallado nueva vida y sanidad en Cristo Jesús. Fue un momento profundamente emotivo, mientras las mujeres con hermosos saris nuevos y con paso tímido se acercaban a la plataforma para recibir su diploma. Para la mayoría de ellas, esta sería la primera vez en su vida en que recibían un honor y reconocimiento por haber cumplido algo de valor. Ese hecho de por sí solo ya es difícil de comprender para aquellas de nosotras que desde los primeros años de escuela hemos sido reconocidas con diversos premios.

Una mujer en particular me llamó la atención y tocó las fibras más sensibles de mi corazón. Estaba vestida con un sari de un intenso color violeta. Mientras se acercaba a mí, con pasos vacilantes para recibir su diploma y una oración de bendición, las lágrimas corrían por su rostro, visiblemente desfigurado por años de violencia. Pero el gozo y la gracia que cubrían a esta mujer eran conmovedores. Con humildad, bajó la mirada y recibió su diploma y las oraciones de la comunidad BTC; desde los más ancianos hasta los más jóvenes aplaudieron y la ovacionaron.

> La práctica de la compasión en Jesús era una parte natural e integral de su misión redentora en la tierra, de ningún modo era por iniciativa propia.

Mientras nos retirábamos de la celebración, K. K. Devaraj me preguntó si me había fijado en la mujer de violeta. Me recordó la noche en que una madama de Kamatapura lo había llamado. Una de «sus mujeres» se había desmoronado por completo, mental y emocionalmente, y estaba corriendo desnuda por la zona roja. La mujer se le había vuelto inservible. ¿Le interesaría a Devaraj? De inmediato, el ministro y su equipo de acción se dirigieron a la zona roja, donde buscaron y encontraron a la traumatizada mujer, la cubrieron con unas frazadas y la llevaron a Ashagram. Allí, en un ambiente colmado de la compasión que Jesús practicó, la oración, la Palabra y el paciente consejo guiado por el Espíritu, esta mujer empezó su proceso de sanidad. Esa era la historia de la mujer del sari violeta.

EL MODELO DE JESÚS DE LA COMPASIÓN INTEGRADA

Un estudio de la vida de Cristo revela una cautivante imagen de compasión. Como sus seguidores, nosotros podemos aprender de la compasión que Él practicó:

- *Jesús alimentó* a quienes tenían hambre (Mateo 15:29–39)

- *Jesús se acercó* para resucitar al hijo de la viuda (Lucas 7:11–14)

- *Jesús tocó y sanó* al hombre con lepra (Lucas 5:12–13)

- *Jesús ejerció su autoridad espiritual* para liberar a dos hombres poseídos por demonios (Mateo 8:28–32)

- *Jesús lloró* la muerte de su amigo Lázaro (Juan 11:33–39)

- *Jesús habló en verdad* con una persona a quien los religiosos no le dirigían la palabra: la mujer junto al pozo (Juan 4:7, 26)

- *Jesús liberó* a quienes estaban en cautiverio espiritual, mental, y emocional: el hijo poseído por espíritus malignos (Lucas 9:37–43)

En este estudio sobre la compasión, es importante tener presente que el cuadro más amplio del ministerio terrenal de Jesús muestra que Él llevó a cabo la misión de su Padre: enseñó, sanó, tocó, enseñó, lloró, conversó, liberó, alimentó, y predicó; e hizo todo, momento a momento, de manera integrada en obediencia a su Padre. La práctica de la compasión en Jesús era una parte natural e integral de su misión redentora en la tierra, de ningún modo era por iniciativa propia. Si bien Jesús usó a sus discípulos como instrumento para llevar a cabo su «solidaridad», como cuando alimentó a los cuatro mil, la alimentación propiamente dicha surgió de su interés por las necesidades de la gente que Él amaba, a quienes había venido a salvar y a quienes quería enseñar.

Esto puede resultar bastante obvio y elemental, conforme exploramos la vida de Cristo; sin embargo, es importante porque muchas personas en la iglesia occidental tienden a establecer una dicotomía: por un lado, la función de predicación y la enseñanza y, por otro lado, la compasión.[8] Los ministerios de compasión se conciben como separados de la evangelización y el discipulado. En cambio, el resto de la iglesia en su totalidad, en las dos terceras partes del mundo, no distingue los ministerios de compasión de este modo, sino que los comprende como algo natural y parte integral del evangelio y del cumplimiento de la Gran Comisión por parte de la iglesia. Conscientes de esta tendencia histórica propia de nuestra cosmovisión occidental, el establecimiento de una dicotomía entre estos aspectos del ministerio cristiano, nos propusimos evaluar cuidadosamente la misión de Proyecto Rescate desde el principio. Estábamos decididos a evaluar cómo se integraba —y si, en realidad, se integraba efectivamente— dentro de la misión más amplia de nuestra organización matriz. El proceso de evaluar y asegurarnos de que nuestra misión era perfectamente compatible en palabra y práctica con la totalidad de la misión de nuestra denominación nos llevó a revisitar la Palabra de Dios y nuestra misiología. La determinación a asegurarnos de que nuestras acciones compasivas estaban fundadas en Cristo, en su vida, y en la misión se convirtió en el fundamento de este libro y continúa siéndolo hasta el día de hoy.

---

8   Excelente debate acerca de esta perspectiva dicotómica de occidente y su efecto en las misiones; véase «The Bad Question of Proclamation vs. Social Action: A Symposium», *Evangelical Missions Quarterly* 48, no. 3 (Julio 2012): 264–271.

El siguiente modelo es ilustrativo de un proceso de evaluación al que sometemos las iniciativas específicas de compasión, su misión y su integración al cumplimiento global de la Gran Comisión por parte de una iglesia o de un ministerio. El modelo en concreto se tomó del modelo vigente y estratégico de Misiones Mundiales de las Asambleas de Dios, cuando comenzó el programa Proyecto Rescate, e incluye nuestra descripción de cómo se incorporan los ministerios asociados. La misión del ministerio es «rescatar y restaurar a las víctimas de esclavitud sexual, mediante el amor y el poder de Jesucristo». Nuestra meta es practicar una compasión bíblica integrada que traiga sanidad a la persona en su totalidad (cuerpo, mente y espíritu), dondequiera que intervengamos.

ALCANZAR Evangelización	PLANTAR Comunidades de fe	CAPACITAR Discipulado	TOCAR Compasión
Evangelización en las zonas rojas	Iglesias en las zonas rojas	Centros de capacitación vocacional	Policlínicas médicas y pruebas de VIH/SIDA
Escuelas dominicales en las zonas rojas	Centros de capacitación vocacional	Hogares de acogida y apoyo	Programas de educación para los niños
Centros de capacitación vocacional	Integración de las mujeres y los niños a las comunidades de fe locales	Iglesias y escuelas dominicales en las zonas rojas	Programas extracurriculares y albergues nocturnos
Policlínicas médicas en las zonas rojas		Programas extracurriculares en las zonas rojas	Hogares de acogida y apoyo

El modelo es útil para ayudar a los practicantes en el ministerio que trabajan en servicios de compasión a visualizar diversas verdades clave.

1. CON EL FIN DE QUE CUMPLAN UNA LABOR TRANSFORMADORA CONFORME AL MANDATO BÍBLICO, LOS MINISTERIOS DE COMPASIÓN DEBEN ESTAR INTEGRADOS A TODOS LOS ASPECTOS DE LA GRAN COMISIÓN DE JESÚS O A ACTIVIDADES CONTEXTUALIZADAS DE EVANGELIZACIÓN Y DISCIPULADO (MATEO 28:19,20).

Anunciar la esperanza de Jesús en un burdel o en una cafetería Starbucks no adoptará la misma forma que si se tratara de una conferencia, un concierto, o una iglesia. Sin embargo, compartir su amor es el corazón del evangelio y el ministerio bíblico de compasión, y puede suceder naturalmente, en cualquier lugar y en cualquier momento. Lo mismo es cierto en cuanto al discipulado, que puede ser dentro de un contexto formal o informal. El punto crítico es que tanto la propagación del evangelio como el discipulado sean actividades intencionadas y naturales, y que estimulen siempre nuestro compromiso solidario y compasivo.

Es de particular importancia señalar que nuestros colegas asociados a Proyecto Rescate ayudan a todas las mujeres y los niños en las zonas locales de prostitución sin reparar en su procedencia religiosa. El trabajo se desarrolla en países cuya población es mayormente hindú, musulmana, ortodoxa, y católica. No obstante ello, todos los programas incluyen las disciplinas básicas de nuestra fe como seguidores de Jesús: oración, devocionales, adoración, y discipulado. La participación en cada programa es optativa y todas las personas son bienvenidas.

2. LA FUERZA ESPIRITUAL Y MISIÓN DE LOS MINISTERIOS DE COMPASIÓN DEPENDEN DE LA INTERACCIÓN CON UNA COMUNIDAD LOCAL DE FE, CON UNA IGLESIA.

¿En qué otro lugar sino en la comunidad local de fe podríamos encontrar la necesaria intercesión, el personal cristiano, los voluntarios, los recursos, la obligación de rendir cuentas, y la comunidad requerida para sostener una iniciativa que pretende cambiar vidas? (Véase el capítulo 8, «La comunidad catalizadora»).

3. LA INTENCIONALIDAD Y EL COMPROMISO CON LA MISIÓN SON CLAVES PARA LA JUSTICIA Y LA COMPASIÓN QUE TRANSFORMAN VIDAS.

Cuando alguien escucha hablar de Proyecto Rescate, podría suponer que el ministerio se ocupa de promover la justicia social («tocar»), no así de la tarea bíblica de evangelizar y hacer discípulos. Lo mismo podría decirse de otras iniciativas de compasión, Teen Challenge [Desafío Juvenil], por ejemplo.[9] Sin embargo, solo es posible establecer el alcance de un ministerio cuando se lo observa de cerca y detenidamente, como intentamos hacerlo en la tabla que usamos para nuestra propia evaluación. En nuestra condición de líderes responsables de Proyecto Rescate, entendemos que tenemos el deber de rendir cuentas y hemos establecido una intencionalidad continua para asegurarnos de que el servicio es y seguirá siendo consecuente con toda la enseñanza, la predicación y el ministerio de compasión que Jesús nos dejó como modelo. Jesús es el Salvador, y su mensaje de redención es el centro mismo de todos los aspectos del ministerio Proyecto Rescate. Creemos que la intencionalidad y el compromiso con esa manera de encarar la misión son claves para la justicia y la compasión que transforma vidas.

4. CUÁNTO MÁS SE DESARROLLA UN MINISTERIO Y MÁS CRECE (YA SEA UN MINISTERIO UNIVERSITARIO, UN SERVICIO EN LA

---

9   Vea http://teenchallengeusa.com/. Establecido por David Wilkerson en New York City en 1958, Teen Challenge [Desafío Juvenil] está reconocido nacionalmente, como un programa integro, centrado en Cristo para la sanidad de aquellos que padecen de adicción y abuso de sustancias.

CONGREGACIÓN LOCAL O UNA OBRA SIN FINES DE
LUCRO), TANTO MÁS FÁCIL SERÁ QUE LA VERTIENTE
DE EVANGELIZACIÓN Y DEL DISCIPULADO SE
SEPAREN DE LA VERTIENTE DE COMPASIÓN.

La tendencia de nuestro tiempo es hacia la especialización progresiva de los ministerios, contraria a la colaboración holística. Conforme esto sucede, si no somos suficientemente diligentes, la dimensión de proclamación del mandato de Jesús en Lucas 4:18, «para anunciar buenas nuevas», se aleja cada vez más de la dimensión de proclamar libertad, sanidad, y libertad a los oprimidos. En vez de procurar la integración a través del tiempo y el crecimiento organizacional, desarrollaremos ministerios separados que se especializan en hacer una parte de lo que Jesús originalmente hizo como un todo integral.

5. LA BELLEZA SINGULAR DEL EVANGELIO ES
QUE, POR MEDIO DE CRISTO, SATISFACE LAS
NECESIDADES DE LA PERSONA COMO UN SER
INTEGRAL: CUERPO, MENTE, Y ESPÍRITU.

La proclamación y el servicio compasivo eran un todo sin fisuras en la vida de Cristo, conforme Él se dedicaba a satisfacer todas las necesidades de la gente (a veces, comenzaba por la dimensión física o por las emociones; otras veces, lo hacía por la dimensión espiritual), pero siempre con un propósito transformador de vida, redentor e integrador. Desde el principio y hasta el final, y en todas las instancias intermedias, Jesús debe ser el centro de todo lo que hagamos en los ministerios de justicia social y de compasión. Hay buenas personas y agencias que se dedican también a rescatar a quienes están esclavizadas en los burdeles, pero solo Jesús puede extirpar el impacto del burdel y restaurar el corazón, la mente, y el espíritu de quien ha sufrido tal maltrato.

La artificial separación del ministerio de compasión de la predicación y la enseñanza de la verdad de Dios socava la integridad y el poder transformador de ambos aspectos de la obra en la persona. Cuando los ministerios de compasión se unen a la predicación y al discipulado en el poder del Espíritu, producen un poderoso y efectivo impacto. Revelan el rostro de un Padre celestial que ama incondicionalmente: una vislumbre maravillosa de Dios, que aquellos que están fuera del cuerpo de Cristo no ven muy a menudo.

> Desde el principio y hasta el final, y en todas las instancias intermedias, Jesús debe ser el centro de todo lo que hagamos en los ministerios de justicia social y de compasión.

La pastora de damas, Connie Weisel, en la iglesia First Assembly of God de Fort Myers, Florida, es una valiente mujer que practica la plenitud de la misión de Cristo en su comunidad. Cuando Connie entregó su vida por completo a Cristo tenía treinta y ocho años y era una exitosa mujer de negocios. Después, en 1991, comenzó una clase vespertina los lunes en la iglesia. Se llamaba «Help for Hurting Women» [Ayuda a las mujeres que sufren, o HHW por sus sigla en inglés] para llegar a las mujeres como ella que necesitaban emprender el camino de sanidad con Jesús. Las mujeres del suroeste del estado de Florida, de toda edad, clase social, y origen étnico, se reunían para una noche de alabanza, oración y estudio bíblico. Hace veintitrés años que HHW se reúne todos los lunes de noche, con la excepción de los feriados. A lo largo de esos años, ha atendido a 46.000 mujeres; 3.450 han venido a los pies de Cristo por primera vez o han restaurado su relación con Él.

La pastora Connie concluye: «Es increíble que millares de mujeres han conocido la redención y la plenitud en un ambiente tan sencillo. Hemos sido fieles para «estar ahí», semana tras semana, para brindar amor y consolación a las mujeres, sin importar cuáles sean sus problemas». Pero la pastora Connie y su equipo de líderes no esperan sentadas a que las mujeres que sufren las encuentren. Durante la semana, con la dirección del Espíritu, buscan a estas mujeres dondequiera que su vida las ha llevado —en los restaurantes, las tiendas y los supermercados, las oficinas—, y las invitan a una reunión de HHW. El equipo de la pastora Connie es sensible hacia quienes necesitan de Jesús y de su ayuda diaria, dondequiera que se encuentren. Y las mujeres responden: hay casos de violencia doméstica, de prostitución, de matrimonios deshechos y de todo tipo imaginable de cautiverio. Para muchas de estas mujeres en el suroeste de Florida, HHW ha sido el punto de partida de su viaje a la salvación, a la sanidad y a una nueva vida en Jesús.

CONCLUSIÓN

La pregunta inquietante que le hizo la madama de la zona roja de Kamatapura, en Mumbai, a K. K. Devaraj hace ya varios años es, en última instancia, la misma pregunta que debemos responder si Dios nos ha llamado a ministrar su amor a quienes están desesperadamente quebrantados: «¿La quieres?».

¿Queríamos tomarnos la molestia de servir a esta mujer que llevaba años en la prostitución y que había sufrido violaciones, abuso sexual y traumas tan graves y durante tanto tiempo que habían acabado por destruirla en cada aspecto de su existencia: mental, físico, y espiritual?

Nosotros, ¿la queremos? Si concebimos los asuntos de nuestro Padre exclusivamente en términos de evangelización y discipulado, es probable que no. Esta mujer representa muchas complicaciones, sus necesidades son demasiado grandes, su vida es un desastre, el costo es demasiado alto. En estas condiciones, ella ni siquiera podría venir a nuestros cultos en la iglesia… y ¿cómo podríamos hacer para traerla desde el lugar donde está ahora? Si pudiéramos orar con ella, tal vez Dios podría hacer un milagro y sanarla al instante. Es maravilloso saber que Dios obra así en ocasiones, pero muchas veces Él no sana en el acto. Y si Él no lo hiciera, ¿cómo podríamos ayudar a esta mujer para sacarla de la calle?

¿Y si primeramente nos preguntáramos si Dios la quiere? ¿Y si comenzáramos a creer que la mujer desnuda y fragmentada que hoy está en la calle un día podría convertirse en la radiante mujer de gracia con el sari violeta, que acepta un diploma de discipulado y derrama lágrimas de gratitud a Dios? ¿Y si nosotros, seguidores de Jesús, comenzáramos a creer que las mujeres y los hombres, los niños y las niñas que viven en horroroso cautiverio son realmente asunto de nuestro Padre, y por ende también nos incumben?

Efectivamente, ¿qué pasaría si dejáramos de fragmentar la magnífica misión de nuestro Padre y vislumbráramos su valerosa compasión capaz de transformar vidas?

PREGUNTAS PARA REFLEXIONAR SOBRE EL COMPROMISO CON LA COMPASIÓN

1. ¿Cuál ha sido tu perspectiva en cuanto al ministerio de compasión? ¿Cómo definirías el ministerio de compasión?

2. En tu perspectiva, ¿las dimensiones de proclamación/ predicación y de servicio compasivo del mandato misional de la iglesia están integradas, o están separadas en dos categorías: lo espiritual y lo físico? ¿Cuál perspectiva es más bíblica? ¿Por qué?

3. Si decidieras comenzar un ministerio de compasión en tu comunidad local, ¿qué pasos darías para asegurarte de que sea un auténtico servicio conforme al mandato de Cristo?

SUGERENCIAS PARA UNA
EXPERIENCIA DE APRENDIZAJE

Con colegas en un ministerio local, en tu congregación local, o en un grupo pequeño, escojan un ministerio de compasión en el que participan o uno que conocen. Reflexionen sobre lo siguiente:

- ¿Cuál es su misión? ¿Está claramente articulada? ¿Los integrantes del equipo conocen la misión?

- ¿Está vinculada esa misión a una comunidad local de fe? ¿De qué manera?

- Hagan entre todos un diagrama para visualizar el foco del ministerio de compasión y cómo se correlaciona con los componentes de la Gran Comisión de evangelizar y hacer discípulos. En relación con estos componentes, ¿está el ministerio integrado, separado, o a la par con el testimonio y el hacer discípulos?

- Si el ministerio está integrado, exploren cómo fortalecer la integración para que sea un modelo más intencionado del ejemplo de Cristo de un ministerio integral. Si está separado de la evangelización y el discipulado continuo, consideren a qué se debe dicha separación y cómo podrían integrar esos elementos, con etapas prácticas y concretas que podrían cumplirse con oración.

LECTURA ADICIONAL

- Butrin, JoAnn. *From the Roots Up: A Closer Look at Compassion and Justice in Missions* [Desde la raíz: Una mirada a la compasión y la justicia en las misiones]. Springfield, MO: Roots Up Publishers, 2010.

- Lupton, Robert D. *Compassion, Justice and the Christian Life: Rethinking Ministry to the Poor* [Compasión, justicia y la vida cristiana: Un replanteamiento del ministerio a los pobres]. Ventura, CA: Regal Books, 2007.

- Robb, Ruth, y Marion Carson (2002). *Working the Streets: A Handbook for Christians Involved in Outreach to Prostitutes* [El trabajo en las calles: Manual para los cristianos vinculados al trabajo social con prostitutas]. Chichester, United Kingdom: New Wine Press, 2002.

- «The Bad Question of Proclamation vs. Social Action: A Symposium» [La pregunta improcedente de proclamación o acción social: Lecturas varias]. *Evangelical Missions Quarterly* 48 no. 3 (julio 2012): 264–271.

- «Pastor on a Mission Serving Poorest of the Poor» [Un pastor en la misión de servir a los más pobres entre los pobres]. *Deccan Chronicle*, Bengaluru, India. 29 de diciembre de 2013, http://epaper.deccanchronicle.com/articledetailpage.aspx?id=249475

CAPÍTULO 3

LA ESCLAVITUD SEXUAL DEL SIGLO VEINTIUNO Y UNA RESPUESTA CON FUNDAMENTO BÍBLICO

En cambio, cuando alguien se vuelve al Señor, el velo es quitado.
Pues el Señor es el Espíritu, y donde está el Espíritu del Señor,
allí hay libertad. Así que, todos nosotros, a quienes nos ha sido
quitado el velo, podemos ver y reflejar la gloria del Señor. El
Señor, quien es el Espíritu, nos hace más y más parecidos a
él a medida que somos transformados a su gloriosa imagen.

2 CORINTIOS 3:16-18, NTV

Cuando los trabajadores sociales comenzaron a visitar a las mujeres y las niñas en los burdeles de la ciudad, Asha[10] fue una de las primeras niñas que conocieron. Aunque era menuda y aparentaba tener unos seis años, sus ojos eran penetrantes y parecían demasiado maduros para una niña de su talla. Asha se encargaba de cuidar a su madre. Cuando su madre se enfermaba o necesitaba realizarse un aborto, su hija menor la acompañaba a la clínica, cocinaba las comidas y la atendía hasta que recobraba la salud.

---

10 El nombre ha sido cambiado por seguridad y dignidad.

A medida que el personal del ministerio fue conociendo a Asha y a su madre, le ofrecieron a la niña un lugar en el hogar de acogida y cuidados posteriores, en compañía de varias otras pequeñas de la zona roja. Al principio, a Asha y a su madre esto les pareció completamente imposible, porque cuando su madre prostituta con graves problemas de salud necesitara atención, ¿quién en el mundo se encargaría de cuidarla? Ambas sabían la respuesta: nadie.

El viaje de la esclavitud a la libertad nunca es fácil.

Después de muchas visitas, mucha oración, y de cultivar la confianza, finalmente llegó el día en que la madre de Asha accedió a dejar que su hija saliera de su lado, para que recibiera una educación y escapara del inevitable «negocio» que le deparaba el destino. Permitir que Asha fuera a un nuevo hogar y a otra familia de fe requirió mucho valor de parte de la madre de Asha, que tuvo que enfrentar las amenazas de violencia de su marido proxeneta. Esta mujer, que no tenía ninguna esperanza para sí misma, de pie en la acera, observó en silencio el automóvil que se llevaba a su pequeña hija a una nueva vida en un Hogar de Esperanza. Cuando el auto se perdió en la distancia, lentamente se volvió y regresó sola a su mundo de esclavitud.

A las pocas semanas, Asha respondió al amor de Jesús por ella y a sus promesas de un futuro diferente. Junto con otras niñas de la misma zona roja, comenzó a recibir el amor y el cuidado de su nueva madre espiritual adoptiva, Vinita. A las pocas semanas, había aprendido a orar, a adorar a Dios y se sentía motivada por fe para pedir al Señor que ayudara a su mamá y satisficiera otras necesidades. En realidad, Asha se convirtió en una líder natural entre las niñas, y pronto estaba animando a otras hijas que todavía permanecían en el burdel a venir a este maravilloso nuevo hogar. El personal comenzó a ver destellos de gozo en la mirada de la pequeña, en aquellos ojos que antes lucían avejentados, tristes, y desconfiados. Al principio, esos momentos fueron breves y espaciados. Pero durante los siguientes cuatro años de sanidad, se volvieron más comunes en Asha, conforme encontró paz en su nuevo hogar, su nueva familia y su nueva identidad como hija de un amante Padre celestial.

Pero el viaje de la esclavitud a la libertad nunca es fácil. Cuando Asha visitaba a su madre durante los feriados especiales, el personal del hogar oraba a Dios que la protegiera, porque sabía de las amenazas físicas que su madre debía soportar para que impidiera que su hija regresara al hogar de acogida y restauración. Cuanto más saludable y más educada se convirtió Asha, tanto más los clientes sexuales le ofrecían dinero al proxeneta de la madre para tener relaciones sexuales con la adolescente. Una vez, cuando Asha no regresó después de unas vacaciones, el personal sabía que estaba en peligro de perderse dentro de ese sistema maléfico. Oraron y regresaron para recogerla, pero no pudieron. Se sorprendieron un día cuando recibieron una llamada urgente y desesperada de la niña. La madre se había embriagado y estaba dormida, Asha había encontrado su teléfono celular y llamó al personal del hogar para que la rescataran lo más rápido posible. ¡Quería regresar «a casa»! El personal del hogar y los demás niños celebraron el regreso de esta valiente luchadora.

Asha se ha convertido en una joven de catorce años, y la restauración de la esperanza y su sanidad continúan en su nueva familia. No ha sido fácil. El personal recibió la noticia de que la mamá de Asha, cuya salud había sido muy precaria, fue encontrada muerta en un camino cerca de su poblado. Nadie supo decir qué le sucedió. Asha, su hija y su cuidadora, ha tenido que enfrentar el dolor de saber que no pudo estar al lado de su madre para ayudarla. Hay angustias en los corazones heridos que solo el tiempo y Dios pueden sanar.

> Hay angustias en los corazones heridos que solo el tiempo y Dios pueden sanar.

Pero el Dios que ama al huérfano ama a Asha. Él todavía tiene poder para sanar al quebrantado de corazón y vendar sus heridas (Salmos 147:3). Asha continúa madurando y ha dado muestras de un don natural pera el liderazgo y valor. Sus madres y hermanas espirituales adoptivas ven en ella el potencial de una «Débora».[11] Asha bien podría convertirse en una voz que anuncia esperanza y salvación a favor de aquellas personas que todavía están esclavizadas en redes de cautiverio y explotación. Asha conoce personalmente la esclavitud; ha encontrado la libertad en Jesús, y ¡tiene valor para la lucha!

EL TRÁFICO SEXUAL A ESCALA MUNDIAL: LA NUEVA ESCLAVITUD

El tráfico ilegal de personas con el propósito de la explotación sexual, especialmente la trata de mujeres y de niñas y niños, se está convirtiendo rápidamente en la industria mundial de mayor expansión y en un crimen muy lucrativo. Hace ya más de diez años, el informe sobre el tráfico ilegal de personas, *2002 Human Rights Report on Trafficking in Persons* [Informe 2002 de derechos humanos sobre el tráfico ilegal de personas],[12] documentaba que prácticamente todos los países del mundo estaban involucrados en cierta medida en este siniestro comercio, ya sea como país de origen, de tránsito, o de destino de las víctimas. UNICEF estima que cada año un millón de niños son vendidos, secuestrados, u obligados a ingresar a estas redes de comercio sexual. Es difícil obtener cifras exactas. La cifra anual de mujeres y menores involucrados en el tráfico a través de fronteras internacionales se estima en el orden de

---

11 La historia de Débora, la profetiza, se encuentra en Jueces 4. Se cuenta la historia de Débora y de su obediencia que llevó al ejército y al pueblo de Dios a la victoria en la batalla en contra de su enemigo, el rey Jabin.

12 *The Protection Project* [Proyecto Protección], *2002 Human Rights Report on Trafficking in Persons* [Informe de derechos humanos 2002 acerca del tráfico de personas]. Paul H. Nitze School of Advanced International Studies, Johns Hopkins University, 2002.

ochocientos mil a cuatro millones de personas.[13] En los Estados Unidos, el Departamento de Estado calcula que 18.500 hombres, mujeres, y menores son objeto de tráfico ilegal e ingresan al país todos los años, y muchos como víctimas de explotación sexual (2004). Del total de personas con las que se trafica en el mundo, el Departamento de Estado informa que el 80 por ciento son posiblemente mujeres y niñas.[14]

> Por desgracia, los factores políticos, económicos y sociales actuales en nuestro mundo constituyen un terreno fértil para los implacables traficantes que embaucan a las vulnerables víctimas.

En cuanto a las ganancias que reporta el tráfico ilegal de personas, el negocio se ha convertido en una industria mundial de $12 mil millones anuales[15] y el tráfico sexual constituye gran parte de este comercio. Un traficante puede pagar apenas $150 por una niña y luego venderla a los clientes diez veces cada noche, para obtener ganancias mensuales de $10.000.[16] Con gastos fijos mínimos y la complicidad de la fuerza policial, y una cantidad casi ilimitada de víctimas que han sido secuestradas, la trata de seres humanos para la explotación sexual casi supera la venta de drogas ilícitas como actividad delictiva preferida.

---

13 Jennifer Goodson, «Exploiting Body and Soul» [La explotaación del cuerpo y del alma], *Sojourners Magazine*, Septiembre/Octubre 2005.

14 Mary C. Burke, *Human Trafficking: Interdisciplinary Perspectives* [El tráfico humano: perspectivas interdisciplinarias], (New York: Routledge, 2013), xxviii.

15 Gilbert King, *Woman, Child for Sale: The New Slave Trade in the Twenty-First Century* [Mujer, niño a la venta: la nueva trasacción de esclavos en el siglo veintiuno] (New York: Penguin Group, 2004), 19.

16 Kevin Bales, *Disposable People: New Slavery in the Global Economy* [Personas desechables: la nueva esclavitud en una economía globalizada] (Los Angeles, CA: University of California Press,1999).

El tráfico sexual se define oficialmente con el transporte o traslado de mujeres y menores —ya sea dentro del país, desde o hacia el exterior— con el fin de que ejerzan prostitución u otras formas de explotación sexual comercial. Incluye la captación o el reclutamiento, el transporte, la acogida, los traslados, y la venta de mujeres y menores para estos fines. El objetivo último del tráfico sexual es la brutalidad, la esclavitud sexual, y, con mucha frecuencia, la muerte.

Por desgracia, los factores políticos, económicos y sociales actuales en nuestro mundo constituyen un terreno fértil para los implacables traficantes que embaucan a las vulnerables víctimas. A modo de ilustración, en 2005, un tercio del tráfico sexual en el mundo tenía lugar entre naciones que habían pertenecido a la ex Unión Soviética.[17] En medio del caos económico y moral que siguió al colapso de la Unión Soviética, una cantidad impresionante de jóvenes mujeres y niñas que vivían en la pobreza fueron seducidas por falsas promesas de empleos lucrativos en Europa occidental. Otras fueron secuestradas directamente en regiones de Moldavia, Rumania, y Bulgaria, mientras iban o regresaban de la escuela por caminos rurales.[18] En Moldavia, en particular, el tráfico ha adoptado una despreciable fórmula de captación que recluta miles de niñas que viven en los orfanatos estatales cuando éstas llegan a la adolescencia y deben dejar esos hogares. Malarek documenta que los traficantes están informados del momento exacto en que las huérfanas de dieciséis y diecisiete años saldrán, y están esperándolas a la puerta, para ofrecer un lugar a quienes no tienen a dónde ir. En todos los ardides de tráfico ilegal de personas, una vez que los «jefes» reciben los documentos de identidad de las nuevas víctimas, éstas pronto pierden su libertad

---

17 Dr. Kent Hill, USAID Assistant Administrator for Europe and Eurasia, in presentation to Consortium of Faith-Based Initiatives on Human Trafficking [USAID Asistente del administrador para Europa y Asia, en la presentación al Consorcio de Iniciativas basadas en la fe acerca del tráfico humano], Washington, DC, 2005.

18 Victor Malarek, *The Natashas: Inside the New Global Sex Trade* [Las Natashas: dentro del nuevo comercio sexual globalizado], (New York: Arcade Publishing, 2003).

y cualquier ilusión de una vida mejor. Confiscados sus documentos, las nuevas «trabajadoras sexuales» quedan atrapadas en la esclavitud en burdeles desperdigados por las ciudades internacionales de Europa occidental, donde son violadas y agredidas hasta que aceptan someterse a su nueva condición de esclavas sexuales.

Como lo documentó Kevin Bales en su estudio, la extrema pobreza es suelo fértil para la esclavitud.[19] Pero hay también otros factores culturales, sociales, y religiosos que contribuyen a la proliferación de esta tragedia de tráfico sexual y ulterior esclavitud.

- Las guerras y las catástrofes naturales en todo el mundo convierten a las mujeres y los niños en refugiados, personas especialmente vulnerables a caer víctimas de estas redes mientras huyen para salvar su vida.

- La globalización ha facilitado el transporte de bienes y de servicios a través de fronteras internacionales y, por consiguiente, también ha facilitado el transporte de cargamentos de personas y la oferta de servicios sexuales.

- Las revueltas de carácter político suelen estar acompañadas de trastornos en la familia tradicional y en los sistemas de apoyo comunitarios. Los supuestos protectores se convierten en agresores, y los derechos humanos de los más débiles y vulnerables se pisotean sin que las víctimas puedan defenderse.

- En las culturas islámicas e hindúes tradicionales, las mujeres y las hijas son consideradas una propiedad, «un pasivo financiero», cargas económicas o sociales, e incluso hijas de dioses débiles. En consecuencia, las hijas y las mujeres son desatendidas, mal alimentadas, pobremente educadas, abusadas, y sujetas a transacciones

---

19 Bales, 31.

como si fueran una propiedad. La importancia primaria de la mujer como persona deriva de su relación con los varones de la familia: el padre, el esposo, o los hijos. El valor de una mujer está asociado con su capacidad de tener hijos, en particular, varones. Su vida y su futuro están en gran medida en manos de hombres.

- El auge mundial del apetito por el sexo infantil, la homosexualidad, la pornografía y el turismo sexual ha fomentado una insaciable demanda de esclavos sexuales.

- A la raíz de la crisis mundial del SIDA, los clientes ricos interesados en los servicios sexuales que brindan las víctimas vírgenes presionan el mercado para que éstas sean de una edad más tierna aún.

- El fenómeno de descentralización de la explotación sexual comercial, combinada con una explosión tecnológica mundial, dificultan la represión legal y la tarea que desarrollan las agencias de gobierno y los eventuales colaboradores. Burke señala que, en el pasado, el tráfico sexual estaba más localizado, tenía lugar en burdeles y en zonas rojas claramente identificables; en la actualidad, la explotación sexual está diseminada en diversos lugares, incluso en hoteles y clubes nocturnos.[20]

Como si la injusticia que representa el tráfico y la esclavitud sexual no fueran suficientemente deplorables, la tragedia se agrava a medida que las víctimas son rutinariamente victimizadas vez tras vez en los sistemas políticos y judiciales (encargados de impartir «justicia») de diversos países del mundo. Con frecuencia, cuando la policía realiza redadas en los burdeles, las mujeres víctimas del tráfico son tratadas

---

20 Burke, 61.

como criminales o inmigrantes ilegales y se las acusa, se las encarcela, o se las deporta a su país de origen (literalmente, se las «deshecha» como si fueran basura). Paradójicamente, los traficantes y proxenetas quedan libres para continuar su cacería de víctimas nuevas y de menor edad.

La buena noticia es que en los últimos diez años, personas buenas en todo el mundo, que respetan la dignidad de la vida humana, han tomado conciencia de esta espantosa injusticia global. A medida que nos enfocamos en la batalla épica que debemos librar, ha salido a la luz un hecho fascinante. Las organizaciones cristianas evangélicas de todo el mundo se han situado a la vanguardia para promover esta concientización de la injusticia y han respondido con celeridad.[21] Muchos de estos ministerios cristianos internacionales prefieren trabajar con un bajo perfil, procurando no llamar la atención de los políticos ni de los medios de difusión; así evitan la publicidad y protegen a las víctimas de otro tipo de humillación. Entre las organizaciones que trabajan silenciosamente para traer libertad y restauración a estas mujeres y niñas podemos mencionar al Ejército de Salvación Internacional, World Hope (el brazo solidario de la Iglesia Metodista Wesleyiana), World Relief (de la Asociación Nacional Evangélica), las Misiones Mundiales de las Asambleas de Dios, y los servicios católicos Catholic Relief Services. En la edición del 21 de mayo de 2002 del *New York Times*, el periodista Nicholas Kristof observó esta tendencia y llamó a los evangélicos «la nueva brigada internacional de América [Estados Unidos]»,[22] especialmente por ser punta de lanza de la acción política y legislativa en la lucha contra el tráfico sexual. ¿Qué ha movido a las personas de fe a librar esta batalla y por qué están tan dispuestas a ministrar a sus víctimas?

---

21 Michael Horowitz, «How to Win Friends and Influence Culture,» [Cómo ganar amigos y una cultura influyente] *Christianity Today,* Septiembre 2005, 71–78.

22 Nicholas Kristof, «Following God Abroad,» [Siguiendo a Dios de afuera] *The New York Times,* Mayo 21, 2002.

FUNDAMENTO BÍBLICO PARA MINISTRAR A LAS VÍCTIMAS DE LA ESCLAVITUD SEXUAL

El activista social judío Miguel Horowitz prueba con documentos que los cristianos evangélicos históricamente han arriesgado todo para ir a lugares recónditos de nuestro mundo con el fin de atender a las víctimas más vulnerables de la injusticia y la pobreza. La respuesta cristiana evangélica a la tragedia del tráfico ilegal de personas y la esclavitud sexual no ha sido una excepción. Horowitz postula con razón que es un elemento inherente a la identidad cristiana y al cristianismo. Veamos algunas de las bases bíblicas que llevan a las personas de fe a enfrentar la esclavitud sexual del siglo veintiuno y a transmitir el amor de Cristo a las víctimas de toda clase de explotación sexual. En contraste con otras religiones, hemos dado especial atención a este problema debido al valor que Dios da a las mujeres y a las niñas, y a la importancia de ellas desde la perspectiva cristiana, y porque la mayoría de las personas explotadas sexualmente son mujeres y niñas.

> Todo hombre, mujer, niño, y niña merecen amor, respeto y dignidad por igual.

LA BIBLIA ENSEÑA RESPECTO A LA DIGNIDAD DE TODA VIDA HUMANA[23]

Creemos que toda forma de vida fue creada por Dios y sellada con su imagen (Génesis 1:27). Esa imagen ha sido arruinada por el pecado,

---

23 Adaptado de Beth Grant, Catherine Clark Kroeger, y Joni Middleton, «Unit 3: A Biblical Framework for a Christian Response to Human Trafficking,» in *Hands that Heal: International Curriculum to Train Caregivers of Trafficking Survivors, Academic Version* [Unidad 3: Una estructura bíblica para una respuesta bíblica al tráfico humano, en el currículo internacional Manos Sanadoras para el entrenamiento de obreros que trabajen con sobrevivientes del tráfico humano. Versión académica (Baltimore, MD: FAAST, 2007).

pero la obra redentora de Jesucristo y el amor de Dios la puede restaurar (2 Corintios 5:17; Gálatas 3:26). Cada ser individual es único en la creación de Dios, dotado de los dones que Dios le dio y creado con un propósito divino. En ese sentido, todo hombre, mujer, niño, y niña merecen amor, respeto y dignidad por igual (Gálatas 3:28,29).

DIOS ES UN DIOS DE JUSTICIA Y ÉL BENDICE A QUIENES PRESERVAN LA JUSTICIA

El tema de la justicia es un poderoso motivo en todo el Antiguo Testamento. El Señor es justo y ama la justicia (Deuteronomio 32:4; Salmos 11:7; Isaías 61:8). Todos los caminos de Dios son justos (Deuteronomio 32:4; 2 Crónicas 19:7), y Él bendice a quienes practican la justicia (Salmos 106:3; Isaías 56:1; Zacarías 7:9). Como contrapartida, Dios pronuncia fuertes advertencias hacia quienes cometen injusticias (Proverbios 28; Lucas 11:42).

DIOS CREÓ A LA MUJER Y A LAS NIÑAS Y LAS DOTÓ DE DIGNIDAD Y VALOR INHERENTES

¿Por qué son importantes las niñas? ¿Por qué vale la pena luchar por defender la vida de las mujeres y de las niñas? Según el relato de Génesis, la mujer es creación de Dios (Génesis 1:27; Marcos 10:6; 1 Corintios 11:13), formada amorosamente a su imagen y semejanza (Génesis 1:26; 5:1). Ella fue creada para ser compañera y ayuda idónea del hombre, para servir a Dios con él (Génesis 2:18). Dios bendijo a la mujer que Él creó (Génesis 5:2) y le dio autoridad conjunta con el hombre por sobre las demás formas de vida que también había creado (Génesis 1:28–30). Dios vio a la mujer como una parte de su creación y estimó que era buena a sus ojos (Génesis 1:31).

El valor que Dios da a la creación de la mujer se revela en las funciones que Él le asignó en el cumplimiento de su propósito eterno en momentos cruciales de la historia de su pueblo. Dios llamó a María, la hermana de Moisés y de Aarón, para que fuera profetisa y líder cuando los israelitas salieron de Egipto (Éxodo 15:21). Dios escogió a Débora, profetisa y esposa de Lapidot, para que dirigiera a los israelitas a la victoria en la batalla contra los cananeos (Jueces 4). Rut, una mujer moabita, ocupó un lugar en la historia de Israel como antepasado de David (Rut 4:18–22) y de Jesucristo (Mateo 1:1,5). Dios, en su soberanía, permitió que la judía Ester fuera reina durante el exilio en un país que no era el suyo, y así librar a su pueblo del exterminio (Ester 4:14).

El Nuevo Testamento también es revelador, y nos muestra cómo las mujeres fueron instrumento en manos de Dios, para cumplir su propósito en la vida y el ministerio de Jesús. El favor de Dios sobre una muchacha llamada María fue anunciado de manera sublime por un ángel, cuando le dijo que daría a luz al Hijo de Dios encarnado (Lucas 1:30, 31). Después del nacimiento, la anciana profetisa Ana estuvo presente cuando Jesús fue dedicado en el templo y anunció la importancia de su nacimiento «a todos los que esperaban la redención en Jerusalén» (Lucas 2:36–38).

Durante las pavorosas horas de la crucifixión de Jesús, cuando la tierra se sacudió en agonía, María Magdalena, María la madre de Jacobo y de José, y la madre de los hijos de Zebedeo permanecieron fieles junto al Señor en su agonía (Mateo 27:55,56). Después de la muerte de Jesús, fueron las devotas mujeres que lo seguían quienes fueron al lugar donde

> Jesús respetó y se interesó en las mujeres, en una cultura que las relegaba a una condición secundaria, cuando no servil.

habían puesto su cuerpo; regresaron con especias para la sepultura y descubrieron que Él se había levantado de entre los muertos (Lucas 23:55,56; 24:1–6). A ellas le correspondió el gozo de ser las primeras en anunciar el mensaje de la resurrección de Jesús, que cambiaría para siempre el destino de la humanidad.

Si la manera en que tratamos a los demás armoniza con el valor que les atribuimos, la manera en que Jesús trató a las mujeres durante su vida sobre la tierra es muy significativa. Mientras viajaba con sus discípulos a través de Samaria, Jesús mostró lo valiosa que era para Él una mujer samaritana junto al pozo; se detuvo a conversar con ella y le reveló su identidad como el Mesías (Juan 4:26). A pesar del desconcierto de sus discípulos ante su conducta, y del mal nombre de esta mujer, las acciones de Jesús claramente expresaron que ella era digna de ser escuchada y de recibir la verdad de Dios, que después compartió con el resto de su comunidad. Para el asombro de quienes fueron testigos de este encuentro, esa mujer era importante para el Hijo de Dios.

Jesús respetó y se interesó en las mujeres, en una cultura que las relegaba a una condición secundaria, cuando no servil. Por ejemplo, en su relación con María y Marta es evidente su compasión por ellas ante la muerte de su hermano (Juan 11). La manera en que las hermanas refirieron su frustración y temor a Jesús muestra el grado de amistad que Él tenía con ellas, y con su hermano, Lázaro (Juan 11:21,28,32).

En Lucas 13:10–17 encontramos otro gesto significativo que muestra la sensibilidad de Jesús hacia las mujeres. Mientras enseñaba en una sinagoga, el Maestro observó a una mujer que había estado encorvada hacía dieciocho años. La llamó, puso las manos sobre ella y la sanó… para indignación de los presentes. Jesús reprendió a los que lo criticaban y los llamó hipócritas, pero honró a la gozosa mujer, mientras le recordaba que ella era «hija de Abraham» y merecía esa libertad de la esclavitud que Él había otorgado.

En Lucas 8, el compasivo Hijo de Dios se interesó en una muchacha que había muerto y en una anciana que hacía doce años que padecía de hemorragias. Mientras iba a orar por la hija de Jairo, Jesús sintió que de Él había salido poder y había sanado a alguien de la multitud que lo había tocado. Obviamente, Él sabía quién lo había tocado, pero quiso que los presentes notaran a la mujer con hemorragias y reconocieran públicamente que había recibido sanidad por la fe que mostró (Lucas 8:47,48).

Incluso una mujer que los líderes religiosos pretendían apedrear por adulterio fue tratada con sensibilidad y dignidad por el Hijo de Dios. El apóstol Juan relata la dramática escena en que los fariseos ponen a la mujer acusada delante Jesús (Juan 8:1–11). Cuando le preguntan cuál debe ser el destino de esa mujer pecadora, Jesús no la humilló, sino que le habló directamente. Sin dejar de reconocer su pecado, Él no la condenó, pero sí le ofreció un futuro libre de las cadenas del pecado. Efectivamente, con su trato compasivo y con su voluntad de incorporarla a su vida y ministerio, Jesús siempre reveló que la mujer fue creada como hija de Dios y que es objeto de su amor y su obra redentora.

Después de la muerte y resurrección de Jesús, los discípulos debieron continuar su labor, en el poder de la promesa del Espíritu Santo (Hechos 1:14; 2:4). Según los escritores del Nuevo Testamento, las mujeres fueron llamadas a la par con los hombres, recibieron dones, y Dios las facultó para diversos ministerios en la iglesia primitiva. Entre las mujeres que se nombran y se recomiendan por su activa participación, cabe mencionar a: Priscila, maestra y colaboradora del apóstol Pablo (Romanos 16:3; Hechos 18:23–28); Febe, una diaconisa (Romanos 16:1,2); y Junías, una apóstol (Romanos 16:7). En todos los escritos de Pablo, se alaba a numerosas mujeres por su ayuda en el ministerio de la joven iglesia (Romanos 16:1–12). Es evidente que las mujeres no solo fueron creadas por Dios y objeto de la redención de Cristo, sino que también fueron parte integral de los ministerios en el Espíritu del cuerpo de Cristo del primer siglo.

EL PODER REDENTOR DE JESUCRISTO COMPRENDE EL CUERPO, LA MENTE Y EL ESPÍRITU

Tanto por las palabras de Jesús que han quedado registradas como por sus acciones, Él mostró que había venido a la tierra para traer sanidad y nueva vida no solo para el espíritu sino también para la persona en su totalidad, tal como fue creada por Dios: cuerpo, mente, y espíritu. El Hijo de Dios se proclamó como el pan de vida para que todos los que creen en Él tengan vida eterna (Juan 6:48–51) y dio pruebas tangibles de su sensibilidad por el bienestar físico, emocional, mental, y relacional de su creación. Las siguientes ilustraciones bíblicas revelan el ministerio transformador de Jesucristo en todas las dimensiones de la vida.

SANIDAD FÍSICA

Mientras Jesús salía de Jericó, se encontró con dos ciegos sentados junto al camino. Él respondió a su clamor de ayuda y les devolvió milagrosamente la vista (Mateo 20:29–34). En los Evangelios abundan relatos de hombres, mujeres y niños con enfermedades físicas que recibieron la respuesta compasiva y sanadora de Jesús.

SANIDAD ESPIRITUAL

Un padre angustiado vino a Jesús y le trajo a su hijo, que toda su vida había sufrido el tormento de espíritus malignos. El poder amoroso de Jesús expulsó al espíritu maligno que afligía al muchacho con violentos ataques, y le restauró la salud (Marcos 9:17–27).

SANIDAD EMOCIONAL

La mujer junto al pozo en Samaria, con quien Jesús entabló una conversación, había estado envuelta en varias relaciones sexuales, señal de una vida de relaciones fracasadas, muerte espiritual, y marginación social. En vez de perpetuar su marginación social y humillarla por causa de sus fracasos, Jesús apuntó directamente a su vida y le reveló la verdad de que Él era el Mesías. La mujer, que normalmente habría evadido toda interacción social con su comunidad, regresó eufórica a anunciar el encuentro transformador que había tenido con el Hijo de Dios (Juan 4:1–26).

SANIDAD RELACIONAL

Quizás uno de los cuadros más grandiosos de la sanidad de una relación es el relato del hijo pródigo, una parábola de Jesús (Lucas 15). Es la maravillosa historia de un Padre amante que llora la pérdida de su hijo, quien después de dejar el hogar fue arrastrado por una corriente de autodestrucción. Cuando el hijo finalmente recapacitó y se dio cuenta de que estaba desperdiciando su vida y los recursos de su padre, regresó arrepentido al hogar. El hijo esperaba que lo aceptarían como a un siervo, pero su padre lo vio y corrió a recibirlo, dispuesto a perdonarlo y con la voluntad de restaurar la relación con él. El perdón, la restauración, el padre amoroso… es un cuadro conmovedor que habla a toda la humanidad quebrantada que ha perdido la relación con su Padre celestial. En Mateo 22:37, Jesús declaró que el mandamiento más importante es «Amarás al Señor tu Dios con todo tu corazón, con todo tu alma y con toda tu mente». El propósito último de todo hombre, mujer, niño, y niña solo puede cumplirse cuando cada dimensión de la vida han sido tocadas por el amoroso poder del Hijo de Dios.

EL MANDATO DE LA GRAN COMISIÓN Y EL PODER QUE LO ACOMPAÑA

Mateo 28:18–20 registra las últimas instrucciones que Jesús dejó a sus discípulos antes de ascender al cielo. Los cristianos evangélicos han entendido estas palabras como el mandato prioritario para la iglesia a lo largo de su historia.

Se me ha dado toda autoridad en el cielo y en la tierra. Por lo tanto, vayan y hagan discípulos de todas las naciones, bautizándolos en el nombre del Padre y del Hijo y del Espíritu Santo. Enseñen a los nuevos discípulos a obedecer todos los mandatos que les he dado.

«Todas las naciones» incluye a hombres, mujeres, niños, y niñas de cada pueblo, lengua, casta y clase, con independencia de categoría económica, social, y religiosa. Para los cristianos del siglo veintiuno, que han tomado conciencia del destino de millones de mujeres y niñas explotadas que están atrapadas en las horrendas redes de la esclavitud sexual, la gran comisión de Jesús nos compele a ir, predicar, y actuar para traer por medio del Salvador nueva vida a las víctimas, dondequiera que estén, cualesquiera que sea su condición. Los creyentes evangélicos tomamos seriamente la promesa transformadora de 2 Corintios 5:17, que si algún hombre o mujer está «en Cristo» es una nueva creación. La promesa no es solo aplicable a la mujer educada que ocupa un lugar en la junta directiva de una empresa, sino que también es para la adolescente prostituida, agonizante y enferma de SIDA que cree en Cristo.

Pero ¿cómo hacemos para enfrentar esa faceta tan oscura y peligrosa de este mal, llamado esclavitud sexual, con el fin de ver un cambio sobrenatural en la vida de las víctimas? Para los cristianos pentecostales en todo el mundo, el poder y la dirección que nos mueve a obedecer radicalmente el mandato de Jesús lo encontramos en la obra del Espíritu Santo. En Hechos 1:8, Jesús prometió que cuando sus discípulos recibieran la plenitud del Espíritu Santo, cuya venida había anunciado en el aposento alto, recibirían también poder para comunicar su mensaje y cumplir la obra transformadora a nivel local y global. Los milagros del libro de Hechos son testimonio del cumplimiento de esa promesa.

> El poder de Dios para obrar a través de los seguidores de Jesús continúa manifestándose hoy en el rescate y la restauración de las víctimas de la esclavitud sexual.

El poder de Dios para obrar a través de los seguidores de Jesús continúa manifestándose hoy en el rescate y la restauración de las víctimas de la esclavitud sexual. Las palabras de Jesús cuando anunció su ministerio terrenal se convierten en el ferviente testimonio de sus seguidores que sirven a las mujeres y niños víctimas de esta brutalidad:

> El Espíritu del Señor está sobre mí, por cuanto me ha ungido para anunciar buenas nuevas a los pobres.
> Me ha enviado a proclamar libertad a los cautivos y dar vista a los ciegos, a poner en libertad a los oprimidos, a pregonar el año del favor del Señor. (Lucas 4:18–19, NVI)

CONCLUSIÓN

Bryant Myers, el reconocido especialista en misiología que trabaja en el campo del desarrollo mundial, describe las metas de la transformación cuando se trabaja con poblaciones desposeídas y vulnerables, como con aquellos que no son pobres. Argumenta que este proceso de transformación procura «recuperar nuestra verdadera identidad como seres humanos creados a imagen de Dios y descubrir nuestra verdadera vocación como administradores productivos, que con fidelidad cuidan del mundo y de todas las personas que lo habitan».[24] La definición de Myers resume una sólida teología de Dios como dador de vida, propósito, y vocación, y el potencial que todas las personas tienen de convertirse en fieles administradores de la vida y los recursos de Dios. Qué visión profética tan transformadora y llena de fe para todas aquellas personas menospreciadas a los ojos humanos, especialmente para quienes han sido víctima de la injusticia de la esclavitud sexual.

---

24 Bryant Myers, *Walking with the Poor: Principles and Practices of Transformational Development* [Caminemos con el pobre: principios y prácticas del desarrollo transformacional] (Maryknoll, NY: Orbis Books, 1999), 3.

SUGERENCIAS PARA UNA EXPERIENCIA DE APRENDIZAJE

En la clase o grupo pequeño, consideren los siguientes puntos:

- Repasen los datos sobre la injusticia de la esclavitud sexual que se presentan en este capítulo. Consideren otra información disponible en el grupo, relacionada con este tipo de injusticia en su país o ciudad. ¿Qué factores en particular son favorables a la explotación sexual en su cultura?

- ¿Les sorprende saber que los seguidores de Jesús han estado mundialmente a la cabeza cuando se trata de responder al tráfico sexual y a las necesidades de las víctimas? Consideren por qué.

- El Antiguo Testamento tiene fuertes palabras de condenación respecto a la prostitución y la violación sexual. Lean las referencias específicas, que comienzan con la trágica historia de Tamar, en 2 Samuel 13:1–22. ¿Que diferencias hay entre esta perspectiva y (a) los puntos de vista en su cultura y (b) la vida y las enseñanzas de Jesús? Respalden sus opiniones con referencias bíblicas.

- Repasen la manera en que Dios percibe a las mujeres y el valor que les asigna según las Escrituras. Aunque es fácil ver cómo otras culturas tergiversan el valor de las mujeres, consideren cómo su propia cultura también tergiversa el valor de las mujeres. ¿De qué manera estas ideas están en conflicto con el valor que Dios le asigna a sus hijas, y como lo mostró Jesús?

- Desarrollen juntos un plan de acción que podrían asumir como grupo para valorar a las niñas y las mujeres en su vida personal, en la familia, y en la comunidad de la iglesia, un plan que realce su posición de hijas de Dios que Él creó con dones propios para cumplir sus buenos propósitos.

LECTURAS ADICIONALES

- Burke, Mary C. *Human Trafficking: Interdisciplinary Perspectives* [El tráfico ilegal de personas: Perspectivas interdisciplinarias]. New York: Routledge, 2013.

- Kilbourn, Phyllis. *Shaping the Future: Girls and Our Destiny* [Demos forma al futuro: Las niñas y nuestro destino]. Pasadena, CA: William Carey Library, 2008.

CAPÍTULO 4

EL PROCESO DE PROYECTO RESCATE: MISIÓN, MILAGROS, Y ERRORES

No hay respuesta social a las necesidades humanas y la injusticia que no tenga como fundamento una cierta escala de valores. Todas las respuestas humanas a las necesidades humanas y ante la injusticia están inevitablemente influidas por valores y se basan en la cosmovisión de la persona que responde: sea esta musulmana, hindú, budista, atea, liberal o conservadora.

Por tanto, no debería ser sorpresa para nadie, mas bien debería presuponerse, que toda iniciativa que lleva a cabo por una organización o misión cristiana para erradicar la esclavitud sexual y procurar la restauración de las víctimas reflejará la persona y el mensaje de Jesucristo. Procuremos ser compasivos y promover la justicia con excelencia e integridad, pero no pidamos perdón por ser quienes somos ni por Aquel cuyo perfecto amor nos compele a la acción.[25]

---

25 Presentado por la autora en una reunión de consorcio contra el tráfico que reunió a participantes del gobierno y algunos que no estaban relacionados con el gobierno. Washington, DC, 2006.

El ministerio Proyecto Rescate nació en 1997, en el primer enfrentamiento de los trabajadores sociales de Bombay Teen Challenge (BTC) [Desafío Juvenil] y Misiones Mundiales de las Asambleas de Dios con el violento mundo de la esclavitud sexual en Mumbai. Las treinta y siete niñas que las madres prostitutas entregaron al director K. K. Devaraj y a su personal se convirtieron en el urgente ímpetu de establecer una alianza entre BTC y el personal de Misiones Mundiales de las Asambleas de Dios (AGWM, por su sigla en inglés) para atender las necesidades de quienes son víctima de esclavitud sexual en la India. En aquel momento, la frase *tráfico sexual* no estaba en el vocabulario de nadie que conociéramos. Solo años después supimos que «tráfico» era el término legal y oficial para referirse a prácticamente todas las mujeres y niños que conocimos en las zonas rojas de la India. Más que enfrentar el fenómeno del tráfico propiamente dicho, nos animaba el propósito ferviente de ministrar el amor, la sanidad, y la verdad transformadora de Cristo a las mujeres y niños sumidos en la esclavitud. Cuando mirábamos los rostros desesperados de las mujeres o los niños devastados por la violencia de los burdeles, nuestra preocupación primaria no era preguntarnos por las causas sociales que los llevaron a esa situación, sino ver cómo podríamos ayudarlos a salir de allí y recibir la nueva vida de Aquel que los ama más que nadie. Esa es aún nuestra prioridad, nunca ha cambiado.

El primer paso de fe (el primero de muchos) fue el hogar de acogida para las treinta y siete hijas de mujeres prostitutas en la calle Falkland. Era un local alquilado, un refugio temporal para ofrecerles seguridad, sanidad, y cariño. Fue el inicio no previsto de lo que se convertiría en una red multifacética de ministerios cristianos afiliados para atender a las víctimas de la esclavitud sexual y sus hijas en India, Nepal, Bangladesh, Tayikistán, Moldavia, y España. Para 2013, esos ministerios afiliados habían tocado milagrosamente la vida de 32 000 mujeres y niños en el nombre de Jesús.

LA ESTRATEGIA TRIANGULAR DE PROYECTO RESCATE: INTERVENCIÓN, RESTAURACIÓN, Y PREVENCIÓN

INTERVENCIÓN

La intervención incluye los esfuerzos por rescatar a las mujeres y las niñas de la esclavitud y la promiscuidad. Puede adoptar diversas formas:

- Negociar la liberación de mujeres y niñas esclavizadas en los burdeles, mediante el cultivo de relaciones en la comunidad.

- Acoger en hogares seguros a las víctimas del tráfico que han sido rescatadas durante las redadas policiales, para brindarles atención y sanidad.

- Intervenir para que los hijos de mujeres prostitutas no vivan en los burdeles y proveerles un lugar donde estén protegidos durante las horas más ocupadas del trabajo de su madre, ya sea en albergues nocturnos o en programas extracurriculares. En los centros de atención cristianos que reciben a los niños durante el día, estos espacios de ministerio incluyen una cama segura donde descansar, alimento, una comunidad cariñosa, apoyo escolar, oración, discipulado y a Jesús. Los niños escuchan historias sobre el amor de Dios y su poder para cambiar vidas y que los ayuda a cumplir los sueños que Él mismo pone en el corazón.

- Establecer vínculos con las mujeres prostitutas e hijos a través de policlínicas de atención médica y centros de capacitación vocacional para proveer la asistencia

necesaria, cultivar relaciones, y brindarles la oportunidad
de comenzar su travesía espiritual. En una ciudad en
particular, la unidad vocacional se ha convertido en
un lugar seguro donde las mujeres que todavía viven
en los burdeles pueden dar sus primeros pasos en una
vida diferente, donde pueden aprender un oficio que les
permita ser económicamente independientes y así poder
pagar sus «deudas» para salir de la prostitución. Esta
unidad vocacional (o VU como se la conoce por su sigla
en inglés) se ha convertido en iglesia para estas mujeres,
porque allí han conocido al Señor y reciben la enseñanza
elemental para seguir a Jesús semana tras semana.

Durante el primer año, Proyecto Rescate contribuyó a saldar algunas
de las «deudas» que las mujeres habían contraído con los dueños de los
burdeles o con las madamas, para que pudieran obtener su liberación.
Sin embargo, cuando los líderes del ministerio comenzaron a entender el
manejo de los sistemas de explotación de la prostitución, se dieron cuenta
de que esta estrategia solo servía para poner dinero bien intencionado
en las manos del crimen organizado y los proxenetas y darles los medios
para comprar otras esclavas sexuales. En los siguientes dieciséis años
de Proyecto Rescate, el pago para saldar las «deudas» de las mujeres
prostitutas es el último recurso. En la mayoría de los casos, en los países
del sur de Asia, la liberación de las mujeres y sus hijos se ha negociado con
tiempo y sin intercambio de dinero, porque las iniciativas de intervención
son a escala nacional, con base en la comunidad y en el mantenimiento de
relaciones.

A modo de ilustración, siempre que es posible, se establecen
relaciones personales de trabajo con la policía, las autoridades de gobierno
local e incluso con los dueños de los burdeles (porque Jesús también
murió por ellos). Gracias a esta voluntad de servir a todas las personas

de las zonas rojas, quienes realizan labores de alcance a la sociedad se han dado a conocer por su genuina demostración compasiva del amor de Cristo, expresada en hechos concretos. Como resultado, cuando una mujer esclavizada pide ayuda para salir del «negocio», el personal puede visitar a la madama o el dueño del burdel y, en función de la relación establecida anteriormente, apelar a ellos, como el amigo que también ha orado por esa madama o proxeneta y por sus hijos. De esta manera, no se fomenta la idea de que el ministerio se dedica a entregar dinero por la vida de las mujeres y las niñas. Es un elemento diferenciador del ministerio, porque toda la injusticia de la esclavitud sexual se basa precisamente en ese deshumanizador intercambio económico.

A medida que los ministerios asociados al proyecto han crecido y han ganado el respeto de la sociedad, la policía a veces se comunica con los directores del servicio cuando han realizado una redada en las zonas rojas y tienen niñas en custodia. En algunos países, la atención que reciben las víctimas que son rescatadas en las redadas de la policía es mínima en el mejor de los casos. Con cierta frecuencia, las niñas y mujeres rescatadas y detenidas en las comisarías son violadas y agredidas una vez más, para luego ser devueltas a los dueños de los burdeles para que continúen «trabajando». Los supuestos defensores se han convertido en perpetradores. Ante esta realidad, los líderes del ministerio Proyecto Rescate agradecen cuando la policía les avisa que hará una redada, porque es una oportunidad de intervenir y ofrecer un refugio seguro donde las víctimas puedan encontrar sanidad y esperanza.

RESTAURACIÓN

La restauración tiene que ver con las necesidades físicas, emocionales, mentales y educativas de las mujeres y niñas rescatadas, conforme crecen como discípulas en su nueva vida en Jesucristo. Incluye los siguientes elementos que se brindan en el mismo lugar o en colaboración con otros proveedores de estos servicios:

- atención médica general
- apoyo sicológico para los traumas producidos por el abuso y la explotación
- alfabetización básica
- oración (incluyendo la oración para la liberación del poder demoníaco), adoración, aprendizaje de la Palabra de Dios y el discipulado cristiano
- capacitación vocacional con el fin de que obtengan independencia económica
- internación en casas de salud para aquellas mujeres en etapas terminales de HIV/SIDA y enfermedades venéreas

> Los trabajadores más efectivos y poderosos en el ministerio Teen Challenge de Bombay fueron una vez proxenetas que Dios libró del burdel hace unos diez o doce años, y hoy gozan de una nueva vida en Cristo.

En el sur de Asia, muchas mujeres envueltas en esclavitud sexual en las zonas rojas, aunque ellas mismas no tienen el valor para escapar de ese tipo de vida, por lo menos han estado dispuestas a renunciar a sus hijas y entregarlas a los trabajadores sociales, como una manera de que las pequeñas puedan escapar del horror de los burdeles. Las mujeres que llevan años de prostitución, sometidas a la violencia y la intimidación, no creen que haya esperanza de otra vida para ellas mismas. La prostitución se ha convertido en su identidad. Sin embargo, cuando las madres en los programas observan cómo el personal del ministerio ama y cuida de sus hijas, y ven cómo ellas maduran y prosperan, se fomenta un ambiente de confianza entre los trabajadores de Proyecto Rescate y las madres que todavía están en esclavitud. Luego de meses, y aun años, muchas de estas mujeres han sacado fuerzas de flaqueza y han pedido ayuda para su propia liberación de la esclavitud física, espiritual, y emocional. Las hijas que son rescatadas aprenden a orar y a clamar a Dios a diario por la libertad y la salvación de su madre. Es un día de celebración cuando esas queridas madres prostitutas dan sus primeros pasos a la liberación.

Una proporción cada vez mayor de las mujeres rescatadas por los ministerios afiliados a Proyecto Rescate en la India han contraído VIH o ya están enfermas de SIDA. En general, como estuvieron envueltas en prostitución, la familia o la comunidad las rechaza y no le abre las puertas a una nueva vida. En dichos casos, el personal del hogar de acogida y otras mujeres rescatadas y en proceso de restauración se convierten en su nueva familia de fe. Ellas rodean a sus hermanas en Cristo de amor, dignidad, y apoyo mientras dejan atrás esa vida que ha sido una tragedia para ellas y se dirigen a la presencia de Dios. Es triste, sí; pero gracias a Dios se acercan a su divina presencia con *dignidad*, *esperanza* y *respeto*, y un día irán al hogar eterno qué Él ha preparado para quienes lo aman. Sin los ministerios compasivos de fieles seguidores de Jesús, ellas *morirían* sumidas en la vergüenza y sin esperanza, en la indignidad de las calles, descartadas por un sistema destructivo que ya no encuentra beneficio alguno en ellas. Un día, veremos a estas hijas de Dios en la cena de las bodas del Cordero. Gracias a Dios, ¡ya no habrá más pecado, traumas, estigmas ni violencia ahí!

Los trabajadores más efectivos y poderosos en el ministerio Teen Challenge de Bombay fueron una vez proxenetas que Dios libró del burdel hace unos diez o doce años, y hoy gozan de una nueva vida en Cristo. Estas personas regresan sin temor a su anterior lugar de esclavitud y trabajan para liberar a otras mujeres esclavizadas. Una de ellas, una mujer de baja estatura, que es particularmente respetada en la zona roja y tiene un poderoso ministerio, anteriormente era conocida por su formidable poder maligno. Durante las fiestas hindúes anuales, la llevaban en las procesiones rituales representando a las diosas. Ahora, esta mujer transformada usa los dones de liderazgo y dotes administrativos que Dios le dio, y el poder creativo de Dios para liberar a otras mujeres de la esclavitud sexual y ayudarlas a madurar y convertirse en valerosas mujeres de Dios. ¡Dios está obrando milagros!

PREVENCIÓN

La prevención adopta diversas formas en la estrategia de Proyecto Rescate:

- Facilita un hogar seguro para las hijas de las esclavas sexuales, antes de que ellas también caigan en la esclavitud sexual al cumplir los once o doce años de edad.

- Organiza proyectos de sensibilización e información sobre el SIDA y el tráfico sexual en las regiones de alto riesgo de Nepal occidental y el norte de la India.

- Intercepta la venta de las hijas de prostitutas a los traficantes.

Los hogares de acogida establecidos para las hijas de las mujeres prostitutas salvan directamente a las niñas adolescentes de caer en la promiscuidad de los burdeles. A pedido de las madres y con su autorización, o con el permiso de una madama o familiar en la zona cuando la madre ha fallecido, las hijas son recibidas en los hogares de acogida del ministerio. El personal facilita el vínculo entre la madre y su hija, y toda la «familia» del equipo y las hijas oran periódicamente por las madres que todavía están esclavizadas. Aquellas hijas, que la sociedad y las familias han condenado a la explotación sexual, reciben amor, protección, y educación que las ayudará a convertirse en las valerosas mujeres que Dios creó.

A lo largo de los años, en las regiones occidentales de Nepal hemos desarrollado un segundo aspecto estratégico de la prevención. Los proxenetas involucrados en el tráfico de niñas nepalesas para los burdeles indios visitan las regiones más pobres para convencer a las familias del beneficio de vender a sus hijas. Proyecto Rescate, en asociación con las iglesias de las Asambleas de Dios de Nepal y otras ONG [Organizaciones no Gubernamentales], ha organizado campañas comunitarias de sensibilización para informar a las familias en las regiones de alto riesgo respecto a las tragedias del tráfico de niñas y el SIDA. Las iniciativas incluyen el establecimiento de centros para la sensibilización de la población adulta, programas básicos de alfabetización para las niñas, policlínicas médicas, y evangelización espiritual en la comunidad local.

A medida que los ministerios afiliados a Proyecto Rescate se han dado a conocer y se han ganado el respeto de las personas en el norte de la India y en otros lugares donde se desarrolla esta labor, se ha presentado otra oportunidad para la prevención de este mal. Los trabajadores de Proyecto Rescate son notificados confidencialmente por los pobladores de una localidad cuando una familia inicia tratos con los traficantes para negociar la venta de su hija. A través de contactos y conversaciones, los obreros del ministerio intervienen oportunamente e impiden que algunas jovencitas sean vendidas a la esclavitud sexual. Sencillamente se ofrece ayuda económica a los padres empobrecidos y se hacen arreglos para que la hija sea aceptada en un hogar cristiano o en un hogar infantil de confianza.

EL PAPEL ESENCIAL QUE CUMPLE LA IGLESIA

Es imposible describir la estrategia y cualquier éxito de Proyecto Rescate en el sur de Asia, Nepal o España y su servicio a las víctimas de la esclavitud sexual y el tráfico ilegal de personas sin mencionar el componente crucial que es la iglesia local. Si bien la iglesia no encaja prolijamente en ninguno de los tres ángulos de la estrategia del ministerio, en realidad, está incorporada en los tres.

Todos los sábados en la tarde, se interviene en la vida de las mujeres sumidas en la esclavitud sexual en Mumbai, en un viejo templo anglicano en los límites de la zona roja de la calle Falkland. Allí, varios centenares de mujeres y niñas vienen de los burdeles para escuchar la predicación del «tío» Devaraj acerca de las buenas nuevas del amor de Jesús por ellas y su poder transformador.

> La fe sobrenatural para los hombres, las mujeres, los niños y las niñas todavía sigue el curso ordenado por Dios de oír la Palabra de Dios.

La restauración comienza como una travesía espiritual en el viejo templo, donde semana tras semana las mujeres prostitutas y las madamas responden a las oraciones. Muchas, como los endemoniados a quien Jesús liberó durante su vida terrenal, necesitan un toque sanador para ser liberadas. Necesitan oración para creer que hay alguien en quien pueden confiar y que nunca, ¡jamás!, las traicionará. Las mujeres que han vivido casi toda su juventud como esclavas sexuales necesitan un gran valor para librarse de los amenazas del crimen organizado. Se sienten atormentadas por ciertas preguntas: «Pero, ¿a dónde voy a ir?» y «¿Qué haré para que la mafia no me encuentre?». Junto a los diligentes trabajadores de Teen Challenge de Bombay, los niños y niñas rescatados y las mujeres que han encontrado la libertad de la esclavitud sexual se reúnen en una iglesia los sábados en la noche, las mujeres que todavía están en la esclavitud experimentan el poder de la oración, la fe, y la esperanza para dar los primeros pasos en el camino a su propia libertad personal. Sí, la fe sobrenatural para los hombres, las mujeres, los niños y las niñas todavía sigue el curso ordenado por Dios de oír la Palabra de Dios (Romanos 10:17), aun en el caso de quienes están esclavizados en la prostitución.

La prevención ocurre milagrosamente en el caso de las víctimas jóvenes y sus hijas cuando descubren el viejo templo anglicano en los primeros días de su esclavitud sexual. Cuanto antes encuentran la libertad en Jesús, tanto más posibilidades tienen de vida y de no morir enfermas de SIDA. La prevención también se da cuando las iglesias en las regiones de alto riesgo a lo ancho y largo del sur de Asia cobran consciencia de la injusticia del tráfico sexual y ayudan a las familias locales a proteger a sus hijas de ser atrapadas en esta red.

Las iglesias nacionales locales que se asocian a los ministerios afiliados a Proyecto Rescate también cumplen otra función clave. Estas piadosas mujeres de la localidad son el personal ideal para el ministerio. Ellas conocen el idioma, comprenden la cultura local, saben mantener un perfil bajo en las zonas de riesgo y se compadecen de las mujeres que sufren. Mientras que los misioneros pueden ser colaboradores clave cuando se trata de proyectar la visión, enfrentar aquellas prácticas culturales destructivas, recaudar los fondos tan necesarios para el servicio y apoyar las iniciativas del ministerio, en general, éstos últimos no son tan efectivos a largo plazo como estas mujeres en su trabajo diario en las zonas rojas. Las pioneras de Proyecto Rescate en la India, Nepal, Bangladesh, Tayikistán, Moldavia, y España han sido compasivas mujeres cristianas, líderes en su congregación local que se sintieron conmovidas por la explotación de estas mujeres y están dispuestas a dedicar su tiempo, dones y recursos para ayudarlas en el proceso de restauración definitiva.

Es emocionante ver cómo se repite la historia con los ministerios afiliados a Proyecto Rescate. Las jóvenes que fueron rescatadas de las zonas rojas hace diez o quince años tienen un exitoso testimonio de restauración que compartir. Algunas jóvenes de Mumbai y Pune han terminado la escuela y sienten el llamado de Dios para trabajar con los niños y niñas que todavía viven en las zonas rojas. Se están convirtiendo en personal clave en los ministerios, como antes otra persona las trajo a Jesús y les abrió la puerta a la libertad. Este pequeño ejército pero creciente de jóvenes mujeres, ha sido rescatado y redimido, y ahora colabora con la misión de Dios de poner en libertad a otras mujeres. ¡Cada niña transformada es un milagro!

Los asuntos prácticos de la realidad política también requieren que los ministros y el personal local sean el fundamento de los ministerios a las mujeres prostitutas y los niños y niñas en todo el mundo. La esclavitud sexual y el tráfico ilegal de personas suelen operar casi siempre como una red controlada por el crimen organizado, a veces en complicidad con la policía local, los gobiernos locales, e incluso las autoridades nacionales del gobierno en el poder. La presencia visible de extranjeros que trabajan en las zonas de prostitución puede atraer una atención negativa y peligrosa, no solo hacia el misionero o voluntario, sino también hacia el ministerio local, el personal local, y las mujeres y las niñas a quienes se procura ayudar. El grado de riesgo político varía de un país a otro, e incluso de una región a otra dentro del mismo país. Hay algunas notables excepciones de mujeres no nativas a quienes Dios llamó para sentar los cimientos de este tipo de ministerio en una cultura anfitriona: mujeres como las pioneras Lauran Bethell[26] y Patricia Green.[27] No obstante, nuestra experiencia ha sido que ellas son la excepción y no la norma. La meta de estas pioneras,

---

26 Lauran Bethell es una misionera de los Ministerios Internacionales de los Bautistas de América que ha trabajado por más de dos décadas en favor de las mujeres que han sido víctimas de abuso y explotación. Como la primera directora del Centro Nueva Vida en Chiang Mai en el norte de Tailandia (1987), Lauran realizó labor pionera en proyectos en el sureste de Asia que atienden específicamente el problema de la prostitución infantil y el tráfico de mujeres y niños. El Centro comenzó su trabajo con dieciocho residentes en un esfuerzo de ofrecer a las jóvenes mujeres de las tribus una oportunidad de recibir educación y preparación vocacional, que son las puertas de escape de la prostitución y otras formas de explotación.

27 Patricia Green es una trabajadora social y ministro ordenado de las Asambleas de Dios de Nueva Zelanda, y tiene una maestría en Psicología comunitaria. Ella ha servido como fundadora/directora de los Hogares Cristianos para Niñas, en Hamilton, Nueva Zelanda (1971–1987), Ministerios Rahab, Bangkok, Tailandia (1988–2004), y Alabaster Jar, Berlin, Alemania, un alcance a las mujeres en la calle prostitución (2006 hasta hoy).

por lo general, ha sido poner la dirección de las iniciativas en manos de líderes nacionales lo antes posible, para garantizar la sustentabilidad del ministerio a largo plazo.

ERRORES QUE HEMOS COMETIDO

Cometer errores no es una experiencia agradable ni divertida. Sin embargo, a veces es bueno confesarlos, por varias razones. En primer lugar, especialmente como ministros y seguidores de Jesús, los errores que cometemos nos ayudan a recordar que no debemos enaltecernos y, cuando eventualmente las cosas resultan bien, nos sirve también para recordar que todo lo debemos a Dios.

En segundo lugar, hay una tendencia generalizada a convertir las «vasijas de barro» en héroes, para usar la expresión con que Pablo describió a creyentes como nosotros:

> Como ven, no andamos predicando acerca de nosotros
> mismos. Predicamos que Jesucristo es Señor, y nosotros
> somos siervos de ustedes por causa de Jesús. Pues Dios,
> quien dijo: «Que haya luz en la oscuridad», hizo que esta luz
> brille en nuestro corazón para que podamos conocer la gloria
> de Dios que se ve en el rostro de Jesucristo. Ahora tenemos
> esta luz que brilla en nuestro corazón, pero nosotros mismos
> somos como frágiles vasijas de barro que contienen este gran
> tesoro. Esto deja bien claro que nuestro gran poder proviene
> de Dios, no de nosotros mismos (2 Corintios 4:5–7, NTV).

«Vasijas de barro» es la expresión metafórica que Pablo (y Dios) eligen para decir que somos muy humanos y proclives a vidas sin gloria y acciones demasiado humanas. ¿Qué distingue a los seguidores de Jesús de quienes no lo son? El «tesoro» de la gloria de Dios que ha venido a morar en nosotros mediante el cambio de vida que el poder de Jesús operó en

> No hay grandes héroes trabajando con las víctimas de la prostitución y el tráfico ilegal de personas. Son seres humanos, demasiado humanos, seguidores obedientes y valientes de Jesús, quienes por medio de su poder traen libertad, liberación, y vida nueva.

nosotros. ¿Qué significado tiene ésto en nuestro contexto? Significa que no hay grandes héroes trabajando con las víctimas de la prostitución y el tráfico ilegal de personas. Son seres humanos, demasiado humanos, seguidores obedientes y valientes de Jesús, quienes por medio de su poder traen libertad, liberación, y vida nueva. En última instancia, nuestro tesoro y su tesoro es Dios, quien se reveló a todos en su gloria transformadora.

Por último, hemos decidido presentar con transparencia algunos de los errores que cometimos mientras intentábamos cumplir la visión de Dios a través de los ministerios Proyecto Rescate. Aquellos lectores que se sientan llamados a este ministerio con las mujeres y las niñas explotadas sexualmente, en sus propias localidades o en el extranjero, podrán beneficiarse de nuestras luchas y evitar estos traspiés. Aquí están.

SUPONER QUE TODAS LAS PERSONAS INVOLUCRADAS EN LA ESCLAVITUD SEXUAL QUIEREN SALIR, O QUE UNA VEZ QUE SALEN, NO QUIEREN VOLVER

Sin duda que resulta difícil de creer, pero algunas víctimas llevan tanto tiempo en la esclavitud que su temor a lo desconocido y la resignación a vivir en el mundo que conocen son más fuertes que su deseo de escapar. Han aprendido a soportar la explotación y el caos, y necesitan la adrenalina diaria y constante del mundo de la prostitución para sobrevivir. A veces, la oportunidad de salir y el proceso y lugar de sanidad les resulta un cambio tan difícil que deciden regresar al mundo conocido de la explotación. Las cadenas de la esclavitud sexual no son solo físicas. Son también mentales, emocionales, relacionales, y espirituales.

SUPONER QUE HAY EXPERTOS EN ESTE CAMPO

Hay expertos en partes *específicas* de este campo y estamos agradecidos porque podemos aprender de ellos. Algunos aspectos de cómo opera la explotación sexual, y las necesidades de las víctimas, son increíblemente universales. Pero otros aspectos son culturales y regionales; por lo tanto, cada persona necesita aprender el contexto cultural del lugar donde trabaja a fin de poder ministrar con más eficacia. ¡No hay atajos!

Además, la atención de las multifacéticas necesidades de las víctimas implica tantas aptitudes diferentes que más que «expertos» es preferible contar con buenos jugadores de equipo (véase el capítulo 11, «La mafia entiende que es importante; y nosotros, ¿por qué no lo vemos?»). Por último, los operadores del tráfico ilegal de personas cambian sus estrategias tan pronto los agentes del orden público y quienes trabajan en profesiones de apoyo a las víctimas se informan de las siniestras tácticas que emplean las redes delictivas. Es un blanco que está en constante movimiento. Se requiere una constante voluntad para readaptar el enfoque del ministerio, y una infaltable sensibilidad al Espíritu que enseña e infunde sabiduría sobre cómo modificar el trabajo y ser más eficaces. Cuando los trabajadores piensan que por fin entienden la dinámica, la situación cambia.

LA FALTA DE UNA ESTRATEGIA A LARGO PLAZO

Cuando recibimos aquella primera llamada de auxilio de K. K. Devaraj y decidimos transitar este camino, estábamos respondiendo conforme a lo que percibimos como la voluntad y el propósito de Dios. Si bien fue acertado lo que hicimos, no sabíamos cuál era la manera «adecuada» de hacerlo (lo que no es extraño cuando un ministerio pionero da sus primeros

> Es imposible alcanzar metas a largo plazo en el ministerio a las mujeres y niñas explotadas si ignoramos cuál es la meta que queremos alcanzar.

pasos). Tuvimos que buscar a Dios incesantemente, y aprender sobre la marcha. Nuestra declaración formal de la misión, los valores que inspiran nuestro ministerio, y los documentos de buenas prácticas los desarrollamos conforme aprendíamos.

En un sentido, al principio teníamos una excusa de no tener una estrategia de largo plazo. Pero no hay excusa alguna para no definirla en cuanto sea posible, con oración, indagación, y buena colaboración. Ojalá lo hubiéramos hecho antes de cuando realmente lo hicimos. Es imposible alcanzar metas a largo plazo en el ministerio a las mujeres y niñas explotadas si ignoramos cuál es la meta que queremos alcanzar. Es necesario contar con una estrategia de salida para la debida reinserción de las sobrevivientes en su comunidad y cultura de origen.

SUPONER QUE UN SUELDO EQUIVALE A UN LLAMADO

Con un sueldo se puede contratar personal, pero un sueldo no equivale al llamado. *Dios es el único que llama.* En las tensiones diarias, los desafíos y las luchas del trabajo con mujeres prostitutas y los niños, más temprano que tarde será evidente la diferencia entre una persona que Dios ha llamado a este ministerio y que recibe un sueldo, y una persona que trabaja porque se le paga un sueldo. Se requiere un llamado de Dios para dedicar veinticuatro horas del día, siete días de la semana, a personas y niños que no agradecen, que se enojan, que son manipuladores, y que están poseídos por demonios, y además enfrentar las maquinaciones agresivas de las madamas, los proxenetas, y la corrupción de la policía; se requiere un llamado de Dios para resistir y amar, y ser parte de la experiencia de sanidad de estas personas. No hay salario en el mundo que sea suficiente para compensar la lucha diaria si no se tiene la seguridad del llamado de Dios.

SUPONER QUE SABEMOS QUÉ NECESITAN LAS VÍCTIMAS DE LA INJUSTICIA

Cuando comenzamos el programa Proyecto Rescate, supusimos que las mujeres prostitutas y los niños necesitaban aquellas cosas que nosotros hubiéramos necesitado de haber estado en su lugar. Por lo tanto, eso fue lo que pensamos que debíamos proveer. Pero como nunca habíamos estado en esa condición, en realidad, no teníamos manera de saber qué necesitaban. Cabe repetir, algunas de las necesidades elementales, como seguridad, confianza, compasión, cuidados básicos, una comunidad, y formación vocacional para el futuro son conceptualmente las mismas entre las diversas culturas, países, y ciudades. No obstante, la manera en que se satisfacen esas necesidades puede variar considerablemente según el lugar.

Pongamos por ejemplo la formación vocacional de alguien que vivió en el mundo de la prostitución. Una manera común de expresar la compasión de Cristo ha sido tradicionalmente mediante la donación de máquinas de coser, para que las mujeres aprendan a coser y puedan comenzar su propia pequeña empresa. Aunque esta es una estrategia viable en algunos países para alcanzar la sustentabilidad económica, en otras regiones, el trabajo de modista se considera una profesión inferior; se lo considera un trabajo poco digno y no se le reconoce valor. Nuestra ayuda solidaria y compasiva puede ser más estratégica si les preguntáramos a estas mujeres qué necesitan y qué ocupación u oficio dignificaría su vida como miembro de la cultura local. Por otra parte, si no indagamos qué sería efectivo en un contexto específico, porque suponemos que lo que da resultado en un país lo podemos aplicar en otro, sin darnos cuenta, podríamos estar perpetuando el bajo nivel social y la condición de vida poco digna de la mujer.

APRESURARSE A ASUMIR
RESPONSABILIDADES FINANCIERAS

Solo después de unos años de haber comenzado los ministerios Proyecto Rescate comenzamos a realmente valorar el aporte de quienes se dedican al desarrollo comunitario (qué poco espiritual, ¿verdad?). La premisa básica del desarrollo comunitario es que todas las comunidades (sí, todas) tienen recursos para dar e invertir, por más empobrecidas que parezcan ser.[28] En los primeros años del ministerio fue demasiado fácil suponer que una porción sustancial de los recursos para nuestro trabajo debía venir a través de una subvención del exterior, en vez de explorar qué recursos quizás ya estuvieran disponibles en la ciudad, el estado, o el país donde establecimos nuestro trabajo. En algunas regiones, creamos una dependencia innecesaria de los fondos del exterior, a pesar de que muchas organizaciones y agencias cristianas locales tenían mucho para dar. Gracias a Dios, nuestros colegas nacionales en la India han sido muy ingeniosos y creativos a la hora de llevar a cabo iniciativas para obtener ayuda de la comunidad local. Sin embargo, todavía estamos buscando la manera de salir de aquella prisa inicial que nos llevó a tomar decisiones en función de quién podía ayudar mejor y cuál era la salida más rápida.

SUBESTIMAR LA LUCHA ESPIRITUAL Y
SISTÉMICA POR LOS MÁS VULNERABLES

Nunca olvidaré la reunión con nuestros colegas de Estados Unidos cuando David les presentó por primera vez la visión de Proyecto Rescate. Le refirió el mundo con que Devaraj y su equipo se habían encontrado en Mumbai, cómo creíamos que Dios quería que respondiéramos a

---

28 Nuestros colega, Ron Bueno, fundador de Enlace en El Salvador, Dra. JoAnn Butrin de Ministerios Internacionales de Misiones Mundiales de las Asambleas de Dios, y Cindy Hudlin, anteriormente con Visi®on Mundial y Project Rescue, han sido amigos especialmente valiosos porque nos ayudado a propagar nuestra comprensión de la importante función de la comunidad local en los ministerios de compasión.

esta horrenda necesidad y la increíble oportunidad de dar libertad a las mujeres y los niños. Oramos juntos y mi esposo le preguntó al equipo si tenían algún consejo para nosotros. La mayoría fueron amables y nos animaron, aunque acotaran que ya estaban demasiado ocupados y que sabían que no debían participar.

Pero, entonces, sucedió algo crucial, cuando el anciano misionero Andrew McCabe se levantó para hablar. El hermano Andrew era hijo de padres misioneros escoceses y se había criado en el norte de la India, cerca de la frontera con Nepal. Después de haber estudiado en la universidad en Escocia, regresó a la India como misionero, para dedicar su vida a trabajar entre la gente que tanto amaba. Tendría ahora unos setenta años.

—Hermano Grant, siento que necesito decir algo. Creo que debemos hacer esto. Estas niñas y mujeres están dentro del corazón de Dios. *Pero también siento que debo hacer una advertencia. Si nos decidimos a seguir adelante, esto nos puede costar carísimo.* En todos los años vividos en ese continente, no hay nada tan protegido por el infierno como esta maldad. Siempre que alguien ha intentado ayudar a las víctimas de la prostitución, ha desatado un infierno. Tendremos que pagar un precio. Pero creo que tenemos que hacerlo.

Todos entendieron la gravedad del asunto. Oramos juntos y nos comprometimos con esta empresa divina que pronto se convirtió en el programa Proyecto Rescate. Pero eso fue solo el principio. Mi esposo dejó la reunión para llevarnos a mí y a nuestras dos pequeñas hijas al aeropuerto, porque teníamos que viajar a otra ciudad. Mientras conducíamos por el caos del tráfico de una ciudad de cinco millones de habitantes, de pronto se me congeló la sangre. Una pequeña niña de unos tres años seguía a su hermano mayor entre el tráfico y de pronto quedaron justo delante de nuestra camioneta. El muchacho corrió y pudo cruzar la calle, y la niña corrió detrás de él. Nuestro conductor frenó, presa del pánico. Por desgracia, la camioneta era demasiado pesada y la distancia muy corta. El impacto fue escalofriante y el vehículo atropelló a la pequeña niña. De pronto, la gente corrió y rodeó la camioneta y yo sabía bien lo que podía suceder. En muchos países, cuando la gente pobre cree que no tienen ninguna posibilidad de que se les haga justicia, los pobres hacen justicia por mano propia. Con frecuencia, después de un accidente de tráfico, el vehículo es vandalizado, la gente golpean a los ocupantes, e incluso pueden llegar a incendiar el vehículo con sus ocupantes adentro. Instintivamente, levanté el cristal de las ventanas de la camioneta, obligué a nuestras hijas a acostarse en el piso, y oré en el nombre de Jesús. Recuerdo que pensé: «De esta no salimos. Se acabó todo». David había descendido del auto para ir a donde estaba la pequeña niña. Entonces, fue como si alguien hubiera apretado el botón de pausa de un video. La gente que venía corriendo hacia el vehículo se detuvo. Al cabo de unos segundos que parecieron una eternidad, David regresó al auto y le indicó al conductor que siguiera.

—Pero, David, ¿dónde está la niña? —pregunté.

Él extendió el brazo y la señaló.

—Allá está. Está corriendo para encontrarse con su familia. No tiene ni un rasguño, ni un hueso fracturado, nada. Está perfectamente bien. Como si nada la hubiera tocado.

Un anciano hindú que estaba parado en el cordón central de la avenida, a pocos metros de nuestro vehículo, y que vio cuando chocamos contra la niña, le dijo a mi esposo:

—Señor, usted acaba de ver a Dios.

> La batalla contra el mal es grande, pero nuestro Dios es más grande.

No habían pasado más de veinte minutos de terminada la reunión en la que nos habíamos comprometido a dedicarnos al ministerio con las mujeres esclavizadas y los niños y niñas. Durante veinticuatro horas, nuestras hijas y yo enfrentamos una seguidilla de sucesos amenazadores y cuál más extraño. Sin embargo, en cada momento, clamamos juntas a Dios y su poderosa presencia nos rodeó. Antes de terminar aquel viaje, sabía que si Dios dejaba de intervenir milagrosamente, nunca podríamos regresar a casa. Él obró… ¡y llegamos! Pero aquellas primeras veinticuatro horas nos pusieron en un estado de alerta espiritual en el que hemos permanecido diecisiete años. Aprendí (si es que alguna vez tuvimos dudas) que estábamos frente a un verdadero enemigo personal que deseaba destruirnos si procurábamos quitarle su dominio sobre las mujeres prostitutas y sus hijas. Pero también fui más consciente de que tenemos un Dios real y poderoso, que puede repeler los ardides del enemigo y proteger a quienes se entregan a obedecer el llamado a su misión. Sí, la batalla contra el mal es grande, pero nuestro Dios es más grande. Él todavía obra milagros a favor de quienes confían en Él.

CONSIDERACIONES PRÁCTICAS PARA DESARROLLAR UN MINISTERIO A LAS VÍCTIMAS DE LA ESCLAVITUD SEXUAL

Con más de treinta y siete años de experiencia en el ministerio transcultural, mi esposo y yo hemos aprendido, a veces dolorosamente, que desarrollar un ministerio a las víctimas del tráfico ilegal de personas y la esclavitud sexual es uno de los ministerios más desafiantes y espiritualmente intensivos que hayamos tenido. También ha sido el más gratificante. Luchar contra esta horrenda forma de depravación humana nos sitúa cara a cara con el lado más abyecto del hombre sin Dios y con el poder destructivo de Satanás. Sin embargo, la batalla contra la esclavitud sexual con la valerosa compasión de Cristo también nos ha traído cara a cara con el poder que transforma vidas de la natural gracia de Dios. Hemos tenido la experiencia personal de ver cómo el amor de Jesús brilla con más fulgor cuando lo compartimos en los lugares más oscuros.

No obstante, practicar el amor de Cristo y la compasión en ese mundo oscuro, por amor a sus víctimas, es un asunto caótico y agotador; y no exagero. Hay varios asuntos importantes que hay que tener claras al desarrollar un ministerio cristiano de servicio a las víctimas del tráfico sexual. Los detallo a continuación.

ASUNTOS TEOLÓGICOS

> Hemos tenido la experiencia personal de ver cómo el amor de Jesús brilla con más fulgor cuando lo compartimos en los lugares más oscuros.

No hay respuesta social a las necesidades humanas y la injusticia que no tenga relación alguna con los valores. La respuesta a las necesidades humanas y a la injusticia siempre reflejará los valores y la visión del mundo de la persona que responde. La cosmovisión religiosa que pueda tener (o no tener) y los valores culturales responden a las preguntas fundamentales de qué es el hombre, hacia dónde va, qué ha salido mal y, por lo tanto, cómo podrá ser y deberá ser la respuesta a las necesidades humanas. Los humanistas seculares, los ateos, los budistas y los musulmanes abordan estas preguntas desde diferentes perspectivas y, por lo tanto, llegan a diferentes conclusiones sobre cómo responder.

Por ende, no debería sorprender, sino que se debería suponer, que una iniciativa cuyo enfoque es la injusticia de la esclavitud sexual o el tráfico ilegal de personas y el proceso de restauración de sus víctimas, cuando la desarrolla una organización o misión cristiana tendrá como fundamento la teología cristiana y será consecuente con los valores bíblicos. Como garantía, el especialista en misiones Bryant Myers recalca la necesidad de la reflexión teológica continua mientras se desarrollan y llevan a cabo los ministerios de compasión.[29]

---

29 Bryant Myers, *Walking with the Poor: Principles and Practices of Transformational Development* [Caminemos con el pobre: principios y prácticas del desarrollo trans-formacional] (Maryknoll, NY: Orbis Books, 1999).

A modo de ilustración, si creemos en un Dios amoroso que creó la vida humana a su imagen con un propósito divino, y que es su voluntad que todos tengan una vida digna y plena, esta convicción influirá en nuestra percepción de las adolescentes explotadas en Moldavia y la manera en que nos relacionamos con ellas. En cambio, si uno cree que los dioses se relacionan con los seres humanos según sus caprichos, que las desgracias son consecuencia de los pecados cometidos en una vida anterior, y que todavía tenemos por delante muchos ciclos de vida por vivir, eso hace que las víctimas del tráfico ilegal de personas se perciban de otra manera y que se adopte otra visión de la responsabilidad que tenemos de ayudarlas.

Uno de los desafíos teológicos más importantes para los cristianos evangélicos occidentales que trabajan con mujeres y niñas sumidas en la esclavitud sexual es nuestra tradición de comprender la salvación fundamentalmente como un hecho decisivo que ocurre en un cierto momento. De nuestra experiencia en el trabajo con mujeres explotadas sexualmente, la decisión de seguir a Jesús y encontrar la libertad y la sanidad es más a menudo un proceso conducente a la nueva vida en Cristo que un instante único de transformación radical. En ese curso de decisiones y respuestas a Jesús, en que las sombras de las tinieblas comienzan a desvanecerse, llega eventualmente un momento en que la luz se abre paso y emerge la vida. Pero la nueva vida y la Luz visible en la mirada de las mujeres generalmente llega solo después de un período en que han respondido varias veces a la verdad de Dios, después de mucha intercesión y oración liberadora.

> Los tiempos y el orden de las etapas no importan, Jesús es en definitiva el Único que puede traer, y efectivamente trae, completa libertad y nueva vida a quienes están en la más completa esclavitud.

Ese fue un problema con el que el fundador de Teen Challenge en Bombay, K. K Devaraj, tuvo que luchar desde el principio de su ministerio en las zonas rojas. Era desgarrador y frustrante orar con mujeres sumidas en el cautiverio sexual que pedían la sanidad y la liberación de Dios en un momento, solo para verlas regresar a la noche y la violencia del burdel. Debemos recordar que son esclavas, literalmente esclavas.

Sin embargo, con el tiempo, K. K. Devaraj y su equipo comenzaron a concebir el proceso hacia la libertad espiritual y física como el éxodo de los israelitas cuando Dios los sacó de la esclavitud en Egipto. Mediante los diversos aspectos que implican los contactos con el ministerio, las niñas en cautiverio recibieron ayuda para prepararse en todo aspecto —espiritual, mental, emocional y físico— para su éxodo personal que las sacaría de la esclavitud. A veces, la libertad espiritual precede a la libertad física; otras veces, la libertad física se negocia primero, y la libertad espiritual, emocional y mental la siguen, conforme las víctimas experimentan el amor y la sanidad de Dios en el hogar de acogida. Los tiempos y el orden de las etapas no importan, Jesús es en definitiva el Único que puede traer, y efectivamente trae, completa libertad y nueva vida a quienes están en la más completa esclavitud. Nosotros, sus hijos e hijas, tenemos el privilegio de colaborar con Él y acompañarlas en este viaje milagroso y caótico.

ASUNTOS MISIOLÓGICOS

Todas las misiones cristianas tienen una declaración de propósito y una estrategia para cumplir ese propósito. Conforme los misioneros y los obreros nacionales ponen en oración cómo responder a la injusticia sexual, uno de los mayores desafíos es determinar cómo el ministerio se relacionará con la visión más amplia y los ministerios de la misión.

La necesidad de las mujeres y las niñas sumidas en la esclavitud sexual es tan absorbente que los seguidores de Jesús que quieran trabajar en este campo deben tener presente que enfrentarán varias tentaciones:

Apresurarse a responder a una necesidad inmediata sin considerar las consecuencias a largo plazo

- ¿Es la respuesta inmediata lo mejor para la seguridad de la víctima o tiene más que ver con tu propio sentido de misión, importancia, y satisfacción personal?

- ¿Están tú y tu iglesia o misión prontos y preparados para afrontar los inevitables problemas espirituales, médicos, legales, y políticos que surgirán?

- ¿Es la iniciativa que proyectan consecuente y compatible con la misión de la iglesia, organización o ministerio en que ustedes trabajan?

Realizar el trabajo solo o como iglesia o familia misionera sin colegas locales o nacionales

Se requiere tiempo para preparar el corazón y la mente de la iglesia local o nacional y de los colegas para que todos asuman y hagan suya la visión. Las siguientes preguntas podrían ayudar a evaluar este aspecto:

- ¿Estará el proyecto sujeto a la dirección y dentro del marco institucional de una organización misionera, una ONG, o la iglesia nacional? ¿Quién lo dirigirá?

- ¿Quién tiene el potencial para desarrollar la visión y el compromiso de efectivarla en la cultura a largo plazo?

Permitir que los donantes marquen el ritmo de desarrollo del ministerio

Las decisiones de crecimiento deberían basarse en factores de necesidad y condiciones propicias del campo, más que en la voluntad de los donantes de mayor peso.

- Las promesas que se hacen a los donantes del exterior, en cuanto a lo que se puede realizar en la lucha contra el tráfico ilegal de personas y en los proyectos de atención a las víctimas que han sido rescatadas en los países en desarrollo, ¿son irrealistas, cuando no imposibles, en términos de «cómo son las cosas» en la cultura local?

- *Antes* de proceder a ampliar cada proyecto, ¿se cuenta con asistentes calificados y comprometidos con la tarea, disponibles para afrontar las intensivas responsabilidades que implica la atención de las víctimas después de que han sido rescatadas? Empezar es fácil, ¡lo difícil es seguir y dar continuidad al trabajo

Tomemos el caso de Proyecto Rescate en el sur de Asia. Durante los primeros años, nuestro liderazgo se preocupó de cada aspecto del ministerio que se estaba desarrollando. Una de las principales preocupaciones era cómo encajaba (si acaso encajaba) dentro de las cuatro prioridades fundamentales de la filosofía misiológica de la institución matriz. A saber, ir (evangelización), establecer iglesias, enseñar (discipulado), y tocar (ministerios de compasión). En realidad, después de un intenso escrutinio e intencionalidad, la misión de Proyecto Rescate y la de sus ministerios afiliados incorpora las cuatro prioridades misionales de Misiones Mundiales de las Asambleas de Dios en su trabajo con las víctimas de la esclavitud sexual. De ningún modo se trata de un caso en que «una rama de compasión/justicia social» compite con la evangelización y el discipulado. Es evangelización y discipulado, además de enseñanza y compasión. Estas dinámicas de la Gran Comisión están íntimamente entretejidas todos los días en los ministerios afiliados a Proyecto Rescate: sin ellas, la misión de Dios no puede cumplirse.

Si la filosofía de la misión de la institución matriz es bíblica y bien fundada, el escrutinio para asegurarse de que un proyecto pionero (abocado a problemas complejos y peligrosos como el tráfico sexual y las necesidades de sus víctimas) esté en conformidad con la filosofía de la misión, al final agudiza y refuerza el enfoque del ministerio y su práctica, en vez de reprimirlo u obstaculizarlo. Los cuestionamientos de parte de líderes espirituales respetados son bien recibidos en la compleja tarea de desarrollar el ministerio de la valerosa compasión.

ASUNTOS ESPIRITUALES

Sería imposible calcular el precio que tienen que pagar quienes trabajan con mujeres y niñas que han sufrido inimaginable perversión sexual y violencia. Para quienes se conmueven con este problema, es doloroso escuchar de primera mano las historias de las víctimas e imaginar cómo habrán hecho para sobrevivir. La explotación sexual, especialmente entre las niñas deja profundas heridas emocionales, mentales, y físicas. Sin embargo, enfrentarse a este tipo de traumas es la norma cuando se trabaja con víctimas de la esclavitud sexual.

La dimensión de intervención y de cuidados holísticos que diferencia a las organizaciones cristianas de aquellas que no lo son es espiritual. Los problemas espirituales pueden ser los más difíciles de entender, los más resistentes al tratamiento, y los más desafiantes en cuanto a su complejidad. Peor aún, para los cristianos occidentales cuya teología quizás no los preparó para la realidad de los huestes espirituales malignas, enfrentarse a diario a estos poderes mientras atienden a sus víctimas puede dejarlos confundidos, abrumados, y exhaustos, a pesar de los certificados que tengan en asistencia social, sicología, o teología.

En su excelente estudio, «Sexually Exploited Children: Working to Protect and Heal» [Explotación sexual infantil: El trabajo de protección y sanidad], Phyllis Kilbourne y Marjorie McDermid describen brevemente algunas de las formas más extendidas de esclavitud sexual (por ejemplo, la pornografía, el negocio del turismo sexual) y otras menos extendidas, pero que tienen repercusiones subyacentes para las víctimas infantiles y para quienes procuran ayudarlas a sanar. Por ejemplo, en la India, los padres creen que obtendrán la bendición de los dioses si son fieles a la tradición de vender a sus hijas de doce años a los templos hindúes, para que se desempeñen como prostitutas del templo (*devadasi*). En este rito, el espíritu de una diosa es invitado a morar en la adolescente. En general, este es el comienzo no solo de una vida de esclavitud sexual y de enfermedades venéreas, sino de la sujeción a un violento poder espiritual que escapa el control de la niña. La iniciación *devadasi* es el destino de entre cinco y diez mil adolescentes indias al año.[30] Quienes procuren ayudarlas deben estar tan espiritualmente preparados como sea posible para enfrentar esos tipos de dinámicas espirituales destructivas.

> Quienes han sido víctima pueden convertirse en maravillosos sanadores y asistentes, pero solo si han tenido una profunda sanidad de su propio trauma, lo que requiere tiempo.

Este tipo de experiencias rituales y otras formas de abuso sexual ritual, comunes en África, Asia, y el Caribe, requieren un elevado sentido de discernimiento y autoridad espiritual de parte de los obreros en el ministerio. Es especialmente exigente para aquellos norteamericanos y europeos que ministran a las mujeres que han sido traídas clandestinamente a su propio país, traficadas desde países donde el abuso ritual es práctica común. El trauma del abuso sexual ritual podría causar trastornos sicológicos, como trastorno disociativo, o posesión

---

espiritual por demonios.[31] Los síntomas de conducta pueden ser tan similares que los asistentes necesiten tener mucho discernimiento espiritual, sensibilidad, y entrenamiento para diferenciarlos.

Es necesario que quienes trabajen como asistentes estén precavidos. A veces, las personas que más atraídas se sienten a luchar contra el tráfico sexual y ayudar a las víctimas han sido ellas mismos víctimas de alguna forma de abuso sexual (por ejemplo, explotación sexual en la infancia, violencia sexual en el hogar, violación, o prostitución). Quienes han sido víctima pueden convertirse en maravillosos sanadores y asistentes, pero solo si han tenido una profunda sanidad de su propio trauma, lo que requiere tiempo. Ayudar a las víctimas de la esclavitud sexual a encontrar sanidad no es un medio para que otras víctimas encuentren su propia sanidad personal. Mientras los individuos que han sido víctima no estén sanos y hayan recuperado sus fuerzas, exponerlos a quienes recién empiezan a superar el trauma sexual, y a las dinámicas espirituales destructivas que operan en la comunidad de explotación, solo servirá para despertar los amargos recuerdos del trauma y el abuso que ellos mismos sufrieron. Tú puedes ser un valioso instrumento en manos de Dios para ayudar a otros en su viaje a la libertad, pero primero debes dedicar tiempo a tu propia sanidad a través de Jesús y de sus seguidores que están capacitados para ayudarte. Deja que ellos te confirmen cuando te hayas fortalecido como para poder servir en este campo. Las víctimas de la explotación sexual en nuestro mundo necesitan desesperadamente personas saludables para sanarlos.

ASUNTOS DE DIVULGACIÓN, DIGNIDAD, Y SEGURIDAD

Todos los ministerios y organizaciones sin fines de lucro necesitan financiación y alguna forma de promoción para poder sobrevivir. Las

---

31 Grant y Hudlin, 203.

misiones cristianas y los ministerios afiliados pueden estar agradecidas a Dios porque la comunidad de fe es generosa por naturaleza y se conmueve con las necesidades humanas. El problema del tráfico ilegal de personas y sus jóvenes víctimas es, en particular, execrable e intolerable a las personas de fe, y las mujeres se sienten especialmente movidas a hacer algo. Habiendo dicho esto, los donantes del siglo veintiuno, bien educados y familiarizados con la tecnología, esperan algún tipo de comunicación e información promocional de los ministerios que apoyan. La primera pregunta que los interesados y eventuales donantes les hacen a los representantes del ministerio Proyecto Rescate es: «¿Tienen un sitio en internet? ¿Me das la dirección?». Proyecto Rescate tuvo un sitio en internet a partir de su segundo año de actividad en el ministerio, pero tuvimos que cerrarlo. Se nos aconsejó que, para proteger de los traficantes a las mujeres y las niñas rescatadas y a los obreros nacionales en las zonas rojas, no sería prudente publicar fotos. Para promover los diversos aspectos del ministerio, no podíamos usar el nombre de las localidades del sur de Asia, por temor a represalias del crimen organizado. Básicamente, durante los primeros siete años de existencia de Proyecto Rescate, teníamos más material que no podíamos divulgar que material para divulgar. Después de siete años de ministerio volvimos a tener un sitio en internet, pero solo después de haber evaluado cuidadosamente el riesgo que implicaba y asegurarnos de que podíamos minimizar creativamente cualquier riesgo para las mujeres y los niños, en su proceso de sanidad, a la vez que anunciábamos la divina historia de amor y redención.

El problema de eventuales colaboradores que hacen más daño que bien es demasiado real, como resultó trágicamente claro después de la visita de una joven directora de cine a la zona roja Sonagachie, en Calcuta, India. Zana Brisky quedó tan genuinamente conmovida ante la fatalidad de las hijas de las mujeres prostitutas que, en el 2005, produjo el documental «Born into Brothels» [Nacida en los burdeles], para despertar la sensibilidad internacional. El documental ganó un óscar. Estaba muy bien realizado y ofrecía un retrato conmovedor y auténtico de las niñas enérgicas, creativas, y hermosas que se crían en los burdeles de la India.

Por desgracia, la distribución mundial de esta película tan publicitada y la atención mediática que generó supuso un peligro inmediato para las madres y las niñas de Sonagachie, quienes fueron objeto de mayor acoso, más estigmatización, e incluso una escalada en la violencia sexual. Una de las jóvenes fotógrafas que aparece en la película, que estaba en proceso de restauración a través de un ministerio en la zona, acudió desconsolada a nuestra colega Joni Middleton.

—Pero, tía, ¿qué va a pensar de mí la gente? —se lamentaba.

Como una reacción negativa a la película en la zona roja de Sonagachie, muchas niñas no podían regresar a la escuela porque su identidad y contexto familiar habían sido revelados. Una de las jóvenes niñas que aparecía en la película se convirtió en blanco de violencia sexual por parte de la policía, porque se había convertido en una «celebridad» y violarla representaba un codiciado premio. Otra se aprovechó de su visibilidad para convertirse luego de unos años en una «madama de clase alta», una explotadora de prostitutas menores de edad. Trágicamente, si no se entienden las complejas dinámicas que operan en el tráfico sexual mundial, la atención mediática por más bien intencionada que sea, lo que más consigue es hacer que los niños sean más fáciles de encontrar para los turistas sexuales, los pedófilos, y los traficantes ilegales de personas. No basta con tener buena intención, especialmente cuando se basa en información insuficiente o perjudicial.

Los programas de apadrinamiento de niños en Estados Unidos y Europa han acostumbrado a los donantes a esperar fotos y cartas de los niños apadrinados. Pero, como afirmó uno de nuestros colegas como reacción a la inconsciente falta de protección de la identidad de las niñas en la película, «la seguridad de las niñas vale más que una foto». Todos quienes queremos fervientemente ayudar debemos meditar detenidamente en las estrategias de promoción del proyecto y las expectativas de los donantes. Su financiación es necesaria para nuestro trabajo. Pero debemos integrar a la iglesia global sin poner en riesgo a ninguna mujer o niña que queremos ayudar. En la batalla épica para rescatar a las mujeres explotadas y acabar con la esclavitud sexual, la buena publicidad no es siempre lo mejor.

> Las sobrevivientes necesitan (mejor, merecen) dignidad y privacidad en su sanidad.

La siguiente pregunta que buenas personas nos hacen a David y a mí suele ser: «¿Podemos visitar y ver el programa?» En un mundo donde los viajes son cada vez más accesibles, los donantes occidentales suponen que pueden ir a ver cualquier proyecto que ayudan a financiar. Esto ha creado una tensión creciente entre, por una parte, los deseos y las exigencias de los donantes y, por otra parte, la seguridad y dignidad de las sobrevivientes en los hogares de acogida, y que participan de un programa de sanidad para ayudarlas a superar el trauma. A medida que miles de generosos seguidores de Jesús dan muestras de compasión solidaria, movidos por las enseñanzas de Cristo, y envían dinero para ayudar a las víctimas internacionales, millares de donantes quieren «venir a ver». Con la mejor de las intenciones, esta tendencia de «solo queremos ir a ver» puede inadvertidamente producir diferencias perjudiciales en la vida de las niñas y mujeres traumatizadas: perjuicios que ni los asistentes que trabajan con ellas ni las visitas tuvieron intención de despertar.

Las mujeres prostitutas y las niñas han sido durante años objeto de las miradas de hombres desconocidos que se les acercaban en la calle para «echarles un vistazo». ¿Y ahora vienen centenares de visitas para mirarlas en los hogares de acogida del ministerio? Si no conocen personalmente a las visitas, ¿no las estamos volviendo a explotar, si bien de otra manera? Como le respondió mi esposo, frustrado ante la terquedad de un pastor norteamericano que insistía en ver a las niñas en los hogares de acogida porque él había hecho una donación: «¡No son monos en un zoológico!» (Sí, bueno, aún los ministros pueden perder la paciencia.)

Las sobrevivientes necesitan (mejor, merecen) dignidad y privacidad en su sanidad. Si hubieran violado brutalmente y a diario a mi hija desde muy pequeña, y finalmente le hubiera encontrado un lugar donde pudiera sanar y superar su trauma, ¿querría que todas las semanas desconocidos pasaran por la puerta de su dormitorio para mirarla? Por más generosos y buenos que fueran estos desconocidos, eso no quita la vergüenza y el dolor personal de una sobreviviente que es forzada a exhibir su sanidad ante extraños.

Es hora de que nos preguntemos si nuestra ayuda no está en realidad haciendo más daño. Los proyectos de construcción no conllevan vergüenza, trauma ni dolor. Es relativamente fácil «ir a ver» los edificios y las construcciones que se levantan con nuestras donaciones. Pero las mujeres y las niñas que salen de la esclavitud sexual tienen que lidiar con estas dificultades hasta grados extremos. ¿No deberíamos acaso resistir nuestras ganas de «ir a ver» por amor a ellas?

Los buenos programas de trabajo con mujeres prostitutas y niñas las protegen. No las vuelven a explotar para recaudar fondos. La reticencia de los ministerios a recibir visitas que quieren ver a las mujeres y las niñas durante su proceso de restauración no debería interpretarse como un capricho ni entenderse negativamente. La primera prioridad que los motiva es hacer lo mejor para las víctimas en recuperación: personas que necesitan desesperadamente privacidad y dignidad para confiar y sanar.

Además, también hay que tener en cuenta la propia seguridad de los misioneros y los obreros nacionales. Trabajar activamente en la lucha contra la esclavitud sexual y en los programas de acogida y recuperación es una labor costosa para los misioneros. Desde el punto de vista financiero, físico, emocional y espiritual, los costos son elevados. La persona que decide luchar contra la esclavitud sexual, está luchando contra una de las formas más tenebrosas del mal. Los seguidores de Jesús que deciden abocarse a esta lucha deben saber que librar esta batalla puede costarles todo: incluso el privilegio de continuar sirviendo en el país al que fueron llamados.

CONCLUSIÓN

¿Es una buena idea enfrascarse en la lucha contra el tráfico sexual y el ministerio a las víctimas de esclavitud sexual en todo el mundo? En realidad, no lo es. Implica desenvolverse en el ministerio de compasión y supone afrontar el desafío más grande en el frente más vil de la épica batalla entre el bien y el mal. De ningún modo es una «buena idea».

Sin embargo, es la voluntad de nuestro justo Dios. Las palabras proféticas de Isaías anunciaron el valeroso ministerio de Cristo, el Ungido, quien vendría a la tierra para traer la buena nueva de la salvación, sanidad y libertad a los pobres, los quebrantados de corazón y los cautivos. Las palabras de la profecía cobran un significado especial y son una promesa tanto para quienes han sido devastados por la injusticia sexual como para quienes Dios ha llamado a ministrar el amor redentor de Cristo a estas víctimas.

> El Espíritu del Señor Soberano está sobre mí, … me ha ungido para llevar buenas noticias a los pobres. Me ha enviado para consolar a los de corazón quebrantado y a proclamar que los cautivos serán liberados y que los prisioneros serán puestos en libertad. Él me ha enviado para anunciar a los que se lamentan que ha llegado el tiempo del favor del Señor junto con el día de la ira de Dios contra sus enemigos. A todos los que se lamentan en Israel les dará una corona de belleza en lugar de cenizas, una gozosa bendición en lugar de

luto, una festiva alabanza en lugar de desesperación. Ellos, en su justicia, serán como grandes robles que el Señor ha plantado para su propia gloria. Reconstruirán las ruinas antiguas, reparando ciudades destruidas hace mucho tiempo. Las resucitarán, aunque hayan estado desiertas por muchas generaciones. ... Disfrutarán de una doble honra en lugar de vergüenza y deshonra. Poseerán una doble porción de prosperidad en su tierra, y una alegría eterna será suya. «Pues yo, el Señor, amo la justicia.

(Isaías 61:1–8, NTV)

SUGERENCIAS PARA UNA EXPERIENCIA DE APRENDIZAJE

El camino que hemos recorrido como ministerio Proyecto Rescate tal vez genera algunas preguntas que se deben responder respecto al momento en que nosotros, como personas de fe, comenzamos a trabajar con las mujeres prostitutas y las niñas. En su grupo pequeño o clase, respondan a las siguientes preguntas de discusión para tener una mejor comprensión de la integración de este tipo de iniciativas de compasión desde una perspectiva bíblica. ¿Cuáles fueron las preguntas más acuciantes que vinieron a tu mente mientras leías este capítulo? ¿Por qué?

1. ¿Te viste en la obligación de replantear algunas de tus suposiciones personales (estereotipos) sobre el ministerio a las mujeres y las niñas que han sido víctimas del tráfico ilegal de personas y de la explotación? Identifica tus prejuicios y describe en qué sentido la lectura de este capítulo amplió tu comprensión del problema.

2. ¿Cómo sería y cómo podría ser un ministerio de estas características en tu ciudad? Considera con tu grupo los siguientes aspectos que se deben atender:

- ¿La iglesia local está preparada para llevar adelante este ministerio y recibir a las víctimas de la explotación sexual en todas sus formas? De no ser así, ¿cuáles serían los siguientes pasos a dar para alcanzar ese objetivo?

- ¿Qué problemas de seguridad se plantearían localmente?

- ¿Con qué recursos (humanos y económicos) ya cuenta la comunidad? ¿Qué recursos podrían aprovecharse para esta iniciativa?

- ¿Qué tipo de relaciones están dispuestos a desarrollar con quienes están sumidos en gran oscuridad, para ser fieles al cumplimiento del mandato de Cristo? Identifiquen los costos potenciales y los riesgos de cultivar este tipo de relaciones.

3. ¿Eres una persona que entiende que si da dinero a una causa tiene derecho a ver cómo se está usando su donación? Piensa en las posibles tensiones entre los deseos de los donantes, y la privacidad y dignidad de las víctimas de la injusticia sexual. Piensa en posibles maneras de resolver dichas tensiones con integridad, tanto para los donantes como para quienes están siendo bendecidos con su ayuda.

4. ¿Qué diferencias hay entre una buena organización secular que trabaja para brindar atención a las mujeres y niñas víctimas del tráfico ilegal de personas y una buena organización cristiana fundada en la persona y el mensaje de Jesucristo?

Para terminar la sesión, oren pidiendo sabiduría y dirección de Dios. ¿Sientes que Él te llama, individualmente o en grupo? ¿Cómo puede este llamado cumplir la misión de Dios para traer libertad a los cautivos: de cuerpo, de mente, y de espíritu?

LECTURAS ADICIONALES

• David y Beth Grant. *Beyond the Shame: Project Rescue's Fight to Restore Dignity to Survivors of Sexual Slavery* [No más vergüenza: La lucha de Proyecto Rescate para restaurar la dignidad de las sobrevivientes de la esclavitud sexual]. Springfield, MO: Onward Books, 2013.

CAPÍTULO 5

¿DÓNDE ESTÁ LA VERDAD? COJOS EN EL CAMINO A LA LIBERTAD

Jesús les dijo a los que creyeron en él:
—Ustedes son verdaderamente mis discípulos si
se mantienen fieles a mis enseñanzas; y conocerán
la verdad, y la verdad los hará libres.

JUAN 8:31-32, NTV

¿Dónde está la voz capaz de desafiar a esta cultura en sus
términos, una voz que hable su lenguaje y, sin embargo, la
enfrente con la auténtica figura del Cristo crucificado y vivo,
para frenarla en seco y hacerla dejar su camino de muerte?[32]

LESSLIE NEWBIGIN

Durante una clase en una universidad cristiana, los estudiantes discutían asuntos mundiales contemporáneos, en particular, el tema de la pobreza y la responsabilidad de los seguidores de Jesús respecto a los pobres. Después de un rato, un joven norteamericano que se había criado en África, hijo de padres misioneros, irrumpió en el diálogo: —Yo quiero

---

32 Lesslie Newbigin (1986). *Foolishness to the Greeks: The Gospel and Western Culture* [Locura para los griegos: El evangelio y la cultura occidental] (Grand Rapids, MI: Eerdmans, 1986), 9.

regresar a África y alimentar a los niños pobres. Sobran las palabras; hay mucha (demasiada) predicación. Si nos dedicáramos a alimentar a los pobres, ¡verían a Jesús! Algunos de sus compañeros concordaron con él de inmediato. Otro estudiante citó la famosa frase atribuida a san Francisco de Asís: «Habla la verdad del evangelio en todo tiempo… y, de ser necesario, usa palabras».[33]

Sin embargo, hay una pregunta pendiente: el alimento compartido con los hambrientos o el vaso de agua que los seguidores de Jesús le dan al sediento, ¿serán interpretados por aquellos que lo reciben como es intención de quienes se lo entregan —con el propósito de que los destinatarios lleguen a ver a Jesús— sin articular la verdad? Por naturaleza humana, las cosas que se ven, se oyen, y se palpan se perciben a través de lentes personales históricos, culturales, y religiosos. En realidad, cuando se recibe una donación, un regalo o una acción solidaria, estas acciones también se interpretan a la luz de otros factores, a saber:

- quién la da
- el respectivo contexto cultural del dador y del receptor
- cómo se relaciona históricamente con el contexto cultural del receptor, si es diferente, por ejemplo,
- si una cultura tiene una historia de haber sido dominada como colonia
- si las dos culturas representadas por el dador y el receptor han estado en guerra
- la cosmovisión religiosa de los receptores
- de tratarse de una cosmovisión no cristiana, si el cristianismo se percibe de manera positiva o negativa; y

---

33 Citado por Philip W. Eaton, *Engaging the Culture, Changing the World* [Interviniendo en la cultura, cambiando el mundo] (Downers Grove, IL: InterVarsity Press, 2011), 121.

en caso de ser percibido con sospecha, la posibilidad de
manipular la acción para propósitos de conversión

Es cierto, hay razones de que los cristianos contemporáneos se
sientan atraídos por el enfoque que se atribuye a san Francisco de Asís.
En un mundo de palabras, dominado por la Internet e inundado por los
medios, algunos de ellos «cristianos», que saturan el aire y el ciberespacio
las veinticuatro horas, es posible sentirse exasperado de tanto ruido y
sentirse atraído por la simplicidad de la acción silenciosa: poner toda la
esperanza en una acción tan radical y poderosa que haga innecesaria las
palabras. Efectivamente, hay demasiadas palabras cargadas de religión.
No obstante, en el renovado compromiso bíblico bien fundado de los
cristianos evangélicos con la justicia y la acción que brota de la compasión
solidaria con las necesidades humanas en nuestro mundo, ¿no nos
estaremos olvidando de algo crítico? Los seguidores de Jesús del siglo
veintiuno responden a los hambrientos, los enfermos, los esclavizados, y
los explotados, pero *¿hay lugar para la verdad?*

La cultura occidental, mayoritariamente, entiende la verdad como
circunstancial, relativa y flexible. La «verdad», como la presentan los
medios, la política y los abogados, fiscales y jueces, está determinada por
las intenciones personales o colectivas de la persona interesada. Es el
mundo en que los explotadores de la joven esclavizada en Missouri se
animaron a pensar que tal vez serían eximidos de cualquier ilegalidad;
si conseguían probar que a la joven víctima, en realidad, «le agradaba»
la atención de la que era objeto, esperaban quedar libres de cargos
de explotación. Los titulares de las noticias están siempre llenos de
versiones contradictorias de «verdad». En este turbio mundo donde reina
la injusticia, posiblemente sea más fácil reconocer las mentiras a fin de
reconocer lo esencial de la verdad de Dios.

Las mentiras de quienes esclavizan, abusan, violan y engañan son
trágicamente predecibles y han cambiado muy poco a lo largo de la

historia. Son bastante similares en todos los idiomas: desde las calles de Ámsterdam o Bangkok, a las habitaciones de una ciudad como Nueva York. Este hecho de por sí solo ya apunta a la existencia del Maligno, el padre de toda mentira. En ocasiones, las mentiras de los abusadores y perpetradores de explotación son verbalizadas, otras veces, no lo son; pero siempre se comunican de forma insidiosa. Las frases y los insultos populares cambian de década en década, pero es inquietante ver cómo las mentiras son las mismas:

> *¡Eres una basura!*
> *¡Nunca dejarás de ser una bazofia! ¡Eres despreciable!*
> *¡No sirves para nada! Nadie te quiere.*
> *Déjame cuidarte. Nadie te entiende, pero yo sí.*
> *¡Qué inútil que eres! ¡Mereces que te traten así!*
> *No intentes escapar. No te servirá de nada. Nadie te creerá.*
> *Naciste para ser cochina. Morirás en esta basura.*
> *Te amo.*

LA VERDAD SOBRE TINA

Cuando tenía doce años, Tina desapareció en algún lugar recóndito del tenebroso mundo de las zonas rojas de la India. Era hija de una prostituta que trabajaba en burdeles identificados por un número. Tanto las mujeres como las madamas habían identificado a Tina como una de las niñas que necesitaba con mayor urgencia encontrar la seguridad de un refugio. Era dulce, tímida y se estaba transformando en una hermosa joven. Cuando se encontró un hogar cristiano para Tina, la madre accedió a dejarla ir, a pesar de las amenazas diarias y la violencia de su esposo proxeneta. Lo último que este «padre» quería era perder las eventuales ganancias que la joven le traería a su negocio.

Por desgracia, como las demás niñas del refugio venían de otros contextos, Tina no se integró bien. Después de varias semanas de lo que el director describió como conductas destructivas, hubo que llamar al padre de Tina para que se la llevara de nuevo a su «hogar». Fue devastador para el personal, que había orado y trabajado en la zona roja para conseguirle un hogar seguro a Tina, y darle la posibilidad de sanarse y tener una nueva vida; tuvieron que verla desaparecer de regreso en el mundo de la oscuridad, con el mismo hombre que pretendía mantenerla allí.

Pero conforme a las maneras misteriosas en que Dios obra para redimir los sucesos y a las personas, esta tragedia se convirtió en un catalizador para la acción. Los creyentes de la congregación local y los ministerios sociales se dieron cuenta de que había llegado la hora de comenzar un hogar de prevención y de acogida y apoyo, para atender precisamente a las jóvenes como Tina, que habían nacido en los burdeles de la ciudad. Procuraron así, intencionadamente, la colaboración con seguidores de Jesús, nacionales y extranjeros, para hacer realidad el hogar. Al cabo de unos meses encontraron una vivienda, y vivieron allí las primeras niñas a pedido de sus madres: de la misma zona roja donde vivía Tina. A las semanas, las niñas ya habían progresado y florecían, asistían a la escuela y, por primera vez en su vida, estaban aprendiendo sobre Jesús y cómo adorarlo. Rodeadas de cuidados, cariño, sensibilidad espiritual, y sabiduría, las niñas se estaban liberando de los poderes destructivos del demonio, tan extendidos en el mundo de la esclavitud sexual.

Entonces, un día llegó una llamada de los trabajadores sociales de la zona roja. Unos integrantes del equipo habían encontrado a una adolescente de unos doce años, y su padre y su madre decían que podía irse. La joven necesitaba un hogar, ¿podría ser aceptada en el nuevo refugio? El director y el personal trabajaron rápido para aprontar una cama para esta muchacha. Cuando el automóvil se detuvo frente al hogar, con gozo recibieron a Tina… pero no era la misma Tina de antes. La Tina que habían conocido era una niña, dulce y modesta. La joven que descendió del automóvil era una mujer: las facciones ensombrecidas, los ojos bajos, y vestida como una mujer adulta. Alguien, algo, había muerto.

Las semanas subsiguientes fueron difíciles, mientras el personal se dedicaba al desafío de darle sanidad, terapia, atención médica y a la lucha espiritual por el alma de la joven niña. Tuvieron que escuchar todas las mentiras que la víctima dice sobre su abusador... palabras que las otras hijas de madres prostitutas que vivían en el hogar con Tina ahora sabían que eran falsas.

Quiero regresar con mi 'padre'. ¡Él me ama!
¡Mi 'padre' es bueno! Me regala cosas.
Yo soy una niña especial para mi 'padre'. Ustedes no entienden nada.
Él me trata como una mujer. Él me ama.

Gracias a Dios, quienes trabajan con Tina, como también aquellos que trabajan por traer justicia y sanidad, han aprendido el poder esencial y crítico de la verdad de Dios en los cuidados liberadores y transformadores. En vez de las mentiras de Satanás, que Tina, su madre y miles de otras mujeres y niñas escuchan a diario mientras son explotadas, su nueva familia y amigas comenzaron a hablar palabras de ánimo y seguridad, para reafirmar la verdad dadora de vida en la realidad de esta adolescente:

Tú eres especial porque fuiste creada por Dios. Tu Padre celestial
te creó ¡para un propósito bueno!
Tú tienes un Padre celestial que te ama. Él te creó y te dio vida.
Dios te dio dones para que los uses y los celebres. En manos de
Dios, serás un instrumento de bendición a otras personas que
también usan los dones que Dios les dio para bendecirte a ti.
Puedes confiar en tu Padre celestial. Él es bueno, es fiel, y tiene
maravillosos planes para tu vida. ¡Él nunca te traicionará!
Cuando entregamos nuestra vida a Jesús, Él nos convierte en
niñas y mujeres nuevas. Él da su identidad a sus hijas.
Mediante el amor y el servicio a Jesús, llegarás a ser la mujer
fuerte que Dios creó.

Durante un par de años, Tina aprendió la verdad de Dios y alimentó su sentido de valor y dignidad que Dios le dio. La educación que recibió, la atención médica y la participación en la iglesia local fueron elementos críticos, en cuanto aportaron nueva vida y un futuro a esta niña que había nacido en un burdel. Sin embargo, fue la verdad de la Palabra de Dios en palabras y acciones, entretejida como un hermoso hilo a lo largo de los días de Tina, que le dio esperanza y libertad espiritual, mental y emocional. Esto no significa que la sanidad haya sido fácil, ni que será fácil en el futuro. Hubo días difíciles, cuando la oscuridad de sus recuerdos irrumpía y amenazaba con dominarla otra vez. Lo más difícil son los períodos de visita a su «hogar», cuando el padre de Tina intenta reexplotar la vulnerabilidad sexual de la muchacha.

> En el camino a la libertad —mientras se dejan atrás la esclavitud, las mentiras y la explotación—, nunca debemos ignorar la verdad eterna de Dios, ni comprometerla ni desestimarla.

En el camino a la libertad —mientras se dejan atrás la esclavitud, las mentiras y la explotación—, nunca debemos ignorar la verdad eterna de Dios, ni comprometerla ni desestimarla. Sin la verdad divina, por más buenas que sean nuestras intenciones, nuestros intentos de instaurar la justicia social para las «Tinas» de nuestro mundo no serán más que alejamientos pasajeros, descansos de la explotación y promesas incumplidas en el proceso de salir de la esclavitud. Por sí solo, el rescate físico de la persona que está esclavizada en el burdel no es suficiente para conseguir la transformación mental, emocional y espiritual, y para asegurarle un futuro diferente. Los seguidores de Jesús que se dedican a trabajar en medio de las necesidades más acuciantes de nuestro mundo no pueden separar la justicia de Dios de la verdad eterna de Dios. Si intentáramos separar estas dos dimensiones, nos quedaríamos solo con nuestras propias palabras y opiniones humanas para hacer frente a las mentiras de un novio, de un esposo abusador, de un proxeneta, un pedófilo, o el Maligno. Sin embargo, cuando las acciones justas y la verdad de Dios obran juntas, son sobrenaturalmente liberadoras, así como Aquel que es la verdad dijo que lo serían (Juan 14:6).

¿TU VERDAD, MI VERDAD, O LA VERDAD DE DIOS?

La Palabra de Dios revelada en las Escrituras nos aporta detalles sobre el poder exclusivo y esencial de la verdad eterna de Dios.

- *La verdad nos protege del pecado:* «En mi corazón atesoro tus dichos para no pecar contra ti» (Salmo 119:11, NVI).

- *La verdad ilumina la dirección y la guía de Dios:* «Tu palabra es una lámpara a mis pies; es una luz en mi sendero» (Salmo 119:105, NVI).

- *La verdad es eterna e inmutable:* «La hierba se seca y la flor se marchita, pero la palabra de nuestro Dios permanece para siempre» (Isaías 40:8, NVI).

- *La verdad, presente en la Creación y una con Dios:* «En el principio ya existía el Verbo, y el Verbo estaba con Dios, y el Verbo era Dios. Él estaba con Dios en el principio. Por medio de él todas las cosas fueron creadas; sin él, nada de lo creado llegó a existir» (Juan 1:1–3, NVI).

- *La verdad, el Cristo encarnado:* «Y el Verbo se hizo hombre y habitó entre nosotros. Y hemos contemplado su gloria, la gloria que corresponde al Hijo unigénito del Padre, lleno de gracia y de verdad» (Juan 1:14, NVI).

- *La verdad es el único Camino:* «—Yo soy el camino, la verdad y la vida —le contestó Jesús—. Nadie llega al Padre sino por mí» (Juan 14:6, NVI).

- *La verdad revelada por medio del Espíritu de verdad:* «Pero cuando venga el Espíritu de la verdad» (Juan 16:13, NVI).

- *La verdad como armadura de Dios contra las artimañas del diablo:* «Pónganse toda la armadura de Dios para que puedan hacer frente a las artimañas del diablo… Por lo tanto, pónganse toda la armadura de Dios, para que cuando llegue el día malo puedan resistir hasta el fin con firmeza. Manténganse firmes, ceñidos con el cinturón de la verdad, protegidos por la coraza de justicia… Tomen el casco de la salvación y la espada del Espíritu, que es la palabra de Dios» (Efesios 6:11,13,14,17, NVI).

- *La verdad como elemento catalizador del arrepentimiento y la liberación de la esclavitud:* «Y un siervo del Señor no debe andar peleando; más bien, debe ser amable con todos, capaz de enseñar y no propenso a irritarse Así, humildemente, debe corregir a los adversarios, con la esperanza de que Dios les conceda el arrepentimiento para conocer la verdad, de modo que se despierten y escapen de la trampa en que el diablo los tiene cautivos, sumisos a su voluntad» (2 Timoteo 2:24–26, NVI).

- *La verdad viva y poderosa, que discierne hasta lo más íntimo:* «Ciertamente, la palabra de Dios es viva y poderosa, y más cortante que cualquier espada de dos filos. Penetra hasta lo más profundo del alma y del espíritu, hasta la médula de los huesos, y juzga los pensamientos y las intenciones del corazón» (Hebreos 4:12, NVI).

Al repasar estos pasajes claves de las Escrituras y su enseñanza sobre la Palabra de Dios y la verdad, vemos que en el centro de todas está la persona de Jesús, a quien Dios envió para encarnar la verdad. Todo el Antiguo Testamento conduce a la venida del Mesías prometido: Jesús, el Único por quien vendría la salvación y la liberación. El Nuevo Testamento nos enseña que Jesús al venir encarnó la verdad; su crucifixión fue la expiación del pecado; y en Él se cumplió y se cumplirá la promesa de salvación, sanidad, y liberación. La Palabra de Dios, su verdad revelada en Cristo,

> En un mundo de injusticia, perpetuada con mentiras, no todas las «verdades» tienen el mismo valor ni sirven por igual. Solo la verdad de Dios puede cambiar vida.

es el centro y fundamento de nuestra fe y esperanza, para nosotros y para toda la humanidad. En un mundo de injusticia, perpetuada con mentiras, no todas las «verdades» tienen el mismo valor ni sirven por igual.

Solo la verdad de Dios puede cambiar vidas. Por eso debe anunciarse a los necesitados, hombres, mujeres, niños y niñas; de lo contrario no podrán ser transformados. La fe en Dios y en su Palabra viene por el oír. ¿Cómo podrán los quebrantados, los adictos, los pobres y los esclavizados creer con esperanza si nunca oyeron hablar acerca de Aquel que infunde la milagrosa esperanza transformadora de vidas? De alguna manera u otra, el mensaje de Cristo y la verdad de Dios sobre Él deben compartirse: ya sea en una calle, en un barrio marginado, en una iglesia que se reúne en un hogar, en un grupo pequeño, en una mesa de un salón de café, en la celda de una cárcel. Este mensaje de Cristo ha sido ordenado por Dios, ungido con el Espíritu y confirmado milagrosamente por el poder sobrenatural de Dios. Ya sea que se lo predique con elocuencia desde un púlpito a una multitud, como lo hace mi esposo, o se lo transmita en voz baja, personal e informalmente, como lo hago yo cara a cara con una mujer que escapa de la violencia sexual, las buenas nuevas de Jesucristo y sus promesas tienen poder para tocar y cambiar vidas.

Quizás esto suene a teoría religiosa o a un dogma. No obstante, después de viajar con mi esposo a más de treinta países y compartir la esperanza de Cristo y el mensaje de salvación en contextos de lo más diversos e increíbles, a personas de diversas culturas, acaudaladas y extremadamente pobres, es asombroso ser testigo del poder del evangelio cuando obra. ¡La gracia de Dios es asombrosa!

LA VIDA ES BLANCO Y NEGRO, Y LO ÚNICO QUE NECESITAS ES A JESÚS

Sin embargo, la verdad de Dios debe compartirse con integridad y sabiduría. Kristy Childs de Kansas City, en Missouri, es una activista. Cuando era apenas una adolescente, fue traficada y acabó pasando más de diez años de su vida en la explotación sexual. Como sobreviviente que recibió ayuda y sanidad, cuando tenía treinta años, Kristy fundó Veronica's Voice [La voz de Verónica], una organización sin fines de lucro, que se dedica a sensibilizar a la opinión pública sobre el tráfico sexual y sobre la necesidad de luchar contra este delito, y a proveer servicios críticos a las sobrevivientes.[34] En su proceso de la esclavitud a la sanidad, Kristy comenzó una relación con Dios y con su poder para transformar vidas.

Kristy es una persona que conoce los horrores de la explotación y trabaja constantemente para ayudar a otras víctimas. Eso la lleva a expresar algunas de sus preocupaciones respecto a las personas de fe que desean informarse acerca de este problema y trabajar con las sobrevivientes. Kristy conoce ambas caras de este tenebroso mundo y tiene algunas advertencias para los seguidores de Jesús, que debemos tomar en serio:[35]

---

34 Ver www.veronicasvoice.org.

35 Tomado de conversaciones personales, agosto de 2011.

1. No haga promesas a las víctimas que no podrá cumplir. Muchas mujeres han escuchado demasiadas promesas que nunca se cumplieron.

2. No repita promesas que Dios nunca hizo ni están en su Palabra. Obrar así es un atrevimiento espiritual y relacional, que menoscaba el proceso que la víctima podría emprender en su experiencia de fe en Dios y confianza en Su Palabra. Quizás algunos recuerden la canción «Something Beautiful, Something Good» [Algo hermoso, algo bueno], que fue muy popular en la iglesia evangélica norteamericana durante los sesenta y los setenta. En una de las reuniones de mi esposo en la India, me pidieron que la cantara, y comencé a cantar las promesas alentadoras a quienes estaban presentes, en su mayoría pobres: si entregaban su vida a Jesús, Él haría «algo hermoso» con sus vidas. De pronto, me di cuenta de que su decisión de seguir a Jesús les costaría todo, *aun* sus vidas, y que para muchos de ellos seguir a Jesús implicaría persecución. ¿Es eso «algo hermoso»? Dios cumple *sus* promesas, pero no necesariamente las nuestras.

3. La oración y la intercesión son sin duda imprescindibles, pero conviene que sean personales y en privado, hasta que se haya cultivado la debida confianza con la víctima, y esta pida que oren por ella. Nuevamente, como con la verdad en palabras, imponer una oración puede socavar una relación futura en la que la ayuda de Dios será aceptada. Las víctimas de la injusticia y la explotación se apresuran a juzgar a Dios y su fidelidad, para bien o para mal, según la sensibilidad o insensibilidad que perciben en las personas que quieren ayudarlas «en el nombre de Jesús».

En *Prophetic Dialogue: Reflections on Christian Mission Today* [Diálogo profético: Re-flexiones sobre las misiones cristianas en la actualidad], Bevans y Schroeder elogian el concepto de «humildad denodada» de David Bosch. Éste último exhorta a los cristianos contemporáneos activos en la misión a proclamar con denuedo la verdad del evangelio como lo hizo Dios: «con paciencia, respeto, y diálogo».[36]

La preocupaciones de Kristy Childs son sinceras, y tal vez algo dolorosas para aquellos seguidores de Jesús que, compasivos y genuinamente motivados, quieren ayudar a las personas que sufren. El consejo de Bosch quizás nos agrade menos que ponernos a derribar las puertas de los burdeles. Sin embargo, si Dios realmente nos ha llamado a predicar las buenas nuevas a los pobres, a proclamar libertad a los encarcelados y a devolver la vista a los ciegos, asegurarnos de que lo haremos con autenticidad, integridad y sabiduría no es una opción. Es absolutamente esencial.

> Las víctimas de la injusticia y la explotación se apresuran a juzgar a Dios y su fidelidad, para bien o para mal, según la sensibilidad o insensibilidad que perciben en las personas que quieren ayudarlas «en el nombre de Jesús».

ENFRENTADA A LA VERDAD JUNTO AL POZO DEL PUEBLO

Era evidente que ella no era la mujer más respetada del pueblo. También era comprensible. Su vida personal era complicada, desordenada y, definitivamente, eso la separaba de las mujeres honestas. En una cultura

---

36 Stephen B. Bevans y Roger P. Schroeder, *Prophetic Dialogue: Reflections on Christian Mission Today* [Diálogo profético: Reflexiones sobre la misión cristiana en la actualidad] (Maryknoll, NY: Orbis Books, 2011), 61.

que valoraba la comunidad, ella se sentía sola. Sola, es decir, hasta que fue al pozo a buscar agua y se encontró con un hombre.

Era un hombre diferente. La mujer había conocido a algunos hombres; en realidad, en su cultura conservadora, podría decirse que había conocido a demasiados hombres y, en parte, ese era justamente su problema. Pero este hombre era un judío, que naturalmente la despreciaría a ella y a su pueblo. Dado su género y su origen étnico, Él no hubiera querido acercarse a ella. Para sorpresa de la mujer, en cambio, Él le pidió ayuda y así comenzó la conversación.

Junto a aquel pozo del oriente, este judío le ofreció a la mujer samaritana varios regalos imprevistos y al parecer inmerecidos: la dignidad como persona; una profética sinceridad respecto a su pasado expresada con un conmovedor tacto; y una revelación de quién era Él. Su encuentro con la Verdad encarnada fue tan liberador que la mujer tuvo valor para regresar a su aldea y anunciar sin vergüenza alguna que había conocido al Cristo. Esta mujer ya no se sentía paralizada por su pasado maltrecho. Su vergüenza había sido cubierta y sus cadenas rotas (Juan 4:4–28). ¡Aquel que es la verdad la había liberado!

CONCLUSIÓN

PREGUNTAS PARA REFLEXIONAR SOBRE EL COMPROMISO CON LA COMPASIÓN

Usa la siguiente tabla (Mitos comunes que alimentan la injusticia) como guía para la reflexión y el diálogo. Comenten la realidad y la legitimidad de algunos mitos culturales comunes que, sutilmente, exacerban la injusticia y la explotación. ¿Son éstos verdaderos? ¿Por qué sí o por qué no?

En el análisis de cada mito, compárenlo con la verdad que Dios revela en las Escrituras. Identifiquen la verdad bíblica correlativa y sus implicancias prácticas y espirituales para los seguidores de Jesús en el siglo veintiuno.

MITOS COMUNES QUE ALIMENTAN LA INJUSTICIA

MITOS (Fuente: Cultura)	VERDAD DE DIOS (Fuente: las Escrituras)
Algunas personas nacen pobres y siempre serán pobres.	
Algunas niñas nacen promiscuas y siempre serán promiscuas.	
Los homosexuales merecen tener SIDA/VIH y eso es lo que reciben.	
Las violaciones generalmente se deben a que las mujeres son promiscuas.	
En la mayoría de los casos, la prostitución es algo que las mujeres escogen porque son malas mujeres.	
Si una niña o una mujer es violada, pierde su «pureza«, queda «estropeada de por vida«. Nadie la querrá.	
La pornografía es un delito que no hace mal a nadie. Se compensa aun a los niños que actúan en películas pornográficas.	
Si las prostitutas realmente quisieran dejar esa vida, podrían hacerlo. Es decisión propia.	
Si los inmigrantes entran ilegalmente en un país, merecen ser explotados.	

SUGERENCIAS PARA UNA EXPERIENCIA DE APRENDIZAJE

Vuelvan a leer el relato de la mujer junto al pozo (Juan 4), y consideren el papel de Jesús en este encuentro espiritual y su revelación de la verdad a la mujer.

1. ¿Qué impacto espiritual tuvo este encuentro en la mujer? ¿Qué impacto social? ¿emocional? ¿relacional?

2. Sugieran posibles respuestas de los discípulos a la mujer, de no haber estado Jesús allí. ¿Por qué?

3. ¿Cuáles son algunos grupos de mujeres en tu ciudad, comunidad, o iglesia cuya experiencia de vida sería equiparable a la de la mujer junto al pozo?

4. ¿Ustedes o su iglesia se relacionan de alguna manera con ese tipo de personas? Si es así, ¿cómo? ¿Qué les entregan en el nombre de Jesús mientras las acompañan en su proceso? ¿Qué temores tendrían que afrontar al acompañarlas en el proceso de sanidad?

5. Oren juntos pidiendo sabiduría para llegar a los quebrantados y sufridos de su comunidad, en acción y con la palabra liberadora de la verdad.

LECTURAS ADICIONALES

- Haugen, Gary A. Just Courage: *God's Great Expedition for the Restless Christian* [Simplemente valor: La gran expedición de Dios para el cristiano interesado]. Downers Grove, IL: InterVarsity Press, 2008.

- Litfin, D. *«Works and Words: Why You Can't Preach the Gospel with Deeds—And Why It's Important to Say So»* [Acciones y Palabras: Por qué no se puede predicar el evangelio con acciones... y por qué es importante decirlo]. *Christianity Today* 56 no. 5 (mayo 2012): 40–43.

- Sheikh, Bilquis. *I Dared To Call Him Father* [Me atreví a llamarlo Padre]. 7th ed. Grand Rapids, MI: Chosen Books, 2009.

SIN GUANTES ESTÉRILES

Jesús recorría todos los pueblos y aldeas enseñando en
las sinagogas, anunciando las buenas nuevas del reino,
y sanando toda enfermedad y toda dolencia. Al ver a las
multitudes, tuvo compasión de ellas, porque estaban
agobiadas y desamparadas, como ovejas sin pastor.

MATEO 9:35–36, NTV

Después de un largo y caluroso día en Calcuta, nuestra hija Jennifer
regresó de una estancia como voluntaria en el hogar de la madre
Teresa para los indigentes y moribundos. Jennifer era estudiante de
enfermería y había querido pasar el verano en un lugar donde pudiera
practicar lo que había aprendido y donde la ayuda fuera angustiosamente
necesaria. Regresar a Calcuta fue como volver a un segundo hogar, lleno de
maravillosos recuerdos con los fundadores, Dr. Mark y Huldah Buntain,
y con otros queridos amigos de la familia de Calcuta, de la misión de
las Asambleas de Dios. No obstante, por primera vez ella volvía como
una joven adulta, para dar sus primeros pasos en un ministerio como
enfermera.

—Mamá, tuve que tomar una decisión hoy.

Nuestra hija comenzó a describir cómo caminaba entre las mujeres que
estaban en el hogar de la madre Teresa, mujeres empobrecidas que yacían
sobre tablones de madera en el piso, que habían sido traídas allí para
morir con cierta dignidad y compasión. Su responsabilidad, entre ayudar

a alimentar a las que podían comer y bañar los cuerpos curtidos, era mantener a las mujeres lo más cómodas que fuera posible durante sus últimos días de vida. Mientras Jennifer pasaba junto a las mujeres, algunas estiraban el brazo para aferrarse a su larga falda. Para una universitaria norteamericana, con un fuerte sentido del espacio privado personal, su respuesta intuitiva era de rechazar este gesto. Pero, un momento, ¿por qué estaba allí? Jennifer decidió que siempre que pudiera, se detendría, se arrodillaría junto a la mujer que la tocó, e intentaría responder, a pesar de que su posibilidad de entender y de relacionarse con las mujeres era muy limitada porque no hablaba el idioma de ellas.

Pero cuando Jennifer se arrodilló por primera vez junto a una mujer agonizante en los tugurios de Calcuta, la mujer le tomó la mano con fuerza y la puso desesperadamente contra su mejilla curtida. De repente, esta joven estudiante de enfermería se dio cuenta de que esta mujer, al final de su vida, lo que más ansiaba era que alguien la acariciara... con ternura, cariño y dignidad. Lo trágico es que todas las circunstancias de esta mujer creada por Dios habrían hecho que la gente de su cultura se negara a tocarla. Era una mujer, y además, era pobre, y en ese momento estaba enferma y moribunda. Si alguien la había tocado antes de venir a morir en el hogar de la madre Teresa, casi con toda seguridad no había sido por compasión.

De pronto, Jennifer se asustó. En el curso de su formación en enfermería, se había resaltado lo fundamental que era crear un ambiente estéril entre la enfermera y el paciente. Por eso, como todos los demás estudiantes norteamericanos de enfermería que habían venido, nuestra hija había traído sus guantes estériles. Y de todos los lugares donde más necesitaría usarlos, este lugar de enfermedad y muerte sin duda era el más indicado. Sin embargo, cuando la mujer llevó la mano de nuestra hija a su rostro para consolarse, fue un momento decisivo para Jennifer. ¿Dejaría en sus manos los guantes estériles que la protegían pero que ponían una distancia fría y segura entre ella y la mujer —definitivamente, lo más «profesional» que podía hacer—, o se los quitaría y dejaría que su mano tocara el rostro de la mujer anhelante de recibir un cariñoso contacto humano?

—Mamá, ¿cómo iba a acariciar su cara con guantes estériles? No podía hacerlo. Guardé los guantes en la maleta. Tendré que confiar en Dios.

Desde el principio de la historia de la creación, en Génesis, Dios muestra que decidió acercarse a su creación y quitarse los guantes estériles. Aun después de que Adán y Eva pecaron en el jardín de Edén, Dios salió a buscarlos cuando ellos se escondieron (Génesis 3:8,9). Lamentablemente, después de la caída, la íntima relación con Dios fue interrumpida por el pecado. Sin embargo, el gran tema de la historia de Dios y el hombre es la restauración de la relación y el acercamiento. A través de la institución y el cumplimiento de los sacrificios y holocaustos en el Antiguo Testamento, y por medio del sacrificio de Dios al entregar a su Hijo Jesús, en el Nuevo Testamento, la intención de Dios siempre fue romper las cadenas de pecado que tenían atada a la humanidad para atraerla a una relación con Él, en estrecha e íntima relación como sus hijos e hijas.

> Desde el principio de la historia de la creación, en Génesis, Dios muestra que decidió acercarse a su creación y quitarse los guantes estériles.

Dios quiere proximidad, quiere que estemos cerca de Él, y la manera más significativa de acortar esta distancia la reveló cuando envió a Jesús, Emanuel («Dios con nosotros»). La venida de Jesús no fue una intervención virtual, transmitida en vivo y en directo desde el cielo al desordenado mundo de la humanidad (¡pregúntenle a María!). Su venida fue engorrosa y sucia, dolorosa, sudorosa, «de clase baja», y vergonzosa (¿dónde estaban los padres de María a todo esto?). Jesús fue enviado por su Padre en los cielos para practicar lo que en misiones denominamos inmersión total en un pueblo: conocer qué los enorgullece, sus debilidades, sus gozos, y sus angustias. Fue también una inmersión en un lugar, una cultura, una comunidad y un tiempo. Pregúntenle a la mujer que había sufrido doce años de hemorragias (Mateo 9:20–22). Su historia subraya la compasión de Jesús: una compasión tan grande que Él no impidió que ella lo tocara, ni Él mismo se negó a tocar a los necesitados (Mateo 14:35,36).

LA COMPASIÓN DE GUANTES ESTÉRILES: UN JESÚS MUTILADO Y ASÉPTICO

Pensemos en cómo «practicamos» la compasión personalmente, como seguidores individuales de Jesús, y como comunidad de fe. Si la gente en nuestra comunidad local solo conocieran a Jesús por sólo observarnos, a su pueblo, ¿qué clase de Jesús verían?

- *Un Jesús sin pies*— porque nosotros, sus hijos, no caminamos para llegar a quienes tienen necesidad.

- *Un Jesús sin vista*—porque nosotros, su pueblo, cerramos los ojos y nos negamos a ver a la gente de nuestro entorno que tiene necesidades.

- *Un Jesús sin voz*—porque nosotros, su pueblo, no queremos o tenemos miedo de usar la voz que Él nos dio.

- *Un Jesús con un corazón dividido*—porque nosotros, su pueblo, decidimos cuándo abrir y cuándo cerrar nuestro corazón y practicamos una «compasión selectiva», conforme encasillamos a las personas en categorías sociales, culturales, económicas, y religiosas.

- *Un Jesús sin manos*—porque nosotros, sus hijos, no nos animamos a tocar, alimentar y sanar a quienes Jesús sin duda tocaría, alimentaría y sanaría.

Los propios discípulos no fueron ajenos a esta representación distorsionada y minusválida de Jesús, a pesar de que contaban con la ventaja de verlo y seguirlo cada día. Los evangelios describen contrastes chocantes e incómodos entre la compasión de Jesús, que lo llevaba a acercarse a quienes tenían necesidad, sin fijarse si eran hombre o mujer, la edad, la posición social, ni la religión, y las respuestas demasiado humanas de sus discípulos… respuestas con las que tristemente yo podría identificarme. Algunas conmovedoras preguntas nos ayudan a descubrir nuestra propia tendencia a practicar esta «compasión con guantes estériles».

- ¿Habría dedicado tiempo a los niños y los habría incluido en mi día lleno de ocupaciones, como hizo Jesús, o los habría relegado porque me distraen de las importantes cosas que debo hacer en el ministerio? (Marcos 10:13–16)

- ¿Me habría detenido en medio de una multitud para fijarme y atender a un mujer que sufría de hemorragias, o habría seguido de largo para evitar una situación embarazosa? (Marcos 5:24–34)

- ¿Habría atendido la necesidad de quienes vinieron de lejos para escucharme enseñar y que ahora tenían hambre, o habría dejado que se arreglaran como pudieran, para yo concentrarme en enseñar todo lo que tenía planeado? Al fin de cuentas, ¡las comidas no están incluidas en la inscripción para la conferencia! (Marcos 8:1–8)

- ¿Habría tenido compasión del soldado al que uno de mis queridos amigos le cortó la oreja porque quería defenderme? ¿Habría perdido tiempo para sanarlo, o lo habría dejado sin oreja y dolorido, porque no era «uno de los nuestros» y toda la situación era muy confusa? (Lucas 22:49,50)

RAZONES DE GUARDAR LAS DISTANCIAS

Al reflexionar en nuestras posibles respuestas a estas situaciones tomadas de las Escrituras, encontraremos unas cuantas buenas razones en el siglo veintiuno para usar los guantes estériles. La decisión de acercarnos a quienes tienen necesidad y practicar una compasión holística es un asunto complicado. No podemos darnos el lujo de ser simplistas ni ingenuos. Las siguientes consideraciones pueden afectar la manera en que nos acercamos y en qué medida lo hacemos cuando como iglesia nos dedicamos a alcanzar de manera compasiva a las personas que están cerca y los necesitados en el mundo. Todos estos riesgos tienen un relativo grado de legitimidad que debemos considerar.

PELIGROS FÍSICOS

Algunos de los potenciales peligros que se me ocurren son: violentas pandillas, abusadores peligrosos que resienten la ayuda que damos a sus esposas, carteles de narcotraficantes que protegen su territorio, personas bajo el efecto de estupefacientes ilícitas, alcohólicos contumaces, y manifestaciones demoníacas. La destructiva influencia del Maligno adopta diversas formas.

RIESGOS A LA SALUD

Quienes están en cautiverio con frecuencia también padecen de graves problemas de salud que pueden ser mortales, a veces enfermedades contagiosas o percibidas como contagiosas (por ejemplo, VIH/SIDA, enfermedades de transmisión sexual, tuberculosis, lepra).

NORMAS CULTURALES

Todas las culturas y, en mayor o menor medida, todas las subculturas tienen su propia definición del grado de proximidad aceptable para familiares y amigos íntimos, y para personas conocidas y desconocidas. En las culturas tradicionales, hay normas claramente definidas y estrictas en cuanto al trato entre personas de distinto sexo y el espacio que pueden compartir. Supongamos que un ministro está trabajando en una cultura que no es la suya; podría costarle muy caro si desconoce o pasa por alto las normas locales de trato, contacto físico, y espacio.

CUESTIONES LEGALES

El mundo del siglo veintiuno es extremadamente litigante, especialmente en los Estados Unidos, donde parecería que hay muchas personas interesadas en solo hacer una denuncia y entablar una demanda. Esta tendencia es exacerbada —y con buena razón— en aquellas áreas donde los niños y las niñas se perciben como población vulnerable al abuso, la violencia, o la explotación sexual. Si bien la necesidad de proteger a los niños y las niñas es crítica, esto también ha fomentado un ambiente donde el mismo Jesús habría sido objeto de sospechas por invitar a los niños a su mundo y su corazón. Para las iglesias y los ministerios en el mundo, el escrutinio legal, las sospechas y los códigos civiles que rigen los ministerios a la niñez y los menores pueden hacer dudar a cualquier potencial visionario.

ASUNTOS DE SEGURIDAD

Muchas de las personas con más necesidad de recibir la compasión de Cristo en el mundo están atrapadas por el crimen organizado, los narcotraficantes, los proxenetas, los políticos corruptos y las pandillas (esta lista no pretende ser exhaustiva). Cualquier esfuerzo para producir un cambio de vida para las víctimas puede ser peligroso no solo para la víctima, sino también para quienes se animan a ayudarlas y procuran cambiar el orden de las cosas. En las misiones mundiales que se llevan a cabo en zonas extremadamente sensibles, el trabajo con cierto tipo de población puede costarle al misionero la visa en ese país. No pocas veces, hay una estrecha correlación entre la ganancia económica, que una población victimizada genera al crimen organizado, y el grado de riesgo que implica a quienes intentan ayudar.

REALIDADES ECONÓMICAS

Cualquier iniciativa de compasión a la que se dedique una iglesia local tiene un precio. ¿Cuánto estamos dispuestos a «pagar» por quienes quizás nunca nos podrán devolver algo, y que tal vez ni siquiera acepten al Jesús que conocemos y amamos? El riesgo económico no es solo un indicador de la capacidad de la iglesia de dedicarse a un ministerio de compasión, sino también de su motivación para desarrollarlo. El trabajo de compasión, ¿se considera «estratégico» y algo que «valdrá la pena» solo si se traduce en «almas ganadas» (decisiones de seguir a Jesús)?

FALTA DE DISPOSICIÓN ESPIRITUAL

Los ministerios de compasión pueden parecer engañosamente fáciles y espiritualmente nada amenazadores a los inexpertos, porque a menudo comienzan con la atención de necesidades físicas que se perciben como puntuales (por ejemplo: la falta de alimentos, problemas de salud, o pobreza). Sin embargo, siempre que los creyentes se quiten los guantes estériles para atender las necesidades físicas, conforme al mandato de Cristo, inevitablemente deberán responder también al resto de la persona y, eventualmente, a su comunidad, en todo aspecto… emocional, mental, social, y espiritual.[37]

---

37 Ver el capítulo 12, «Poder sobrenatural para una compasión sobrenatural»

Temor a dejar expuesta nuestra ineptitud personal

Tal vez, para cada creyente que quiere obedecer el mandato de Cristo de acercarse a quienes sufren, no haya temor más debilitante que la posibilidad de descubrir que no estamos capacitados para la tarea. Como las razones anteriores, este temor de ningún modo es infundado, porque efectivamente no estamos capacitados. Como los discípulos de Jesús, que con la mejor de las intenciones no pudieron echar fuera a un demonio (Mateo 17:14–21), siempre que demos pasos de fe para llevar la sanidad o la liberación, nos enfrentaremos a la incómoda realidad de conocernos tal cual somos, además de conocer a quienes sufren. Cualquier máscara de espiritualidad, confianza en uno mismo e idoneidad para la tarea se desmorona en un instante, y quedamos expuestos ante todos cuando nos enfrentamos cara a cara con la mujer que ha perdido toda esperanza,

> Siempre que los creyentes se quiten los guantes estériles para atender las necesidades físicas, conforme al mandato de Cristo, inevitablemente deberán responder también al resto de la persona y, eventualmente, a su comunidad, en todo aspecto... emocional, mental, social, y espiritual.

sofocados en una candente habitación de muerte y enfermedad, sin aire acondicionado ni comodidades... y, para colmo, nos llenamos de parásitos. De repente descubrimos facetas nuestras que ignorábamos cuando la vida nos sonreía, y todo era cómodo y conveniente.

Pero obedecer los mandatos de Cristo y dejarse guiar por el Espíritu Santo para animarnos a servir a las personas necesitadas a nuestro alrededor no es nada negativo: las buenas nuevas —buenas nuevas que

> Nuestra obediencia al acercarnos y tocar a la gente con la sanidad, la liberación y el poder transformador de Cristo es parte integral de quien *Él* es y de lo que *Él* vino a hacer.

transforman vidas— es que también nos encontramos de pronto frente a frente con Jesús. ¿Por qué ha de sorprendernos que Aquel que vino a buscar y a salvar a los quebrantados y que nos ha llamado a ministrar en su nombre esté allí por su Espíritu para darnos el poder y las fuerzas para obedecer y cumplir la tarea? En esos momentos de su revelación, podemos sentirnos tranquilos al recordar que el ministerio de compasión como Jesús lo vivió no depende de *nosotros*. Nuestra obediencia al acercarnos y tocar a la gente con la sanidad, la liberación y el poder transformador de Cristo es parte integral de quien *Él* es y de lo que *Él* vino a hacer.

RAZONES PARA ACERCARNOS A QUIENES ESTÁN NECESITADOS

Hay importantes razones para que cada creyente y la iglesia se quite los guantes estériles y se acerque con valerosa compasión a las personas que sufren.

- Jesús obró así, y eso es lo que pide de sus seguidores. En el nivel más básico del verdadero cristianismo, practicar la compasión en sus muchas formas es un mandato de Dios (Miqueas 6:8; Santiago 1:27).

- Es una manera de presentar una imagen imprevista y conmovedora de nuestro Padre Dios —que interviene, ama incondicionalmente, y obra con verdadero amor a través de sus hijos— a aquellas personas que no conocen a Cristo, o incluso a quienes niegan su realidad.

- La cantidad de personas que sufren en el mundo es alarmante, y entre los grupos seculares y los religiosos hay una inquietante realización de que la situación de millones de pueblos en nuestro mundo es deprimente, en el mejor de los casos, o lisa y llanamente sin esperanza. Si la iglesia que conoce al Único que es la esperanza no interviene, ¿quién lo hará? Si la iglesia no actúa ahora, ¿cuándo, entonces?

- Al quitarnos los guantes estériles para tocar a quienes están necesitados disminuye la posibilidad de que nuestra motivación no refleje la voluntad y la misión de Dios. Cuando ministramos y servimos compasivamente a las personas de cerca, cara a cara, nos mueve de los problemas del servicio que vemos a la distancia, al conocimiento, el amor, y el servicio a las personas de carne y hueso, a quienes Jesús también ama de cerca y en quienes realiza su obra transformadora.

JENNIFER: EL FIN DE LA HISTORIA

Nuestra hija, Jennifer, terminó su pasantía de enfermería en Calcuta con una idea mucho más realista y matizada de lo que significa servir a los pobres y a los enfermos terminales. Quitarse los guantes estériles se convirtió en una metáfora adecuada para su trabajo futuro. Después de graduarse, trabajó como enfermera y atendió a ancianos en hogares de cuidados crónicos; los atendía en sus últimos días y los acompañaba cuando les llegaba la hora de morir. Pero también se despidió de Calcuta con un grave caso de parásitos. Sí, quitarse los guantes estériles siempre tiene un precio. Pero Jesús nos llamó a tener valor para ser compasivos. No podemos hacer otra cosa.

CONCLUSIÓN

SUGERENCIAS PARA UNA EXPERIENCIA DE APRENDIZAJE

Divida la clase en grupos pequeños y lean «La historia de Maile», una sección por vez. Después de cada sección, comenten las preguntas en cada grupo, y al final de la sesión dé oportunidad de que se comenten las conclusiones.

LA HISTORIA DE MAILE: LA MUJER QUE VIVÍA BAJO DEL PUENTE

Yo (Maile) me encontraba en Hawái, pasando las vacaciones de la universidad de visita a mi familia en la isla de Oahu. Mi abuelo, mi tía, y yo salimos de compras. Mientras salía de la tienda, para llevar los paquetes al auto, escuché que alguien me llamaba, con voz muy baja:

—Señorita, disculpe.

Al principio, ni siquiera me percaté de que la «señorita» era yo. Cuando me di cuenta de que me hablaban a mí, continué caminando. Me habían enseñado que no debía hablar con extraños y, por una cuestión de seguridad, a desconfiar de los demás.

Luego pensé: «Un momento. ¿Qué estoy haciendo?». Estoy estudiando en un instituto bíblico, llevo tres años trabajando en los Equipos de Ministerios en las Calles. ¡Me interesan las personas que viven en la calle! Digo que soy una hija de Dios, ¿y ni siquiera me doy vuelta cuando alguien me llama? ¿Qué diferencia hay entre las calles de la costa este de los Estados Unidos y las calles de Honolulu? Descubrí una contradicción en mi vida. Siempre había creído que el ministerio no era algo que se hacía solo desde el púlpito, sino en todos los lugares de la vida diaria. Vivía y ministraba de esta manera, pero de algún modo había segregado lo que sabía de lo que creía. Además, ¡ese no era el mejor momento! Estaba de vacaciones, visitando a mi familia y reuniendo las cosas que necesitaba para el próximo año de estudios.

Preguntas para la reflexión

1. ¿Cuáles son algunos posibles factores que explicarían la reacción inicial de Maile cuando la mujer le habló? ¿En qué sentido son comprensibles?

2. A la luz de «Razones de guardar las distancias», en la página 122, valoren el conflicto que enfrentó la universitaria en su espontánea respuesta a la mujer necesitada.

3. ¿Se identifican con la historia de Maile? ¿Cómo se identifican?

LA HISTORIA DE MAILE (CONTINUACIÓN)

Cerré el maletero del auto de mi tía. Sabía que tenía que regresar y ver si esa mujer me necesitaba. Millares de pensamientos desfilaban por mi mente, razones de qué no debía detenerme. Tal vez ella se aprovecharía de mí. No sería muy inteligente de mi parte. No obstante, a pesar de mis dudas, sabía que debía volver. La mujer estaba sentada un poco distante de la entrada de la pequeña tienda, muy triste y abatida. De pronto, todo lo demás desapareció, y lo único que vi fue a esa mujer. Me olvidé de mi abuelo y de mi tía que posiblemente habían terminado sus compras en la tienda y casi prontos para irse. Para mí, el tiempo ahora no importaba; me pregunté *¿cómo pude pasar al lado de esta mujer sin verla?*

Mientras me acercaba, le pregunté si me había llamado.

—Sí —me respondió. Cuando le pregunté si necesitaba algo, me dijo que necesitaba dinero y comida. Le dije que le compraría comida en la tienda.

Pero, entonces, ella cambió de idea y preguntó si le podía conseguir comida para gatos. El puente donde dormía de noche se había convertido en su hogar. Había algunos gatos, y estos se habían convertido en sus mascotas y su consuelo, pero ellos también tenían hambre.

Mientras escuchaba a esta mujer, me arrodillé para quedar a su altura y escucharla mejor. Parecía desorientada, y podía oler el alcohol. Estaba sucia, y evadía mi mirada. Había perdido toda dignidad como persona y cualquier sentido de autoestima que le quedara era demasiado frágil. Me di cuenta de que ella sentía que no valía nada, como si pensara que yo era mejor que ella, más limpia que ella. De pronto noté que yo había cambiado intuitivamente de posición: de estar parada, me había agachado, luego arrodillado, y ahora estaba sentada a su lado. A pesar de mi ropa nueva de Navidad, me pareció que sentarme en el hormigón sucio, junto a esta mujer, era lo más natural del mundo.

Preguntas para la reflexión

1. Si tú fueras Maile, ¿hubieras regresado a conversar con la mujer que habías intentado ignorar? ¿Por qué? ¿Alguna vez te ha sucedido algo parecido? Refiérelo en el grupo.

2. Comenten la correlación entre lo que le sucedió a Maile a nivel mental, emocional y espiritual, y lo que sucedió en el espacio físico. ¿Hubo un momento en particular en que ella se quitó «los guantes estériles»?

3. Cuando decidimos acercarnos a quienes tienen gran necesidad, como lo hizo Cristo, piensen en posibles pautas que podemos dar a nuestros hijos o alumnos como Maile, considerando que vivimos en un mundo como el que se describe en Isaías 59. Consideren si los límites «por asuntos de seguridad» son bíblicos y

armonizan con la enseñanza de Cristo. ¿Qué hacemos para decidir cuándo acercarnos a conversar con alguien y cuándo no hacerlo?

LA HISTORIA DE MAILE (CONCLUSIÓN)

Le pregunté a la mujer que dormía bajo el puente por qué vivía en la calle. ¿No había intentado conseguir ayuda de los servicios locales? Reconoció que sí, pero que a veces los trámites y la burocracia la deprimían y desanimaban. Luego me habló de su novio y comenzó a contarme más de su historia. Había perdido todo lo que significaba algo para ella. Parecía sincera y auténtica. Mientras hablaba, nos pusimos a llorar y, antes de que me diera cuenta, le había pasado el brazo por el hombro. Fue uno de los momentos más hermosos que he experimentado en mi vida. La mujer, de la que ni siquiera conocía el nombre, se secó las lágrimas, me miró a los ojos y me dijo:

—Gracias. Muchas, muchas gracias. *Nunca nadie hizo lo que tú has hecho por mí.*

No lo podía creer. No había hecho nada por ella.

—No me des nada. No me compras nada. No necesito nada más de ti. Tú me diste todo lo que necesitaba. *Nunca nadie hizo por mí lo que tú acabas de hacer.* No tenía palabras para responderle, porque no sabía qué decir. Al final, lo único que pude decir fue:

—Jesús te ama.

Las lágrimas corrían por su rostro y el mío. Le dije que le traería comida porque quería que comiera algo. Antes de irme la animé a buscar ayuda nuevamente a través de los servicios para personas desamparadas.

Creo que sentí el amor de Dios en su forma más pura con aquella mujer del puente. Lo único que podía ver era a esta mujer, su belleza, su dolor, su quebranto y el amor de Dios por ella. La Escritura nos recuerda que Jesús, «al ver …, tuvo compasión» y obró. Lo paradójico fue que yo había sido movida con compasión antes y había trabajado en ministerios de compasión, pero por primera vez sentí algo del amor que Jesús con mucha seguridad sintió por una mujer que no conocía, a un nivel personal, único y concreto. Mis ojos y mi corazón necesitaban abrirse para ver lo que *Él* ve. Mi tía y mi abuelo salieron de la tienda, fueron al auto y me esperaron allí. No podían creer cuando me vieron sentarme en el piso junto a esta mujer. Mientras esperaban en el auto, observaron la escena y quedaron maravillados al ver el amor de Dios por la mujer que vivía debajo de un puente.

PREGUNTAS PARA CONCLUIR LA REFLEXIÓN

1. ¿Cuáles son las lecciones más importantes que puede extraer de la historia de Maile?

2. ¿Cuáles son las principales áreas de tensión para ti en la historia? ¿Por qué?

3. ¿En qué medida la confianza es un factor que opera cuando nos acercamos a una persona necesitada para ofrecerle la compasión de Cristo? Por ejemplo, Maile paulatinamente creyó la historia de la mujer. Reflexionen en grupo si la «verdad» del relato de la mujer es un factor a considerar cuando se practica la compasión de Dios en hechos concretos.

4. En algunas culturas, el temor a «que se aprovechen de nosotros» se considera una razón valedera para que los seguidores de Jesús no se acerquen a las personas necesitadas y se vinculen personalmente con ellas. Reflexionen en qué medida este es un temor personal, y examínenlo a la luz de las Escrituras y del ejemplo de Cristo. ¿Incide, o *debería incidir*, en nuestra respuesta a los necesitados?

CAPÍTULO 7

LA INJUSTICIA ÍNTIMA DE LA EXPLOTACIÓN SEXUAL

Padre, el horror de esta oscuridad nos abruma.
Quita el temor y enséñanos a luchar.
Abre nuestros oídos a los callados gritos de las víctimas,
cuyos ojos parecen muertos y, sin embargo, todavía viven.
Llénanos con la fe que vence con la compasión,
con actos de valor que celebran la verdad.
Úngenos con tu Espíritu para la batalla,
libera a los esclavos y cambia su horror en esperanza.
Amén.[38]

Cuatrocientas mujeres disfrutaban un regocijante tiempo de alabanza en la conferencia de mujeres. A medida que se ponían de pie para sumergirse en el canto y entregarse a la vibrante alabanza a Dios, algunas pasaron al frente, cerca de donde tocaba la banda de música, donde podían danzar con más libertad mientras cantaban. Entre ellas, una mujer en particular me llamó la atención.

La mujer parecía bailar con total abandono, y era la más expansiva en su adoración. El vestido rojo, las joyas de oro y el maquillaje recargado

---

38 Beth Grant y Cindy Hudlin, eds., «Conclusión», en *Hands that Heal: International Curriculum to Train Caregivers of Trafficking Survivors* [Manos que sanan: Programa curricular internacional para entrenamiento de quienes trabajan con sobrevivientes del tráfico ilegal de personas]. (s. l.: Faith Alliance Against Slavery and Trafficking, 2007), 336.

me llamaron la atención, y seguramente, en aquella iglesia conservadora, yo no había sido la única que se fijó en ella. Mientras observaba cómo bailaba y giraba de alegría, me sentí extrañamente incómoda; tuve que hacer un esfuerzo para no juzgar lo que me parecía una muestra de ostentación e incluso de adoración poco modesta. Si quería llamar la atención, me susurraba mi reserva y educación, ¡lo estaba consiguiendo! Otra parte de mí luchaba para no juzgarla, para no mirarla, para dejar que se expresara como lo sintiera. Mientras en mi interior se libraba una batalla entre el juicio humano (mejor dicho, femenino) y la gracia, el inquietante susurro de mi Padre me interrumpió: «Estás mirando a María Magdalena».

LOS ESTADOS UNIDOS QUE PENSÁBAMOS QUE CONOCÍAMOS

Me crié en los Estados Unidos de los años cincuenta y los sesenta, cuando la mayoría de quienes aquí vivíamos nos considerábamos parte de un país cristiano. Incluso aquellas personas que no eran cristianas y que no iban a ninguna iglesia tenían valores considerados judeocristianos. Solo a partir de los setenta y la década de la «revolución sexual», cuando tuve que ir a la universidad, Estados Unidos fue testigo de un sacudón de proporciones sísmicas que cambió las actitudes y la práctica de la sexualidad, y que todavía hoy continúa erosionando los valores éticos y morales de la nación.

En los últimos diez años, David y yo nos hemos dedicado a viajar por todo el país para ministrar y, lamentablemente, hemos llegado a la conclusión de que nuestra nación nunca fue la nación que pensábamos que era antes de la revolución sexual. Es cierto, más gente iba a la iglesia entre los años cuarenta y los sesenta. Sin embargo, en todas las iglesias que visitamos en los Estados Unidos, cuando presentamos la historia de mujeres y niñas explotadas sexualmente y hablamos sobre el ministerio que desarrolla Proyecto Rescate, nos encontramos con mujeres que fueron ellas mismas víctima de explotación sexual infantil en este país. Mujeres de cincuenta y de sesenta años nos relatan angustiadas su propio dolor y el abuso o maltrato que sufrieron de niñas, de parte de padres, tíos, hermanos, abuelos o amigos de la familia. Algunas han hallado un cierto grado de sanidad con los años, en su andar con Jesús y por el poder de su verdad que obró en su dolor. Otras han encontrado

> Hay esperanza para *todas* las víctimas de la explotación sexual infantil, cuando escuchan la verdad sobre el amor de Dios por ellas y su perdón de los pecados, y cuando traen la vergüenza del pasado a la luz amorosa de su sanidad.

ayuda con excelentes sicólogos o terapeutas cristianos a quienes Dios usó en el proceso de sanidad. Pero, por desgracia, demasiadas de estas víctimas han cargado en silencio con su dolor de abuso sexual, avergonzadas o intimidadas por los abusadores, creyendo que si dijeran algo nadie les creería. Hombres que abusan de niñas de cuatro años les dicen, aunque parezca increíble, que fue culpa de ellas porque «Eres una niña mala». Y el Enemigo de las almas refuerza esas mentiras secretas durante toda la vida. En muchas ocasiones, mujeres que habían sido abusadas no pueden contener las lágrimas de gratitud cuando escuchan el relato de lo que Dios está haciendo para dar libertad y traer sanidad a las pequeñas niñas rescatadas de los burdeles en la India. Para muchas, es la primera vez que escuchan hablar en la iglesia, y en un contexto de esperanza, sobre esta maléfica injusticia que cala hasta lo más profundo. «Porque si hay esperanza para las pequeñas que nacieron en burdeles, seguramente tiene que haber también esperanza para mí».

Sí, gracias, Jesús. Hay esperanza para *todas* las víctimas de la explotación sexual infantil, cuando escuchan la verdad sobre el amor de Dios por ellas y su perdón de los pecados, y cuando traen la vergüenza del pasado a la luz amorosa de su sanidad. Es una realidad espantosa, pero en esta «nación cristiana» hubo demasiados hombres de familia —y algunos incluso asistían fielmente a la iglesia los domingos— que practicaban ocultos pecados sexuales con niñas indefensas. *No era los Estados Unidos que pensábamos que conocíamos.*

EL ASPECTO ÍNTIMO DE LA INJUSTICIA DE LA EXPLOTACIÓN SEXUAL EN EL MUNDO

Junto con los demás países, los Estados Unidos (sí, los cristianos en Estados Unidos) deben hacer frente al mal del abuso sexual y la explotación que encuentren sus propias ciudades, pueblos y hogares.

> La compasión humana es selectiva y, lamentablemente, esto es aun cierto en el caso de los cristianos. Pero la compasión de Cristo no lo es.

El incesto, el abuso y el maltrato infantil, las violaciones, la violencia sexual doméstica, la pornografía, la prostitución, y el tráfico sexual en todas sus formas se ha dado, y todavía se da, con frecuencia alarmante.

En primer lugar, como seguidores de Jesús, debemos reconocer la verdad de los hechos, por más incómoda que nos resulte. A veces, estos se dan donde menos lo esperaríamos. Esto es esencial si hemos de enfrentar la injusticia y ayudar tanto a las víctimas como a los perpetradores para que encuentren la liberación, la sanidad y la transformación que Cristo prometió a todos los que invocan su nombre y claman por ayuda. La compasión humana es selectiva y, lamentablemente, esto es aun cierto en el caso de los cristianos. Pero la compasión de Cristo no lo es. Se trata de un principio fundamental de las buenas nuevas de la gracia y el evangelio de Dios. El Padre celestial envió a su Hijo a buscar y a salvar a los perdidos, y Él promete vida nueva a todos aquellos que invocan su hombre y comienzan su travesía por el camino de la fe: tanto a la niña y a la mujer abusada, como al victimario masculino o femenino que necesita reconocer su pecado y encontrar también liberación. La compasión de Cristo, que se manifiesta en una dinámica que transforma vidas con su verdad y su Espíritu, alcanza a todo aquel que anhele recibirla. Los lentes de la misión redentora de Dios nos permiten observar el alcance de esta forma de injusticia que opera en lo más íntimo de una persona.[39]

UNA MIRADA A LA EXPLOTACIÓN SEXUAL INFANTIL A ESCALA MUNDIAL

Para entender la magnitud de esta injusticia, que opera en lo más íntimo de las persona, es conveniente comenzar con un resumen de algunos datos estadísticos relacionados con la injusticia sexual, y las diversas formas en las que se ejerce.

- Se estima que dos millones de niños y niñas al año son víctima de explotación sexual infantil en el mundo.[40]

---

39 Muchos lectores —a raíz de su trabajo profesional como asistentes sociales, abogados, funcionarios del orden, profesionales de la salud, educadores públicos o terapeutas— tal vez ya sean sensibles a las necesidades de aquellas personas que han sido explotadas sexualmente o quizás trabajan con ellas. Todos desempeñan funciones necesarias y críticas en la lucha contra la explotación sexual y la trata de blancas. No obstante, el propósito de este capítulo es presentar el mundo de la explotación sexual a aquellas personas de fe que suelen ignorar el problema. El objetivo es proveerles información sobre el tema, dentro del contexto de un entendimiento bíblico de la misión de Cristo y la misión compasiva que Él encomendó a sus seguidores.

40 Office to Combat and Monitor Trafficking in Persons, U.S. State Department, «Trafficking in Persons Report 13» [Informe sobre el tráfico ilegal de personas, Número 13], junio 2010.

Este cálculo no incluye a aquellos que son explotados para fines no comerciales.

- Los estudios internacionales revelan que aproximadamente 20% de las mujeres y entre 5 y 10% de los hombres informan haber sido víctima de violencia sexual en la infancia.[41]

- Los estudios sugieren que una importante minoría de niños y niñas en Europa, entre 10 y 20%, son víctimas de agresión sexual en la infancia.[42]

- La Organización Internacional del Trabajo (OIT) estima que de los niños y niñas forzados a trabajar en el mundo, casi un millón son también víctimas de la explotación sexual.[43]

- Según el Protocolo Opcional de la Convención de los Derechos del Niño respecto a la venta de niños, prostitución infantil y pornografía infantil,[44] la prostitución infantil mundial a menudo está en manos de redes de proxenetas y el crimen organizado, que se valen de ella para generar ingresos. Los niños también son prostituidos y abusados sexualmente por miembros

---

41 Organización Mundial de la Salud (OMS), «Fact Sheets: Violence against Women» [Información: Violencia contra las mujeres], http://www.who.int/mediacentre/factsheets/fs239/en.

42 Comisión Europea de Asuntos Internos, «Child Sexual Abuse» [Abuso sexual infantil], http://ec.europa.eu/dgs/home-affairs/what-we-do/policies/organized-crime-and-human-trafficking/child-sexual-abuse/index_en.htm.

43 ECPAT, «FAQs» [Preguntas frecuentes], http://www.ecpat.net/faqs.

44 Naciones Unidas: Oficina para el Alto Comisionado de Derechos Humanos, «Optional Protocol to the Convention on the Rights of the Child», [Protocolo opcional para la Convención de los Derechos del Niño] http://www.ohchr.org/EN/ProfessionalInterest/Pages/OPSCCRC.aspx.

de la familia o allegados, a cambio de alimentos, drogas, ropa, vivienda, y otros bienes.

- ECPAT International estima que más de 20% de las víctimas del tráfico sexual en el mundo son menores.[45]

- Solo en Brasil, se estima que hay más de medio millón de niños que son explotados para ejercer la prostitución.[46] En ocasión de campeonatos deportivos mundiales (por ejemplo, el campeonato mundial de fútbol), la cantidad de niños explotados sexualmente se dispara para satisfacer la mayor demanda destructiva de hombres dispuestos a pagar para tener relaciones sexuales con una niña o un niño.

- El abuso sexual infantil es una realidad cotidiana para casi la mitad de la población infantil de la India.[47] Con una población infantil de más de 375 millones de niños (que equivale casi a la población total de Estados Unidos o ¡tres veces la población de México!), que representa casi 40 % de la población total, la India es el país con la mayor cantidad de menores en el mundo, y con la mayor

---

45 Naciones Unidas: Oficina para el Alto Comisionado de Derechos Humanos, «Optional Protocol to the Convention on the Rights of the Child», [Protocolo opcional para la Convención de los Derechos del Niño] http://www.ohchr.org/EN/ProfessionalInterest/Pages/OPSCCRC.aspx.

46 National Forum for the Prevention of Child Labor, citado por Adriana Brasileiro en The Guardian, «Brazil's Child Sex Trade Soars as 2014 mundo Cup Nears» [Aumenta el comercio sexual infantil en Brasil por el Mundial de Fútbol de 2014], 9 de diciembre de 2013, http://www.theguardian.com/global-development/ 2013/dec/09/brazil-child-sex-trade-world-cup-2014-prostitution.

47 «Hidden Darkness: Child Sexual Abuse in India» [Oscuridad oculta: Abuso sexual infantil en la India], Asia Sentinel, mayo 2007, http://www.asiasentinel.com/society/ hidden-darkness-child-sexual-abuse-in-india. Referencia tomada de un estudio nacional en trece estados sobre el abuso sexual infantil, realizado por el Ministerio para el Desarrollo de las Mujeres y la Niñez, UNICEF, y Save The Children.

cantidad de víctimas infantiles de abuso sexual en el mundo.

La Internet solo ha servido para exacerbar los horrendos efectos del abuso sexual infantil sobre las víctimas y la cantidad de contenido pornográfico a disposición de los adictos en todas partes del mundo que son consumidos por este destructivo apetito. Las redes de intercambio de archivos, las listas de distribución de correos y los más de 1500 sitios en la red dedicados exclusivamente a la pornografía infantil se ocupan de propagar imágenes explícitas y de explotación de las víctimas, gratis y al instante, por todo el planeta. El sitio de la Dirección de Justicia y Asuntos Interiores de la Comisión Europea lo explica como sigue:

Todos los días, un sinnúmero de niños en el mundo son víctima del abuso sexual y la explotación, y se distribuyen las imágenes y los videos de la agresión. Ya en 2005, se estimaba que había un millón de imágenes de abuso sexual infantil en circulación en la Internet. Cada año, se agregan cincuenta mil nuevas imágenes de abuso infantil. Más del 70% de las imágenes denunciadas contienen niños menores de diez años. Y estas imágenes nunca desaparecen. Los niños que han sido identificados y rescatados hace años todavía tienen que enfrentarse al hecho de que el abuso del que fueron víctimas está libremente disponible en la Internet, para que cualquiera lo vea, y son revictimizados una y otra vez.[48]

¡La pornografía no es un delito «sin víctimas»!

---

48 Comisión Europea de Asuntos Internos, «A Global Alliance against Child Sexual Abuse Online» [Alianza Global contra el Abuso Sexual Infantil en Internet], http://ec.europa.eu/dgs/home-affairs/what-we-do/policies/organized-crime-and-human-trafficking/global-alliance-against-child-abuse/index_en.htm.

UNA MIRADA A LA PROPAGACIÓN DE LA EXPLOTACIÓN SEXUAL INFANTIL EN LOS ESTADOS UNIDOS

Al igual que en el caso de la explotación sexual infantil en el mundo, es difícil obtener datos estadísticos bien fundados sobre la situación en los Estados Unidos, dado que las víctimas infantiles, ya sea por temor, intimidación o vergüenza, generalmente no presentan una denuncia. Lo que sigue son algunos de los mejores cálculos a partir de estudios realizados en los Estados Unidos. En general, son cifras conservadoras, debido a que generalmente no todos los casos efectivos de este delito se denuncian.

- Una de cinco niñas y uno de veinte varones es víctima de abuso sexual infantil.[49] El abuso sexual infantil abarca conductas sexuales entre un adulto y un niño, incluye contacto físico sexual, la iniciación de los niños en la pornografía, la explotación de las niñas como prostitutas, y la coacción a un menor a participar en la producción de material pornográfico.[50] Como el abuso sexual infantil se realiza para la gratificación sexual del adulto ofensor, se pasan por alto los efectos traumáticos a largo plazo de la agresión en el niño o la niña.

- En el curso de su vida, 28 % de los adolescentes de Estados Unidos, entre catorce y diecisiete años, han sido víctimas de abuso sexual por lo menos una vez.[51]

---

49 David Finkelhor, Director del centro de investigaciones Crimes Against Children Research Center, citado en «Child Sex Abuse Statistics» [Datos estadísticos sobre el abuso sexual infantil], http://www.victimsofcrime.org/media/reporting-on-child-se-xual-abuse/child-sexual-abuse-statistics.

50 United States Department of Veterans Affairs, «Child Sexual Abuse» [Abuso sexual infantil], http://www.ptsd.va.gov/public/pages/child-sexual-abuse.asp.

51 Finkelhor.

- Los menores más vulnerables al abuso sexual infantil tienen entre siete y trece años de edad. [52]

- Tres de cada diez perpetradores de abuso sexual infantil son parte de la familia del menor. Puede tratarse de padres, abuelos o hermanos.[53] O, puede ser otro conocido del menor, como un vecino, un maestro, o un amigo de la familia.

- Según la base de datos National Child Abuse and Neglect Data System (NCANDS) [Sistema de datos nacional del abuso y neglicencia infantil], se estima en 9,3% los casos confirmados o procesados por abuso o negligencia de niños en 2005 que implican algún tipo de abuso sexual [Departamento de Salud y Servicio Humanos de EUA, 2007]. Este porcentaje representa más de 83 800 víctimas, solo para el año 2005 (USDHHS, 2007).[54]

- Se estima que 300.000 niños y adolescentes son víctimas del tráfico doméstico y explotación sexual comercial en los Estados Unidos *todos los años.*[55]

---

52 Ibid.

53 United States Department of Veterans Affairs, «Child Sexual Abuse» [Abuso sexual infantil] .

54 American Humane Association, «Child Sexual Abuse, [Abuso sexual infantil],» http://www.americanhumane.org/children/stop-child-abuse/fact-sheets/child-se-xual-abuse.html.

55 UNICEF, «Child Sexual Exploitation in the USA: Not Just a Problem for Developing Nations [Explotación sexual infantil: Un problema no solo de los países en vías de desarrollo],» http://www.unicef.org/infobycountry/usa_46464.html.

UNA MIRADA A LA MAGNITUD GLOBAL DE LA VIOLENCIA SEXUAL EJERCIDA CONTRA LAS MUJERES

Sexual Violence Research Initiative, un centro de investigaciones sobre la violencia sexual, define violencia sexual como un acto sexual, comentarios o insinuaciones de carácter sexual no deseadas, o acciones para traficar, dirigidas contra la sexualidad de una persona a través de la coacción, proveniente de cualquier persona que pudiera o no estar relacionada con la víctima, en cualquier circunstancia, en el hogar o ámbito laboral, y que incluye pero no se limita a dichos espacios. Incluye casos de violación por parte de desconocidos, la violación sistemática durante conflictos armados, acoso sexual, abuso sexual infantil, abuso sexual a personas con discapacidades mentales o físicas, prostitución forzada y tráfico sexual, matrimonio con un menor de edad, negación al derecho de usar anticonceptivos, abortos forzados, y actos violentos contra la integridad sexual de las mujeres, a saber, la mutilación genital femenina y las verificaciones obligatorias de virginidad.[56]

- Se estima que 35% de las mujeres en el mundo, durante su vida, han experimentado violencia íntima por parte de su compañero o violencia sexual fuera de la relación con su pareja.[57]

- En el mundo, las mujeres y las niñas representan el 98% de las 4,5 millones de personas explotadas sexualmente.[58]

---

56 Sexual Violence Research Initiative, «FAQ, [Preguntas frecuentes]» http://www.svri.org/faq.htm

57 Organización Mundial de la Salud (OMS), follet informativo «Violence against Women» [Violencia contra las mujeres], http://www.who.int /mediacentre/factsheets/fs239/en.

58 UN WOMEN, «Facts and Figures: Ending Violence against Women» [Hechos y números: Pongamos fin a la violencia contra las mujeres],« http://www.unwomen.org/en/what-we-do/ending-violence-against-women/ facts-and-figures.

- En ocasión de conflictos armados o de catástrofes naturales, y el colapso de las infraestructuras sociales, políticas y familiares que conllevan, las mujeres y los niños son especialmente vulnerables a actos de violencia sexual. Con demasiada frecuencia, estas agresiones incluyen violaciones por los combatientes y, paradójicamente, incluso por el personal de asistencia humanitaria.[59]

YA BASTA DE DATOS...

Quizás algunos lectores decidieron saltearse la lectura de muchos o todos de estos inquietantes datos sobre la injusticia sexual que acabamos de describir y continuar la lectura desde aquí. Para algunos, son detalles tan incómodos, desagradables y difíciles de concebir, que preferirían pasar por alto. La información sobre la prevalencia de la violencia sexual es tal que resulta difícil de imaginar o creer. Quizás piensas que la autora está exagerando un poco. Tienes la impresión de que muchas de estas niñas o mujeres lo desearon en privado; y, en tal caso, no sería realmente explotación. Algunas damas que tienen este libro en sus manos tal vez no quisieron continuar con la lectura porque los detalles de esta injusticia personal e íntima son demasiados dolorosos; tal vez porque así fue su propia historia privada, tal vez secreta. Muchos lectores varones quizás no quisieron leer los detalles porque en algún momento de su vida participaron ellos mismos de algún tipo de explotación sexual, tal vez antes de comenzar a seguir a Jesús o —aunque sea triste reconocerlo— después, personalmente o a través de la pornografía. ¿Tal vez todavía la culpas a ella por provocadora, porque era una mujer promiscua? Pero *sigue leyendo*.

---

59 World Health Organization Fact Sheets, «Sexual and Reproductive Health: Sexual Violence,» http://www.who.int/reproductivehealth/topics/violence/sexual_violence/en/index.html.

Hay esperanza en Cristo para todos los que leen: para quienes todavía sufren las heridas del pasado, para quienes han lastimado y ahora viven avergonzados, y para quienes sienten el llamado de la voluntad de Dios y quieren ayudar en el proceso de sanidad. Su divino amor, esperanza y perdón son para *todos*. ¿Qué tienen que ver todos estos crudos datos estadísticos sobre la explotación sexual que emiten organizaciones y agencias seculares con las personas de fe que quieren practicar la compasión valerosa?

Si ignoramos el problema, no lo podremos entender.

Si no lo entendemos, nuestra tendencia será juzgar.

Y cuando juzgamos, causamos más dolor, más vergüenza, y más sufrimiento.

Y las mentiras del enemigo en el alma de cada persona continúan su destrucción sin cuestionamiento alguno.

Porque la gente buena, el pueblo de Dios, no discierne la verdad de las mentiras ni lucha por los quebrantados y encadenados por quienes murió el Jesús a quien decimos amar.

EL RESTO DE LA HISTORIA

El Padre me reprendió y abrió mi corazón mientras yo juzgaba a la mujer de rojo que adoraba al amoroso Padre. Siempre hay una historia detrás.

La mujer que adoraba a Dios con tal fervor había sido abandonada por su madre cuando era una bebé. Así comenzó la vida de una bebé, luego una niña, luego una adolescente: de hogar adoptivo en hogar adoptivo. Algunos padres adoptivos son cariñosos y buenos, rebosan vida y la transmiten. Pero esa no fue la historia de esta niña. Por desgracia, ella no puede recordar un tiempo en que no haya sufrido abuso sexual de manos de quienes supuestamente deberían haberla protegido. El rechazo que comenzó con su madre continuó, y se sumaron a él capa tras capa de traumas de violencia sexual que la afectaron en el ámbito físico, emocional, sicológico, y espiritual. Ella nunca tuvo una familia que fuera modelo de aquellos límites naturales que Dios estableció respecto a lo que es saludable, amoroso, y adecuado.

Además, el saludable sentido de identidad y sexualidad femenina ordenado por Dios fue violado y desfigurado mucho antes de que tuviera oportunidad de madurar. En sus años formativos, su misma identidad y la percepción de su valor como niña quedaron definidos por relaciones sexuales impropias. Aunque era la víctima, a sus propios ojos y a los ojos del mundo, ella se convirtió en «la chica mala». Aunque su inocencia, su dignidad, su valor y su pureza le fueron violentamente arrebatados, ella tuvo que cargar con la culpa.

Entonces, como María Magdalena, en algún punto de ese viaje de explotación, rechazo, vergüenza e identidad distorsionada por el pecado sexual, ella se encontró milagrosamente con Jesús. Aprendió que Él sí ama de verdad, que perdona, que salva y que también nos redime del pecado. Y que le infunde esperanza para un futuro redimido, para vivirlo con la dignidad de ser su hija. Gracias a Dios, su gracia nos alcanza dondequiera que estemos y nos conmueve amorosamente con su redención, a partir de donde nos encontremos, para buscarlo a Él de todo corazón.

Si la relación de Jesús con una mujer pecadora quedó registrada en las Escrituras (Lucas 7:36–50), como enseñanza y amonestación para nosotros, y como lección para los hombres que observaban, entonces, quizás la adoración jubilosa y la manera de vestirse de rojo de esta mujer es más problema nuestro que de ella. [Grant, 2014. La tradición identifica a la mujer inmoral (Lucas 7:36–50) como maría Magadalena (Lucas 8:2) principalmente por la proximidad de las dos referencias y porque María Magdalena era oriunda de la ciudad de Magdala, un lugar conocido por la práctica de la prostitución. Sin embargo, el texto bíblico no identifica con claridad a la mujer pecadora, y la erudición protestante moderna cuestiona que se tratara de María Magdalena. En cualquier caso, la prostituta que fue perdonada y María que fue liberada, y que es mencionada en Juan 12:1-11, experimentaron la gracia liberadora del amoroso Salvador.] Cuando esta mujer, que se la identifica como "pecadora", entró en una habitación llena de hombres y se encaminó directamente a Aquel a quien ella estaba aprendiendo a amar, no hubo quien no se sintiera incómodo… menos Jesús. Cuando rompió el frasco de perfume caro y lavó los pies del que pronto sería su Salvador, fue una conducta completamente fuera de lugar… para todos, menos para Jesús. Cuando le acarició los pies con su cabello, fue una expresión de innegable carga sensual en todas las culturas… pero no para Jesús. El único que era genuinamente sin pecado defendió la devoción de esta hija de Israel, que culturalmente era poco adecuada, pero hermosa en su interior, y reprendió a los santurrones que la miraban y la juzgaban. (Con justicia, es probable que también hubiera unas cuantas mujeres en la casa que, mientras cocinaban y servían, también estaban escandalizadas y menospreciaran a esta mujer.) Pero Jesús perdonó públicamente los pecados de esta mujer y dijo para que todos oyeran: «Tu fe te ha salvado… Vete en paz» (Lucas 7:50). Y luego anunció que en cualquier parte del mundo donde se predicara el evangelio, el acto de adoración de esta mujer sería contado (Mateo 26:13). ¡Claro que lo recordamos!

EL VÍNCULO MISTERIOSO ENTRE LAS EXPERIENCIAS SEXUALES DE UNA MUJER Y SU IDENTIDAD

Cuando el ministerio de Proyecto Rescate comenzó en 1997 con las mujeres prostitutas y sus hijas en las zonas rojas de la India, David y yo sabíamos muy poco acerca del mundo de la prostitución. Tradicionalmente, no ha sido un mundo visitado por los seguidores de Jesús; y aun cuando a veces está a muy corta distancia de nuestras iglesias, está a años luz del mundo que conocemos. Queríamos aprender lo que pudiéramos y lo más rápido posible para entender cómo ministrar mejor a las mujeres y las niñas que vivían en la prostitución. En el curso de estos años, después de escuchar las historias de las víctimas y los consejos de quienes trabajan con ellas, de observarlas en su proceso de sanidad, y de mucha investigación, hemos comprobado que la prostitución y el abuso sexual causan un efecto que es en extremo perturbador y complejo de entender: es una forma de injusticia que opera en la intimidad de la persona y afecta literalmente la identidad propia de la víctima. Especialmente en el caso de mujeres y niñas que han sido violadas sexualmente, con el tiempo, lo que les sucedió sexualmente se convierte en la manera en que ellas conciben su identidad... ni más, ni menos. Trágicamente, así es también como la sociedad, y posiblemente aun la iglesia, tiende a definir a las mujeres y las niñas que han sido explotadas sexualmente o que están atrapadas en el pecado sexual. «Esa es la mujer que fue víctima de abuso sexual cuando era niña». «Esa es la que tuvo una aventura con el pastor». «Es una cualquiera». «Esa mujer era una prostituta». Punto.

En el caso de mujeres y niñas en la prostitución, la de construcción sistemática, intencionada y violenta de cualquier identidad que la víctima tuviera antes, salvo la de «prostituta» o «golfa», es la cruel obra de proxenetas y madamas, que así crean y controlan a la «nueva» mujer o niña que, intimidada por la violencia, se convierte en una fuente de ingresos, fácil de manipular y atrapada en su nueva identidad. En el libro bien respetado de Melissa Farley *Prostitution, Trafficking and Traumatic Stress* [Prostitución, tráfico ilegal de personas y estrés postraumático],[60] la autora explica que las agresiones perpetradas contra las mujeres en la prostitución dejan tras de sí no solo un impacto físico, sino que también las definen sicológicamente como un objeto. La mujer o la niña en la prostitución queda reducida a ciertas partes físicas de su cuerpo y se la

---

60   Melissa Farley, ed., *Prostitution, Trafficking, and Traumatic Stress* [Prostitución, tráfico ilegal de personas y estrés postraumático] (Binghamton, NY: Haworth Maltreatment and Trauma Press, 2003), xiv–xv

obliga a desempeñar cualquier papel que los hombres requieran de ella. Farley describe este proceso destructivo en los siguientes términos:

> A pesar de la claridad de muchos analistas respecto a este tema, hay una falta de conocimiento entre los médicos clínicos acerca de los métodos sistemáticos de lavado de cerebro, adoctrinamiento (que los proxenetas llaman «maduración»), y control físico que se usan contra las mujeres en el ejercicio de la prostitución. *Estas técnicas están específicamente dirigidas a eliminar cualquier espacio mental donde la mujer pueda existir* [énfasis mío]. Las estrategias de los torturadores políticos— debilitamiento, terror, y dependencia— parecen ser también las tácticas de los proxenetas. La extrema e impredecible violencia empleada en la prostitución, *como en la tortura, no se emplea solo por razones económicas ni por sadismo.* El objetivo, en última instancia, es convencer físicamente a la mujer de que es un ser completamente inservible y que socialmente no existe salvo como prostituta.

Para facilitar esta deliberada aniquilación de la identidad de la adolescente o de la mujer que Dios creó con dignidad y para buenos propósitos, e imponerle una nueva identidad como objeto sexual, se le asigna a la víctima un nuevo nombre para el «negocio», ropa diferente, y maquillaje. Este conjunto de cambios definen un nuevo personaje femenino, que solo tiene valor cuando es comprado para la gratificación sexual. Su iniciación en esta nueva vida de explotación y la supresión de todo lo que hubo antes, por lo general, es con una serie de violaciones por uno o más perpetradores durante períodos que van desde semanas o meses, o incluso años.

Dorchen Leidholdt, co-directora ejecutiva de la Coalición contra el Tráfico Ilegal de Mujeres en Nueva York, explica con más detalle cómo es este destructivo proceso de iniciación que emplean los explotadores en la industria del comercio sexual, y el impacto a largo plazo que tiene en las víctimas:[61]

> El empresario de la industria sexual, para «domar» a la mujer o a la niña, liquida su identidad, le suprime su sentido de identidad, especialmente cualquier idea que le haga creer que ella tiene derecho a la dignidad y la integridad de su cuerpo. A los efectos de «domarla», recurre a la violación y actos degradantes de humillación sexual. Para facilitar este proceso, le cambia el nombre, la «produce» para asegurarse de que ella se perciba como objeto sexual, la aísla de su familia y de sus amigos, le introyecta la idea de que es una «marginada», rechazada por una sociedad «honesta» y superior, y le enseña a aceptar su lugar en una rígida jerarquía, donde ella solo debe obedecer al hombre que obtiene ganancias de la venta de su cuerpo o a la mujer que él designe.

La mujer o la niña en la prostitución ha entrado en un mundo brutalmente controlado y jerarquizado, donde cualquier cuestionamiento o desafío de su parte resultará en violencia, intimidación o más violaciones. Es solo el inicio de una vida de violencia y degradación sexual que lleva a que muchas mujeres y niñas prostitutas, con el tiempo, sufran una crisis sicológica y trastornos de identidad disociativos (lo que antes se conocía como «trastornos de múltiple personalidad»).[62] Lo que les pasa día tras día es tan traumático, emocional, mental, física y espiritualmente, que la disociación se convierte en un mecanismo defensivo para poder lidiar con

---

61   Dorchen A. Leidholt, «Prostitution and Trafficking in Women: An Intimate Relationship», [Prostitución y Trata de blancas: Una relación íntima] en Farley, 172–173.

62   Ibid., 173.

lo impensable, insoportable e intolerable. Y la mujer o la niña que alguna vez existió nunca volverá a ser como antes.

QUÉ SIGNIFICA LA COMPASIÓN

«Pero ¿cómo sabemos si fueron realmente víctimas del tráfico sexual y que se las obligó a tener relaciones sexuales con hombres o si, en realidad, ellas decidieron libremente ejercer este oficio?». Quienes nos dedicamos al ministerio con mujeres y niñas sumidas en la esclavitud sexual a menudo tenemos que escuchar esta pregunta, explícita o implícita, de labios de muchas buenas personas que se interesan en el

> La gracia de Dios se expresó a través de Cristo como *favor inmerecido*. La compasión selectiva, un sentimiento natural en los seres humanos, es un reflejo distorcionado de la voluntad y la misión de Cristo.

tema y las personas afectadas. Con el tiempo, y después de conversar y ministrar a muchas víctimas de la explotación sexual en diversos países, mi pregunta es otra: «¿Importa saber cómo llegaron ahí? Y si importa, ¿por qué? ¿Cambiará eso nuestra responsabilidad de ministrar el amor y la compasión de Cristo a aquellas personas que están en esclavitud?».

Si nos interesa saber cómo una mujer o una niña llegó a la prostitución y a la calle, y si eso es lo que determina nuestra compasión como seguidores de Jesús (como lo es para la fuerza policial y la ayuda legal), entonces debemos hacer un verdadero esfuerzo y leer este capítulo. Si lo que nos importa es atribuir culpa e identificar quién es «la víctima» (la persona objeto del tráfico ilegal) para diferenciarla de «una mujer inmoral» (la prostituta), y así determinar nuestro «adecuado» nivel de compasión, no hemos entendido en absoluto qué es la compasión de Cristo. La gracia de

Dios se expresó a través de Cristo como favor inmerecido. La compasión selectiva, un sentimiento natural en los seres humanos, es un reflejo distorcionado de la voluntad y la misión de Cristo. En especial, estamos ante una dicotomía engañosa cuando ministramos a las mujeres y las niñas sumidas en la esclavitud sexual por las siguientes razones.

1. Salvo en aquellos casos en que hemos podido cultivar a través del tiempo una relación de confianza con una mujer o niña explotada, lo más probable es que no nos confiesen los detalles íntimos de su historia de explotación. Si se sienten presionadas a hacerlo, seguramente nos darán una versión inocua e inofensiva. Si hubo trauma sicológico grave, quienes las atienden tal vez nunca lleguen a conocer la verdadera historia en su totalidad. ¿Vamos por eso a dejar de ministrar el amor de Cristo, la sanidad, y la esperanza?

2. Muchas mujeres que ejercen la prostitución en la calle tienen miedo de describir cómo llegaron allí. Algunas quizás actúen como si quisieran estar allí, para dar una imagen de autonomía que, en realidad, no existe. Es un mecanismo defensivo para negar su falta de control sobre su propio cuerpo y vida.

3. Las madamas y las dueñas de los burdeles tienen también historias complejas. Si fueron violadas, explotadas en la infancia, o traficadas en redes de prostitución, su única vía de escape a la explotación diaria a menudo fue convertirse en parte del sistema económico que explota a otras mujeres más jóvenes. A menudo, las explotadoras de hoy son las víctimas de ayer en otro contexto. Por esto, atribuir culpa para

determinar a quien responderemos de manera compasiva es realmente complicado si esas categorías condicionan nuestra compasión.

4. Ningún adulto en el mundo de la injusticia sexual es completamente puro y está libre de culpa. Como se afirma en Romanos 3:23 (NVI), «pues todos han pecado y están privados de la gloria de Dios». Sin embargo, no hay adulto en el mundo de la injusticia sexual que esté completamente fuera del alcance de la misión redentora de Dios; Juan 1:12 (NVI) nos recuerda: «Mas a cuantos lo recibieron, a los que creen en su nombre, les dio el derecho de ser hijos de Dios». El alcance de la compasión y la misión de Cristo es radical, y excede nuestra limitada compasión humana y nuestro sentido de justicia.

Sí, como seguidores de Jesús enfrentamos esta constante tensión interior, conforme aprendemos a practicar su compasión con los agresores sexuales, las madamas, los policías corruptos, y los proxenetas, además de las mismas víctimas. No es un mundo de blanco y negro, y nuestra compasión en ocasiones se mezcla con la ira y la indignación. Heidi, una joven estudiante universitaria, mientras trabajaba durante el verano en un ministerio en Asia, describió su lucha personal en las páginas de su diario, y lo hizo con cruda sinceridad.[63]

El último burdel que visitamos era regentado por una madama que queríamos visitar expresamente. Su nieta estaba viviendo en un hogar de acogida de nuestro ministerio.

---

63 Del blog de Heidi, «Not for the Cause, but for the People» [No por una causa, sino por la gente], 12 de junio de 2013.

Cuando ella [la madama] vino al hogar a dejar a su nieta, dijo: «No quiero que termine como yo». Nos sentamos en su cama y ella nos tomó las manos y nos agradeció muchísimo por cuidar a su nieta. Estaba emocionadísima de saber que mi amiga y yo habíamos venido desde muy lejos (a su país) simplemente para ayudar a las niñas. Le explicamos que estábamos empezando a enseñarle inglés a su nieta, y que la muchacha tenía mucha facilidad. Los ojos de la abuela se llenaron de lágrimas.

Luego levanté la mirada y miré por la ventana, que daba a unas filas de sucias cortinas. Vi que un cliente le daba una cachetada a una «trabajadora», y que la hizo llorar. A través de esos cristales de aquel dormitorio se desplegaba un cuadro completamente devastador, y yo estaba conversando con la dueña. Recuerdo que pensé: «Señor, ¿dónde está tu gracia? ¿Se acabó?».

La madama nos ofreció una botella de bebida gaseosa a cada una. Tomé la botella y la puse sobre la cómoda. En este país, es de muy mala educación que un invitado no acepte lo que le ofrece el anfitrión… y yo lo sabía. ¡Cómo si fuera un gran honor ser objeto de su hospitalidad y beber lo que me ofrecía! Realmente hubiera querido arrojar la botella contra la pared que beberla. Mi anfitriona me miró con ojos entristecidos y asintió con la cabeza, como intentando decir que entendía. Nos miró deliberadamente y dijo: «Gracias».

Pero Dios había decidido responder a mi enojo. «No. Mi gracia no se acabó… pero la tuya, sí. Bebe».

Tomé la botella y me la llevé a los labios. Sentía que la «gracia» me quemaba la garganta. Tomé casi todo el contenido de la botella. La madama se sintió honrada de que hubiera aceptado su hospitalidad. A veces, así es la gracia hacia quienes no la merecen. Al principio nos quema, pero luego nos refresca el alma…. En este asunto (de la esclavitud sexual) no hay solo niñas involucradas, sino madamas, y clientes enfermizos que viven el día a día. Démosles muestras de la gracia, especialmente cuando intentan hacer algo «bien», aunque solo sea sacar a una nieta del infierno que ellos mismos han creado. Bebamos su bebida gaseosa. Te quemará la garganta, pero no digas nada y bébela.

EL PAPEL CRÍTICO DE LA IGLESIA A FAVOR DE LOS EXPLOTADOS Y LOS ESCLAVOS SEXUALES

El número estimado de mujeres y niñas sometidas a alguna forma u otra de violencia sexual y explotación en nuestro mundo es abrumador, tanto como las necesidades físicas, mentales, emocionales, y espirituales que producen en la vida de las víctimas. Por desgracia, en todas las culturas y sociedades, los seres humanos tienden a estigmatizar a las mujeres, los hombres, y los niños en función de lo que les sucedió en su sexualidad. Se tragan la mentira de Satanás de que una mujer o una niña en la prostitución, que ha sido violada o abusada, o que tiene comportamientos promiscuos es «mercadería usada» y casi no tiene valor, identidad, ni futuro fuera de su experiencia sexual negativa.

> En un mundo oscuro con una visión tergiversada de la sexualidad, la iglesia tiene un papel crucial que cumplir: anunciar un mensaje que transforma la vida de toda víctima de la explotación sexual.

Parte de la crueldad de esta retorcida mentira es que aun si eran niños en el momento del ultraje, ¡fue culpa de ellos!

Además de los valerosos y compasivos seguidores de Jesús, ¿hay alguien más que puede ver a través de los ojos compasivos de Jesús a las Tamara y a las Rajab del siglo veintiuno, y a las mujeres atrapadas en el adulterio? Además de los seguidores de Jesús, a título personal o en conjunto con la comunidad de fe, ¿quiénes tienen la fe y el coraje para creer, o a quiénes les importa esto lo suficientemente para creer, que millones de víctimas de la violencia sexual y el pecado son también hombres y mujeres a quien un Dios amoroso les dio vida y que pueden ser redimidos conforme a los buenos propósitos que Él dispuso? Sí, en un mundo oscuro con una visión tergiversada de la sexualidad, la iglesia tiene un papel crucial que cumplir: anunciar un mensaje que transforma la vida de toda víctima de la explotación sexual, a pesar de lo sórdida, depravada, y destructiva que haya sido su experiencia. Pero antes debemos examinar nuestra alma y hacernos algunas preguntas difíciles.

1. Nosotros, los hijos de Dios, ¿podemos ser voceros de un mensaje que infunda esperanza a *todo* hombre, mujer, niño, y niña, sea cual fuere la historia de su sexualidad, y que presente a Jesucristo el dador de la vida? Porque, en las propias palabras de Cristo, Él vino «a buscar y a salvar lo que se había perdido» (Lucas 19:10, NVI).

2. Como hijos de Dios, ¿aceptaremos nuestra responsabilidad de proclamar su promesa de que *todo* el que crea en Cristo recibirá una nueva identidad redimida en Él? Quienes más necesitan esa promesa y amistad en el camino de la redención son aquellas personas que han visto la identidad y el valor que Dios les dio pisoteados por la violencia sexual.

3. Como hijos de Dios que conocemos su verdad liberadora, ¿aprovecharemos la oportunidad y compartiremos esta verdad con quienes viven en cautiverio sexual (Juan 8:31,32)? Las personas sumidas en la explotación sexual han vivido rodeados de engaño: mentiras que les dicen, mentiras a propósito de ellos y mentiras sobre ellos; y con frecuencia, repetidas hasta el hartazgo desde la niñez. Solo quienes conocen personalmente a Jesús y andan en la luz de su verdad liberadora pueden ofrecer la oportunidad de una genuina liberación.

4. En tanto, los hijos de Dios que sabemos que Él envió a Jesús a sanar nuestro cuerpo y nuestra mente, así como a salvar a nuestra alma, ¿compartiremos esta promesa personal y compasiva con las víctimas de la explotación sexual (Isa. 53:4–6)? Sí, como con todos quienes hemos venido a Cristo, la sanidad a veces es un instante, otras veces es un proceso que requiere de años. Pero algunas de las cicatrices mentales y emocionales de las personas explotadas sexualmente solo pueden ser sanadas por Aquel que literalmente murió porque las ama. Si la iglesia no lleva este mensaje a los millones de personas que son o que han sido violentadas sexualmente, ¿cómo sabrán que es posible alcanzar sanidad, salvación y nueva identidad en Cristo con ese dignidad que Dios les ha dado?

Si un pastor, los líderes de iglesia y los miembros se comprometen a llevar el mensaje transformador del evangelio a su ciudad o pueblo, no se puede pasar por alto a quienes han sido sexualmente heridos y esperar alcanzar exitosamente la meta. Si nuestra visión es cambiar a nuestra nación, no podemos olvidar a las personas explotadas sexualmente que viven entre nosotros y esperar que se produzca el cambio. Si tenemos la voluntad misional de impactar a las naciones, no podemos cerrar los ojos a los millones de «muertos andantes» cuyo espíritu ha muerto por causa de la violencia sexual y, de algún modo, creer que estamos produciendo un impacto en las naciones. Quiera Dios que seamos la iglesia donde todas las víctimas de la esclavitud sexual sea bienvenidas tal como son, para que estos hombres, mujeres, y niños, y niñas experimenten el amor de Jesús que transforma la vida y puedan comenzar su viaje espiritual mediante el poder liberador del Espíritu Santo. Quiera Dios que, como seguidores de Jesús, seamos conocidos como personas de fe y de compasión por quienes han sido víctima de las expresiones más brutales de injusticia que ha dejado heridas en lo más íntimo de su ser.

Si nos convertimos en un pueblo que practica este tipo de valerosa compasión con las personas víctimas de explotación sexual, nuestras iglesias no serán lo suficientemente grandes para acoger a todos los que acudan en busca de esperanza, libertad, sanidad, y del Señor Jesús que los ama. Nuestras iglesias serán las comunidades de gracia tan esencial para las víctimas de la injusticia, y las acompañarán en el proceso de transformación: un proceso complicado pero redentor.

EL LLAMADO A LA IGLESIA A PREVENIR LA EXPLOTACIÓN SEXUAL

Hace varios años, mi esposo y yo participamos de una conferencia regional sobre la lucha contra el tráfico ilegal de personas, en Kansas City, Missouri. Uno de los momentos más escalofriantes de nuestra vida fue tener que escuchar una entrevista con un proxeneta encarcelado. La entrevista se desarrolló en Dallas, Texas. Con arrogancia, este hombre describió cómo él y otros proxenetas iban a cualquier centro de compras en los Estados Unidos y, al cabo de unos minutos, salían con una joven adolescente que desaparecía con ellos dentro del mundo de la prostitución.

Cuando el entrevistador policial puso en duda esta afirmación, cómo era posible que pudiera actuar tan rápidamente y convencer a una adolescente inocente para que lo acompañara, el reo se jactó de tener un radar que detectaba jovencitas tristes que no se sentían bien consigo mismas. Él y otros proxenetas como él se fijan en quienes parecen tener una baja autoestima y están solas, y sencillamente conversan con ellas. La conversación puede ser más o menos como sigue:

> *Proxeneta: Hola, ¿estás bien?*
>
> *Jovencita: ¿Por qué?*
>
> *Proxeneta: Porque pareces un poquito triste.*
>
> *Jovencita: Sí, supongo que sí.*
>
> *Proxeneta: ¿Tu familia?*
>
> *Jovencita: Sí.*
>
> *Proxeneta: No te entienden, ¿verdad?*
>
> *Jovencita: ¿Cómo lo sabes?…*
>
> *Proxeneta: Pero, niña, tú eres un encanto. ¿Ellos lo saben? ¿Te lo dicen?*
>
> *La jovencita comienza a contarle por qué está tan triste y sobre los conflictos en su hogar…*
>
> *Proxeneta: Niña, tú eres encantadora. Ellos no te entienden. Ven conmigo. Te daré todo lo que quieras… la mejor ropa, joyas. Te llevaré a lugares hermosos. Puedes quedarte conmigo.*

Bastan unos minutos de conversación con un hombre al que acaba de conocer, para que una jovencita que ya estaba pensando en irse de su hogar se vaya con un desconocido, porque le parece que cualquier cosa será mejor que la vida en su casa, o en un hogar adoptivo, o tener que quedarse a solas con el novio de su madre. El hombre resumía así el secreto de su poder sobre las adolescentes vulnerables: «El secreto está en decirles todo lo que se mueren por escuchar en su hogar y que sus padres no les dicen». Y estas jovencitas desaparecen a una tasa de más de trescientos mil al año, en los Estados Unidos, y son arrastradas al mundo del tráfico ilegal de personas y la prostitución.

Uno de los ministerios de la iglesia más necesarios para que nuestros niños y adolescentes sean menos vulnerables a la explotación sexual y al tráfico ilegal de personas en nuestro mundo de violencia sexual es ayudarlos a que tengan una identidad saludable como hijos e hijas de Dios. Los adolescentes seguidores de Jesús con un fuerte sentido de su valor y dignidad en Él son menos vulnerables que aquellos que tienen una pobre imagen de sí mismos distorsionada por la grotesca e hipersexualizada manera en que la cultura define su valor como personas. Por desgracia, a medida que las culturas norteamericana y occidental promocionan todo tipo de sexualidad indebida como si fueran algo normal, nuestros hijos internalizan esta visión cultural norteamericana y occidental de sí mismos y de su sexualidad, salvo que sus padres y líderes cristianos, y la iglesia les provean de una visión bíblica, saludable y positiva de la sexualidad. Cuando a nuestros niños, desde los primeros años de escuela, se los inunda de perspectivas no cristianas presentadas como «hechos», nosotros, como seguidores de Jesús, y la iglesia, no podemos darnos el lujo de permanecer callados sobre el tema de la sexualidad.

Mary Mahon, de Piedad, es una mujer que entiende la importancia de cultivar en las niñas y

> Cuando a nuestros niños, desde los primeros años de escuela, se los inunda de perspectivas no cristianas presentadas como «hechos», nosotros, como seguidores de Jesús, y la iglesia, no podemos darnos el lujo de permanecer callados sobre el tema de la sexualidad.

adolescentes un fuerte sentido de identidad en Cristo y del valor que tienen como hijas de Dios. Hace algunos años, cuando comprobó la creciente ola de violencia sexual contra las niñas en Costa Rica, donde trabajaba, Mary se propuso en oración hacer algo en el campo de la prevención, mientras las niñas estaban todavía en los últimos años de la escuela con el fin de ayudarlas a ser menos vulnerables a la explotación. Los clubes Chicas de Promesa[64] fueron la realización de ese sueño y el compromiso de Mary y sus colegas de enfrentarse y luchar contra este mal.

Chicas de Promesa es un club para fortalecer y capacitar a las niñas. En palabras de Mary: «Es un espacio seguro donde las niñas pueden estudiar. Allí les enseñamos y ellas cultivan amistades y se divierten. Ayuda a las niñas en situación de riesgo a comprender su dignidad, a pesar de todo lo que quizás hayan vivido; les da fortaleza para superar los desafíos del presente y las prepara para el futuro con que sueñan: todo dentro de una atmósfera del amor de Dios y sus promesas». La mayoría de las niñas conocen tristemente la realidad de la explotación sexual en su vida diaria, dado que las madres tienen que vender su cuerpo para alimentar a su familia. Gracias a Dios, las niñas que asisten al programa Chicas de Promesa también son alumnas de las escuelas asociadas de Piedad, donde también se inculcan los mismos valores a las niñas a través de la educación cristiana. El programa de fortalecimiento, que enseña a las adolescentes a entender el valor que tienen como personas creadas por Dios y la identidad que tienen en Cristo, es un ejemplo inspirador de programas comunitarios cristianos. Estos programas trabajan junto a las comunidades locales de fe para proteger proactivamente a las personas más vulnerables en contextos de explotación sexual generalizada.

Es necesario considerar los siguientes temas desde una perspectiva bíblica, y en oración, para que sean parte del discipulado que cada creyente y la iglesia efectúa entre los niños. Los contenidos deben adaptarse a la

---

64   Ver Chicas de Promesa, Latin America Child Care, lacc4hope.org.

edad, para que desde temprano los niños se fortalezcan y aprendan a protegerse de la explotación, mientras los ayudamos a tener una vida más saludable y plena; la vida que Dios quiere para ellos.

- ¿Cómo ve Dios la sexualidad puesto que es su idea? ¿Cómo podemos celebrar este don de Dios de manera saludable y en las diversas etapas de nuestra vida?

- ¿Cuál es el valor de una niña? ¿Por qué es valiosa a los ojos de Dios? (Este es un punto crítico que las niñas y los niños deben entender, especialmente cuando su valor como mujer adolescente la cultura lo determina en función de la cantidad de muchachos que quieren acostarse con ella.)

- ¿Cuál es el valor de la pureza sexual? ¿Por qué? ¿Cuál es su efecto positivo en nuestra vida?

- ¿Qué es la pornografía? ¿Por qué es literalmente adictiva? ¿Por qué tiene efectos destructivos en todos los involucrados? ¿Cómo puede un muchacho o una muchacha, un hombre o una mujer encontrar ayuda y libertad si ya son adictos a la pornografía?

- ¿Cuáles son los efectos y el costo emocional, físico, mental y espiritual de la impureza sexual, la promiscuidad y la inmoralidad? ¿Cuál es la perspectiva de Dios? ¿Cómo ve y cuánto ama Dios a las personas que son sexualmente impuras, promiscuas e inmorales? ¿Qué ha provisto para quienes fallan?

- Por ser seguidores de Jesús, ¿cómo deberíamos percibirnos sexualmente y cómo podemos vivir en pureza—niños, adolescentes, jóvenes, adultos y adultos mayores?

- ¿Cómo podemos reconocer a los depredadores sexuales que nos dicen que nos «aman»? ¿Cómo podemos reconocer a las personas que se dedican al trafico ilegal de personas y cómo nos protegemos de ellas?

- ¿Por qué es la pureza tan importante para el matrimonio y cómo podemos celebrar y disfrutar la sexualidad en el matrimonio?

> Es hora de que los padres piadosos, el pueblo de Dios y la iglesia de Dios ofrezcan a nuestros hijos y jóvenes una perspectiva bíblica, clara, informada, y saludable de la sexualidad.

- ¿Cómo ve Dios y cómo se relaciona con los hombres y las mujeres que practican la homosexualidad? ¿Cómo ve Dios la homosexualidad? ¿Cuál es la diferencia entre esas dos preguntas y la respuesta a cada una, y qué implicancia tiene para nosotros como hijos de Dios?

Algunos lectores tal vez se pregunten qué necesidad hay de plantear estos temas en la educación cristiana de nuestras iglesias y de incorporarlos en el discipulado, y en particular, porqué tratarlos con los niños. Nuestro silencio nos condena. Mientras nosotros, en la comunidad de fe, callamos intencionadamente ante estas preguntas relacionadas con la sexualidad y su respuesta desde la perspectiva de Dios, nuestros niños, adolescentes, familias y futuros ministros están recibiendo a diario todo tipo de información, verbal y no verbal, de las ideas y los valores de una sexualidad secular, promiscua, inmoral, destructiva, cultural, y no bíblica. ¿Y luego nos preguntamos por qué nuestros hijos son un reflejo de la cultura, los medios, y sus compañeros, que hablan sin cesar de estos temas, los miran y los ponen en práctica? Es hora de que los padres piadosos, el pueblo de Dios y la iglesia de Dios ofrezcan a nuestros hijos y jóvenes una perspectiva bíblica, clara, informada, y saludable de la sexualidad. Quizás cambie el curso de su vida y, posiblemente, de su eternidad.

CONCLUSIÓN

El autor del evangelio de Juan dejó registrado un iluminador relato de Jesús y de cómo Él se relacionó con aquellas personas que habían caído en el pecado sexual. En Juan 7, nos refiere la historia de una mujer, cuyo nombre desconocemos, que fue traída ante Jesús por los líderes religiosos porque la habían sorprendido teniendo relaciones sexuales con un hombre que no era su marido. Lo primero que nos preguntamos es: *¿Por qué no hicieron lo mismo con el hombre?* No, los líderes religiosos solo trajeron a la mujer adúltera a Jesús, para juzgarla y condenarla a muerte. Decían que querían cumplir la ley, pero en realidad, los animaba una agenda oculta, que era llevar adelante sus propósitos políticos contra Jesús. La mujer atrapada en pecado era solo un peón en el tablero.

La respuesta de Jesús resuena a lo largo de la sórdida historia de la humanidad, desfigurada por la injusticia y el pecado sexual. Al principio, Él no dijo nada. Silencio. No recitó los Diez Mandamientos, que Él mismo había redactado como parte de la Deidad. No la avergonzó. No la despreció.

Cuando finalmente Jesús rompió el silencio, con la mujer avergonzada a sus pies, miró a los líderes religiosos que esperaban y les dijo: «Aquel de ustedes que esté libre de pecado, que tire la primera piedra» (Juan 8:7, NVI).

Había solo una persona en aquel momento crucial —un momento definitorio para todos los pecadores de entonces y todos los pecadores del futuro— que podría haber arrojado la primera piedra como ordenaba la Ley, porque solo Él era sin pecado. Si Jesús hubiera arrojado la primera piedra, hubiera sido la primera de las muchas arrojadas por sus acusadores, que también estaban llenos de pecado, y con toda seguridad la mujer habría muerto. Tal acto habría reforzado la hipócrita tendencia de la humanidad de pasar por alto su propio pecado mientras condena los pecados ajenos (¡especialmente los pecados sexuales!).

> Para cada víctima y perpetrador de esta injusticia que altera hasta lo más íntimo de una persona, hay esperanza, perdón y un futuro de libertad, que puede encontrar en Jesús, nuestro Redentor, Sanador, y Señor.

Pero el Cristo que vino intencionadamente a la tierra, con el propósito de buscar a los pecadores cualquiera haya sido su pecado, trazó aquel día una línea imborrable de gracia y de perdón en la arena: una línea que todavía está visible después de dos mil años en todo tiempo y lugar. «Tampoco yo te condeno. Ahora vete, y no vuelvas a pecar».

Para cada víctima y perpetrador de esta injusticia que altera hasta lo más íntimo de una persona, hay esperanza, perdón y un futuro de libertad, que puede encontrar en Jesús, nuestro Redentor, Sanador, y Señor.

SUGERENCIAS PARA UNA EXPERIENCIA DE APRENDIZAJE

Debido a la delicada naturaleza de la injusticia sexual y el sufrimiento que la acompaña, ore con su grupo pequeño por las víctimas de la explotación sexual, una población necesitada a quien Cristo ama y por quien Él murió. Oren por las personas de su comunidad, oren por las personas de su iglesia. Después de orar, reflexionen juntos sobre las siguientes preguntas:

1. ¿Qué efectos tuvo en usted la lectura de este capítulo? ¿Qué pensamientos, recuerdos o sentimientos despertó en usted? ¿Por qué?

2. ¿Es usted una persona que siente compasión por las víctimas de la explotación sexual y de la prostitución? ¿Y por quienes las explotan? ¿Qué otras emociones despierta en usted estos tipos de personas?

3. ¿Cómo podemos ser transformados a imagen de Cristo cuando nos relacionamos, amamos y apoyamos a las víctimas?

4. Como la autora, recuerde alguna vez se sintió incómodo por la manera en que una persona adoraba a Dios. Comparta y analice esa experiencia a la luz de este capítulo. Oren juntos pidiendo perdón por aquellas veces en que quizás hemos juzgado indebidamente y pidan sabiduría de Dios para ayudar a los quebrantados, en vez de agravar su identidad desfigurada por las mentiras condenatorias de Satanás.

5. En su iglesia, ¿se tratan los temas relacionados con la sexualidad desde una perspectiva bíblica en los programas y ministerios de educación de niños y jóvenes? Consideren cómo los programas existentes pueden fortalecerse para proteger a los niños y jóvenes, y hacerlos menos vulnerables.

6. Pongan esto en oración y propongan posibles pasos a dar.

LECTURAS ADICIONALES

- Buff, Esther. «Counseling Sexually Exploited Children» [Asesoría a niños que han sido explotados sexualmente] En *Healing for Hurting Hearts: A Handbook for Counseling Children and Youth in Crisis*, editado por Phyllis Kilbourn. Ft. Washington, PA: CLC Publications, 2013.

- ECPAT USA. «Sex Trafficking of Children in the United States: Overview and Issues for Congress» [Tráfico sexual de niños en los Estados Unidos: Situación y problemas para su presentación al Congreso]. http://ecpatusa.org/wp/wp-content/uploads/2013/08/CRS-Report-R41878_sex-trafficking-of-children.pdf.

- Grant, Beth, y Cindy Hudlin, eds. *Hands That Heal: International Curriculum to Train Caregivers of Trafficking Survivors (Academic Edition)* [Manos que sanan: Programa curricular internacional para el entrenamiento de quienes trabajan con sobrevivientes del tráfico ilegal de personas (Edición académica)]. s.l.: Faith Alliance Against Slavery and Trafficking (FAAST), 2007.

- Human Rights Watch. «India: Child Sex Abuse Shielded by Silence and Neglect» [India: Abuso sexual infantil oculto por el silencio y la desidia]. Febrero, 2013. http://www.hrw.org/news/2013/02/07/india-child-sex-abuse-shielded-silence-and-neglect.

- Kilbourn, Phyllis. *Sexually Exploited Children: Working to Protect and Heal* [Niños explotados sexualmente: El

trabajo de protección y sanidad]. Monrovia, CA: MARC
Publications, 1998.

- Leidholt, Dorchen A. «Prostitution and Trafficking in
  Women: An Intimate Relationship» [Prostitución y
  trata de blancas: Una relación íntima] En *Prostitution,
  Trafficking, and Traumatic Stress*, editado por Melissa
  Farley. Binghampton, NY: The Haworth Press, 2003.

- Minnesota Indian Women's Resource Center. «Shattered
  Hearts: The Commercial Sexual Exploitation of
  American Indian Women and Girls» [Corazones rotos:
  la explotación sexual comercial de las mujeres y niñas
  de los pueblos originarios de Norteamérica]. Summary
  Report, November 2009.

- Smith, Linda, con Cindy Coloma. *Renting Lacy: A
  Story of America's Prostituted Children* [Lacy se alquila:
  La historia de las niñas prostitutas de Estados Unidos].
  Vancouver, WA: Shared Hope International, 2011.

- United States Department of Education: Office of
  Elementary and Secondary Education. «Human
  Trafficking of Children in the United States: A Fact
  Sheet for Schools» [Tráfico ilegal de personas en los
  Estados Unidos: Información para centros educativos].
  http://www2.ed.gov/about/offices/list/oese/oshs/
  factsheet.html.

- United States Department of State. U.S. State
  Department Trafficking in Persons Report, 2013. http://
  www.state.gov/j/tip/rls/tiprpt/2013

CAPÍTULO 8

COMUNIDAD DE OSCURIDAD, COMUNIDAD DE LUZ: LA COMUNIDAD CATALIZADORA

La iglesia/comunidad no es un elemento accesorio en los propósitos de Dios, sino que está en el centro mismo de su obra. La proclamación no es simplemente una tarea individual, sino una tarea comunitaria, que transforma a la comunidad.[65]

Dejó la oscuridad que reinaba afuera, y entró detrás de su madre a la iglesia que funcionaba en la zona roja. Era menuda, hermosa y espantosamente delgada; esta pequeña no tendría más que cuatro años. Mientras su madre se deslizaba en el último banco, seguida por un hombre, la pequeña se quedó de pie en el extremo del banco y esperó pacientemente. Estaba vestida con colores llamativos, sandalias y ojos oscuros acentuados con delineador. Como todas las niñas de su edad, en cualquier parte del mundo, había tomado el maquillaje de su madre y lo había usado con toda generosidad.

Pero lo que más me impactó fue su apariencia, la pose que adoptó su pequeño cuerpo. Mientras esperaba pacientemente y miraba, se paró

65 Andrew Walls y Cathy Ross, *Mission in the Twenty-First Century: Exploring the Five Marks of Global Mission* [Misiones en el siglo XXI: Exploración de las cinco marcas de la misión global], (Maryknoll, NY: Orbis Books, 2008), 18.

con las caderas marcadas y un pie ligeramente inclinado hacia fuera; un reflejo escalofriante de la manera de pararse que adoptaba su madre y miles de otras mujeres que todas las noches esperaban «clientes» en la calle Falkland. La niña tenía apenas cuatro años y la comunidad de la tinieblas ya la estaba preparando para la comunidad de las tinieblas.

CONTEXTO

Sí, la comunidad de las tinieblas es muy real, tan real como la comunidad de la luz. Por desgracia, quienes nacimos en culturas individualistas, donde la identidad y el valor de la persona prima más que la identidad y el valor del grupo, podemos desestimar con demasiada facilidad el poder de la comunidad: para bien o para mal. Este punto ciego de la cultura con frecuencia lleva a la adopción de una teología excesivamente individualista y, como resultado, también da forma a cómo concebimos y trabajamos en un ministerio de compasión y en nuestro sentido de justicia. En este capítulo, exploraremos nuestro individualismo, el efecto que tiene sobre nuestra teología y el poder catalizador de la comunidad que practica una compasión que transforma vidas y promueve la justicia.

En las culturas individualistas, como lo son tradicionalmente la anglonorteamericana o las occidentales, la identidad, el valor y los méritos de una persona se van definiendo desde que nace. A los niños se los cría para que desarrollen una identidad propia y alcancen metas individuales. Un niño de dos o tres años en Norteamérica se jacta: «Yo lo puedo hacer solo», y es aplaudido. Según la teoría del desarrollo humano saludable, postulada por Erik Erikson, la meta incuestionable es ayudar al niño y al adolescente a madurar para que se convierta en un ser independiente, capaz de fijarse metas personales y de alcanzarlas, en la medida de sus posibilidades, por medio de su propio esfuerzo y méritos. La educación occidental está basada en la teoría de Erikson y ha perpetuado el individualismo a nivel global; solo en los últimos años ha sido objeto de algunos limitados cuestionamientos a su pretendida validez universal.[66]

En las culturas que asignan prioridad a la independencia y al individualismo, cada individuo tiene derecho a su realización personal, a desarrollar todo su potencial y a la libre determinación, en desmedro de la familia, el grupo y la comunidad. Alan Roland, un sicoanalista transcultural, tiene un término para esta clase de ser individualista tan prevalente en la tradición norteamericana y europea occidental; lo denomina el «sujeto-yo» [*I-self*].[67]

Las culturas con este tipo de cosmovisión individualista, como está documentado por las investigaciones de Geert Hofstede,[68] tienden a participar en una comunidad solo en la medida en que esta contribuya al cumplimiento de sus metas y la satisfacción de sus deseos individuales. La prioridad indiscutida es hacer lo que es bueno para el propio individuo, más que lo que es bueno para todo el grupo.

Significativamente, el sujeto-yo no es tan común ni valorado por la mayoría del mundo no occidental, que progresivamente se está convirtiendo en la mayoría de la población del mundo. En gran parte de América Latina, África, el Oriente Medio y Asia, así como en algunas subculturas en los Estados Unidos, a los niños se los educa desde el nacimiento en una cultura que da prioridad, por sobre el interés del individuo, a la identidad y el bien común del grupo, la familia y la

---

66 La disciplina relativamente nueva de la sicología transcultural es útil por los aportes e información que brinda a quienes ministramos en diversas culturas, ya sea en otras naciones o dentro de nuestro propio contexto crecientemente multicultural. Esta sección refleja las investigaciones en esa disciplina y su aplicación a los ministerios bíblicos y solidarios en contextos transculturales.

67 Alan Roland, *In Search of Self in India and Japan: Toward a Cross-Cultural Psychology* [La búsqueda del sujeto en la India y Japón: Hacia una sicología transcultural] (Princeton, NJ: Princeton University Press, 1988).

68 Geert Hofstede, *Culture's Consequences: Comparing Values, Behaviors, Institutions, and Organizations across Nations* [Las consecuencias de la cultura: Comparación de valores.

> Nunca se sobrestimará el impacto y la importancia de determinar si el perfil de nuestra cosmovisión es más o menos individualista o grupal. Afecta todos los aspectos de cómo concebimos la vida y cómo esperamos vivirla.

comunidad. Desde que nace, la identidad del niño está definida y valorada en función de su pertenencia a una familia, a un grupo, o a una comunidad. El desarrollo saludable no se equipara con el desarrollo de una identidad autónoma e independiente de todos los demás, sino que se lo asocia con cuán bien el niño aprende a mantener relaciones saludables en el entorno familiar y en la comunidad. La meta no es la independencia, sino la interdependencia.[69] Roland se refiere a este tipo de identidad personal como el «sujeto-nosotros»: la persona que antepone el bien común y los intereses del grupo a los propios. Este tipo de cosmovisión colectiva o comunitaria, si bien no es típicamente norteamericana, caracteriza a las crecientes poblaciones inmigrantes que viven hoy en Estados Unidos (provenientes de América Latina, el sudeste de Asia, o el Oriente Medio).

Nunca se sobrestimará el impacto y la importancia de determinar si el perfil de nuestra cosmovisión es más o menos individualista o grupal. Afecta todos los aspectos de cómo concebimos la vida y cómo esperamos vivirla. A los propósitos de este estudio, es aún más importante señalar que la manera en que las personas adquieren su identidad y valor —en

---

69 Hay un excelente documental, «Babies» [Bebés] que compara cómo las culturas transmiten (casi sin palabras) los valores comunitarios o individualistas desde el nacimiento, http://www.focusfeatures.com/babies. El documental sigue la vida de cuatro bebés y sus familias inmediatas en cuatro culturas, desde antes del nacimiento hasta que cumplen un año.

virtud de su individualidad o como pertenecientes a una comunidad—
influye en cómo conciben a Dios, cómo entienden su Palabra, cómo se
relacionan con la comunidad de fe y cómo interpretan lo que significa
vivir una vida conforme a la misión, como seguidores de Jesús. Influye aun
en cómo concebimos a los necesitados, los pobres, los esclavizados, y en
cómo entendemos y practicamos en ellos el ministerio de la compasión.

IMPLICANCIAS DE LA DECISIÓN DE SEGUIR A JESÚS

Recuerdo la primera vez que escuché la invitación a seguir a Jesús. Tenía
siete años de edad. Sentada junto a mi madre, en la pequeña iglesia de
nuestro pueblo, escuché al predicador proclamar la invitación de Jesús a
empezar una vida nueva. «Si alguien quiere ser mi discípulo, tiene que
negarse a sí mismo, tomar su cruz y seguirme» (Mateo 16:24, NVI).

Sin decírselo a nadie, en silencio y deliberadamente, aunque era
una pequeña sentada en un banco de la iglesia junto a mi madre, tomé
la decisión que cambiaría el curso de mi vida y de mi eternidad. Decidí
seguir a Jesús.

Solo después de años de
ministerio en diversas culturas
llegué a darme cuenta de algo
importante respecto a mi decisión
de seguir a Cristo: no fue solo
un hecho espiritual, fue también
cultural. Que una niña de siete
años —y más aún una niña y no
un niño— tomara una decisión

> Las personas en
> culturas con una
> base comunitaria,
> en general, no toman
> decisiones importantes
> por sí solas.

por sí misma (individualmente), sin consultarlo con sus padres ni con su
familia es impensable en muchas partes del mundo. Cuando escuché la
invitación de Jesús a seguirlo, supe que me invitaba a mí, como individuo,

separada e independiente de todos los demás. Sabía que me pedía que me negara a mí misma, y yo era un individuo, un ser independiente, un «sujeto-yo». (Que mi padre fuera del norte de New England, en la costa este de Estados Unidos, y que mi madre tuviera antepasados alemanes me daba una dosis aún más fuerte de individualismo independiente al que me tenía que negar.)

En cambio, en gran parte del mundo, la invitación de Jesús a seguirlo se escucha de forma diferente. Las personas en culturas con una base comunitaria, en general, no toman decisiones importantes por sí solas. Las decisiones importantes se comentan y se toman entre todos los miembros de la familia, porque las consecuencias —positivas o negativas— de la decisión tendrán un impacto en la familia. En el contexto de ese mundo, que es mayoritario, que un miembro de la familia tome una decisión sin consultar con los demás, cuando ésta puede repercutir en toda la familia o la comunidad, se considera una acción egoísta.

En segundo lugar, las personas en las culturas con base comunitaria escuchan a través de un filtro diferente la condición de Jesús de «negarse» a sí mismos y seguirle. Mientras que yo pensaba en negar a la Beth individual, un «sujeto-yo» separado de todos los demás sujetos, las personas en culturas comunitarias saben que estarán pagando un precio extremadamente diferente si deciden seguir a Jesús. Estarán negando la identidad «sujeto-nosotros»; o sea, a la familia y la comunidad que les da su identidad, porque esta está inextricablemente entrelazada con todo el grupo. Desde la perspectiva de una cultura comunitaria, estarán traicionando a todos con los que está asociada su identidad desde el nacimiento hasta la muerte. En efecto, el precio de seguir a Jesús muchas veces implica perder la familia, las relaciones, los recursos económicos e incluso el matrimonio y los hijos. Por eso no es de extrañar que una persona con esta identidad «sujeto-nosotros» pase meses, si no años, pensando en la decisión de seguir a Jesús. La mayoría de las veces este es el costo inevitable del viaje espiritual para aquellas personas de otras tradiciones religiosas a quienes invitamos a seguir a Jesús.

Esta realidad se pone muy de manifiesto en la India cuando un nuevo creyente con una tradición hindú o musulmana decide seguir a Jesús y pasar por las aguas del bautismo. El testimonio público del bautismo no es una decisión fácil ni se toma a la ligera. El nuevo seguidor de Jesús sabe que esa acción de obediencia a Jesús es también su declaración pública de que ha decidido cortar los vínculos con la comunidad en que nació y con su identidad religiosa cultural para integrarse a una nueva comunidad y una nueva religión. El bautismo es un momento determinante. Los nuevos creyentes que niegan su «sujeto-nosotros» saben que a partir de ese momento enfrentarán el ostracismo, profundas pérdidas afectivas y, a menudo, persecución. La pérdida de la familia y la comunidad es considerada la tragedia más profunda que le puede suceder a una persona: la muerte a su identidad «sujeto-nosotros».

IMPLICANCIAS DE LA COMUNIDAD EN LA MISIÓN DE DIOS

Cuando consideramos la Palabra de Dios y el trabajo en el servicio de compasión que Dios nos encomendó, reconociendo la dinámica en una cultura con base comunitaria, adquirimos una nueva perspectiva de la misión de Dios y de los hombres y las mujeres que Él usa como instrumento para llevarla adelante. Por ejemplo, si tomamos el llamado histórico a Abram, como se describe en Génesis 12:1–5 (NVI), veremos que no se limita a la historia de Abram, el padre de la fe y el misionero individualista a ultranza:

> El Señor le dijo a Abram: «Deja tu tierra, tus parientes y la casa de tu padre (un fuerte comunidad), y vete a la tierra que te mostraré.

Haré de ti una nación grande [la promesa de una nueva comunidad/un nuevo colectivo],

y te bendeciré [una promesa personal];

haré famoso tu nombre, y serás una bendición [una promesa personal].

Bendeciré a los que te bendigan y maldeciré a los que te maldigan;

¡por medio de ti serán bendecidas todas las familias de la tierra!» [una promesa a la comunidad, una promesa colectiva]

Abram partió, tal como el SEÑOR se lo había ordenado, y Lot se fue con él. Abram tenía setenta y cinco años cuando salió de Jarán. Al encaminarse hacia la tierra de Canaán, Abram se llevó a su esposa Saray, a su sobrino Lot, a toda la gente que habían adquirido en Jarán... (obediencia individual y comunitaria)

La emocionante verdad de este pasaje es que en el llamado de Dios y su promesa a Abram hay presencia de elementos tanto individuales como comunitarios. Dios le estaba pidiendo a este hombre que se apartara de su ancestral comunidad cultural, con la seguridad y la estima social que le otorgaba, para dar nacimiento a una nueva comunidad que Dios instauraría a través de él: el pueblo de Dios. No obstante, el profundo sacrificio y la obediencia que se requería de Abram solo podemos apreciarla cuando entendemos la fuerza y la seguridad que la comunidad le daba a su identidad «sujeto-nosotros». Por otra parte, nos ayuda a quienes estamos demasiado acostumbrados ver las cosas a través de lentes individualistas a apreciar que el pacto de Dios con Abram reemplazaría con una comunidad espiritual —el pueblo de Dios— la pérdida de una comunidad terrenal. Además, en el proceso, Abram el siervo de Dios, como individuo, también sería bendecido.

Es interesante notar que encontramos un pasaje paralelo que ilustra la misma verdad espiritual en el Nuevo Testamento, en otro tiempo y lugar. En 1 Pedro 2:9,10 (NVI), el escritor proclama a los creyentes:

> Pero ustedes son linaje escogido, real sacerdocio, nación santa, pueblo que pertenece a Dios [una comunidad], para que proclamen las obras maravillosas de aquel que los llamó de las tinieblas a su luz admirable [una misión colectiva]. Ustedes antes ni siquiera eran pueblo, pero ahora son pueblo de Dios [una identidad comunitaria]; antes no habían recibido misericordia, pero ahora ya la han recibido.

¡La comunidad o pueblo de Dios, que nació del pacto abrahámico y que Pedro reconoció, aún existe hoy!

EXPECTATIVAS DE SER PARTE DE UNA COMUNIDAD DE FE

La cosmovisión de una persona, ya sea esta más individualista (sujeto-yo) o que contemple más los intereses del grupo (sujeto-nosotros), conformará fuertemente las expectativas que tenga de cómo deben funcionar las familias y las comunidades. Las expectativas del nuevo seguidor de Jesús respecto a cómo debería funcionar «la familia de Dios» o «la comunidad de fe» no es una excepción.

Por ejemplo, ¿podríamos decir sin temor a equivocarnos que cuando los hombres y las mujeres se convierten a Cristo y se incorporan a una iglesia evangélica en los Estados Unidos, sus expectativas respecto a la comunidad de fe son modestas? ¿Por qué? Porque en nuestra cultura, en general, en el seno mismo de la familia, las relaciones entre los miembros de la familia son débiles; nadie entre los adultos se siente demasiado responsable por sus semejantes. Con frecuencia, los miembros de la familia ni siquiera viven relativamente cerca, y aun cuando no viven muy lejos entre sí, solo se reúnen durante las fiestas o para alguna ocasión especial. Se da mucha importancia a la independencia económica, emocional y física. La interdependencia no es una meta. La dependencia se considera una patología. Todo el mundo debería ser capaz de «valerse por sí mismo». Y… pensamos que de seguro Dios tiene la misma perspectiva.

Como resultado, este tipo de comunidad familiar «sujeto-yo» se traslada a la manera en que nos desenvolvemos en la «familia» de la iglesia. Nos llevamos bien y estamos felices de encontrarnos para celebrar alguna festividad u ocasiones especiales. Pero, en realidad, en el día a día, en la vida cotidiana durante la semana, se supone que los miembros de la comunidad de fe local podrán valerse por sí mismos. Nuevamente, a pesar de la alta estima que tenemos por las Escrituras, el valor cultural que le asignamos al individualismo y la independencia nubla nuestra comprensión y práctica de las enseñanzas del Nuevo Testamento sobre la interdependencia de las partes del cuerpo de Cristo, como lo describe Pablo en 1 Corintios 12. Estamos bien contentos de abrazarnos los domingos de mañana, de decirnos que nos amamos, pero nos sentimos poco o nada responsables unos de otros ni tenemos necesidad de interactuar hasta el domingo siguiente.

> Estamos bien contentos de abrazarnos los domingos de mañana, de decirnos que nos amamos, pero nos sentimos poco o nada responsables unos de otros ni tenemos necesidad de interactuar hasta el domingo siguiente.

Pero ¿qué pasa con la persona que viene de una cultura con una fuerte base comunitaria (por ejemplo, el latinoamericano, el indio, el asiático) y que llega a la misma iglesia evangélica en los Estados Unidos, escucha la invitación de Jesús a seguirlo y toma la decisión de hacerlo? Cuando los líderes le dicen:

«Te amamos» y «Somos tus hermanos y hermanas en Cristo», quienes provienen de estas culturas con fuerte base comunitaria escuchan estas palabras con expectativas diferentes a las pretendidas por el pastor angloamericano o por los miembros de la iglesia bien intencionados. Para sorpresa de los líderes de la iglesia, el nuevo creyente no duda en aparecerse en las oficinas el lunes de mañana, desesperado por ayuda económica, emocional y espiritual... en ese orden. Si esta persona ha sido repudiada por su familia y comunidad humana por seguir a Jesús, necesitará desesperadamente integrarse a una nueva «familia» de Dios, una comunidad de fe que cumpla cabalmente el papel de la familia. Si la iglesia local es una «familia» en el mejor sentido bíblico, el nuevo creyente será aceptado y fortalecido a lo largo de su camino de fe durante los días, meses y años siguientes. Si la iglesia occidental es simplemente un grupo de cristianos independientes e individualistas que se reúnen en el mismo lugar, a la misma hora, todos los domingos de mañana, el nuevo creyente que cortó los lazos con una cultura comunitaria fuerte quizás no sobreviva más allá de las primeras semanas de su nueva vida espiritual. Por otra parte, si la iglesia en una cultura con base comunitaria conduce a un individualista a ultranza a los pies de Cristo, la fuerte interdependencia entre los miembros de la comunidad de fe puede hacer que el nuevo creyente, acostumbrado culturalmente a su independencia, se sienta agobiado y cohibido por las exigencias relacionales.

¿CUÁL ES LA IMPORTANCIA DE ESTO AL PENSAR EN NECESIDADES HUMANAS Y MINISTERIOS DE COMPASIÓN?

A estas alturas, estoy segura de que el lector se preguntará por qué la comprensión de nuestra perspectiva individualista o comunitaria se relaciona con un libro que trata la respuesta valerosa y compasiva al mundo violento e injusto que presenta Isaías 59. ¡Hagamos prevalecer la justicia!

Consideremos brevemente cómo influye nuestro individualismo en nuestra teología, que es el fundamento de nuestra práctica compasiva de la justicia.

1. Los cristianos con identidad cultural «sujeto-yo» tienden a dar prioridad a la salvación individual en vez de la conversión a Cristo de familias o de comunidades. Como lo cantamos en una antigua canción, es algo que sucede entre Jesús y yo: una idea más cercana a nuestra teología que la declaración de Josué: «Por mi parte, mi familia y yo serviremos al Señor» (Josué 24:15, NVI).

2. Para las personas con una identidad «sujeto-yo», una relación personal con Jesús en el camino de la fe es más prioritaria que las relaciones con los demás, aun en la comunidad de fe. (En las culturas interdependientes, con identidad «sujeto-nosotros», los creyentes tienen dificultad para separar bíblicamente y en la práctica la relación personal con Jesús y su integración con las relaciones dentro de la familia de Dios. La fe es tanto personal como colectiva.)

3. En las culturas individualistas, los creyentes entienden que la participación en la comunidad de fe o en la congregación local es una opción y no un aspecto necesario de su fe cristiana y de la formación espiritual.

4. La «familia de Dios» es más un concepto que una realidad práctica.

5. El llamado de Dios a la misión y al ministerio se concibe en términos personales e individuales, más que como una misión del grupo o de la comunidad. Se supone que los llamados individuales al ministerio y las visiones personales tienen prioridad sobre los del equipo o del grupo.

De estas perspectivas derivan algunas suposiciones corolarias sobre aquellos que no tienen a Cristo y que necesitan salvación, sanidad, y transformación. Cada persona necesita a Jesús y, por lo tanto, nos acercamos a cada una individualmente, y prestamos una atención secundaria al contexto comunitario y a sus efectos en la decisión individual.

Nuestras oraciones e intercesión se centran generalmente en los individuos que necesitan salvación, liberación, y sanidad. Pasamos por alto la comunidad de oscuridad y los sistemas de maldad de donde proviene cada persona.

Cuando nos enfrentamos a una gran necesidad humana, tendemos a pensar en respuestas de ayuda que podemos dar a título individual, y no como comunidad, grupos, o equipos. (El trabajo del Convoy of Hope es una inspiradora excepción a la tradicional respuesta individualista. Se focaliza simultáneamente en la comunidad y los individuos.[70]) Algunas de estas implicancias de nuestro individualismo o colectivismo cultural podrían ser mejor entendidas en un común escenario de la vida real.

LA INTERVENCIÓN DE REALIDADES CONFLICTIVAS CUANDO SE INTENTA HACER JUSTICIA

Lori, una alumna de una universidad norteamericana, ha tomado conciencia de la tragedia del tráfico sexual en el mundo. Es una fervorosa cristiana y siente un gran anhelo de ayudar a las víctimas del tráfico a encontrar libertad. Siente una poderosa compasión y sus intenciones son sinceras.

LA REALIDAD DE LORI

Lori investigó en internet, y se comunicó con una organización que supuestamente rescata víctimas del tráfico ilegal en un país asiático.

---

70 Ver www.convoyofhope.org.

Ofrecían viajes misioneros de corta duración para que la gente joven pudiera ir a Asia durante dos semanas y ayudar a liberar a las mujeres y las niñas que viven en la prostitución. La estudiante puso en oración su viaje y reunió varios miles de dólares para el vuelo y la estadía de dos semanas. Las personas que la aman y respetan su compromiso colaboraron con ella para apoyar esta digna causa. Todas las personas de su iglesia y su círculo de amistades también quieren que estas mujeres que son víctima del tráfico sexual encuentren libertad y esperanza en Jesucristo.

LAS SUPOSICIONES DE LORI SOBRE LA REALIDAD QUE VIVEN LAS ESCLAVAS SEXUALES.

La realidad de Lori tiene como base algunas importantes suposiciones:

1. Todas las esclavas sexuales quieren ser libres, según nuestra propia definición de libertad.

2. La diferencia de idioma, en realidad, no importan mucho cuando lo que queremos es hacer el bien.

3. Las esclavas sexuales tienen algún grado de autonomía para tomar decisiones sobre su vida.

4. Una vez que una esclava sexual deja la esclavitud, ella es libre para tomar buenas decisiones.

5. Si una joven mujer prostituta repite con Lori la «oración de confesión de pecados», se convierte en una cristiana y todo cambia.

LA REALIDAD COMO LA VIVEN LAS MUJERES EN LA ESCLAVITUD SEXUAL

Las mujeres a quienes Lori conocerá durante su viaje viven una realidad completamente diferente:

1. Las mujeres no necesariamente querrán liberarse de la esclavitud sexual si esa es la única forma de vida que conocen, y especialmente si han sido explotadas desde la infancia. A menudo, prefieren el horror del mal conocido que el temor al bien por conocer.

2. Lo más probable es que las mujeres pobres con quien Lori trate no entenderán inglés. Sin embargo, en muchas culturas, la gente sonreirá amablemente y asentirá con la cabeza, para no ofender a un extranjero. El asentimiento con la cabeza y la sonrisa quizás sean señal de hospitalidad, pero no necesariamente significan que hayan entendido lo que escucharon, ni que quieran ser salvas.

3. Muchas esclavas sexuales en Asia nacieron en culturas con una base comunitaria. Cuando entraron en la esclavitud, se vieron obligadas a cambiar una comunidad por otra. La comunidad de la prostitución quizás sea la única que conocen y tienen. Como resultado, no están acostumbradas a tomar sus propias decisiones y temen hacerlo, especialmente si no hay una relación de confianza.

4. Para muchas mujeres y niñas sumidas en el mundo de la explotación sexual, hay solo dos grupos de personas: explotados y explotadores. Cuando ven a Lori recién llegada de los Estados Unidos, silenciosamente la evaluarán para determinar a qué categoría (o comunidad) pertenece. Con frecuencia, en las comunidades de explotación, una mujer prostituta solo puede huir de una vida de explotación si ella misma se convierte a su vez en

explotadora de otras mujeres. Así es con frecuencia cómo las mujeres se convierten en madamas. Si concluyen que Lori no es explotada, en privado se preguntarán cómo las explotará a ellas (por ejemplo, si usará fotos de ellas o sus relatos para recaudar dinero que ellas nunca verán).

5. Cuando las mujeres y las niñas en la prostitución se enteran de que Lori solo estará allí durante dos semanas, concluyen que no vale la pena correr el riesgo de tomar la aterradora decisión de intentar huir de su violenta comunidad de oscuridad. Salvo que el trabajo de Lori esté asociado a un grupo local respetado en la comunidad, que las ayudará a largo plazo, ¿por qué habrían de arriesgarse a golpizas y violentas agresiones por haber interactuado con una desconocida —mientras Lori regresa sana y salva a su hogar en los Estados Unidos o Europa? ¿En quién pueden confiar? ¿Cómo pueden confiar?

Preguntas para la reflexión y la discusión

1. ¿Cuáles son algunos supuestos culturales y teológicos que deducimos en las ideas de Lori acerca de la posibilidad de ir a Asia en un breve viaje misionero? ¿En cuáles áreas estos supuestos son bíblicos? ¿En qué áreas son supuestos sin base bíblica o culturalmente inadecuados?

2. Hay algunas áreas de inconexión y de potencial malentendido entre la realidad de Lori y la realidad de las mujeres en la prostitución que ella conocerá. ¿Cómo debería ajustar Lori su plan para este corto viaje de compasión con el fin de realmente ofrecer libertad

y la oportunidad de una nueva vida a las mujeres que conocerá?

3. Para modificar sus expectativas y sus acciones, ¿cuáles serán los desafíos más grandes de Lori? ¿Por qué?

4. Consideren las maneras en que la cultura y la teología individualista de Lori han influido en sus expectativas. ¿De qué manera esto los desafía a reconsiderar sus expectativas y acciones solidarias?

EL FACTOR COMUNITARIO EN LA NECESIDAD HUMANA Y LA INJUSTICIA

Vivimos bombardeados casi a diario por imágenes mediáticas avasalladoras: un niño en la pobreza, una persona que muere de una enfermedad relacionada con el SIDA, un adicto, o una víctima infantil de la prostitución. El dolor, el sufrimiento, la injusticia hacia las personas nos llaman la atención y nos conmueven tanto como nos repelen. Es demasiado fácil perder de vista que cada persona que necesita desesperadamente a Jesús y la ayuda

> Es demasiado fácil perder de vista que cada persona que necesita desesperadamente a Jesús y la ayuda compasiva vive dentro de una comunidad.

compasiva vive dentro de una comunidad. La pobreza, el VIH/SIDA, las drogadicciones y la explotación sexual ocurren en circunstancias, comunidades y contextos concretos. Por lo general, no se dan en forma aislada, aunque pudiera parecer ese el caso.

El 12 de enero de 2010, la pequeña isla caribeña de Haití sufrió un terremoto devastador, que causó entre 100.000 y 150.000 muertos y dejó a un atroz porcentaje de la población total sin hogar y en angustiante necesidad de ayuda humanitaria.[71] El mundo contempló las noticias con horror, y respondió con generosidad y sacrificio para solidarizar con el sufrimiento del pueblo haitiano. Sin embargo, la ayuda humanitaria se vio complicada por otros factores: la catástrofe natural había ocurrido en una nación con una historia de corrupción, explotación, y actividad espiritual demoníaca. Cuatro años después del terremoto y de diversas respuestas compasivas de todo el mundo, las realidades culturales, políticas y espirituales de Haití, que constituían el contexto de la ayuda humanitaria, han restado efectividad a la reconstrucción y desarrollo del empobrecido pueblo haitiano. El contexto comunitario donde se aplica la compasión nunca es neutral. La acción compasiva inspirada por Dios debe ser consciente de esa realidad y prepararse para intervenir en ella con sensibilidad. Hemos observado que los esfuerzos de compasión y justicia rara vez producen cambios duraderos en la vida de las personas cuando se caracterizan por un alto perfil individualista y subestiman el poder de la comunidad local.

- El niño que recibe alimento tendrá que convivir con otros niños de su comunidad que tienen hambre y que no fueron alimentados.

- Mientras las mujeres mueren de tuberculosis por causa del sida, quizás algunos de sus hijos contagiados y malnutridos están acostados en el suelo de tierra de una choza cercana. ¿Qué hacemos con ellos?

- El drogadicto que necesita ayuda para dejar su adicción está irremediablemente esclavizado mientras él o ella

71 Wikipedia, «Terremoto de Haití de 2010,» http://es.wikipedia.org/wiki/Terremo-to_de_Hait%C3%AD_de_2010.

permanezcan en la comunidad controlada por los narcotraficantes.

- Las niñas pequeñas, como la que vi en la iglesia de la zona roja, no están solas. Viven a diario en una ciudad literalmente llena de prostitución y oscuridad, entre miles y miles de mujeres y niños esclavizados. La presión para conformarse es implacable y es prácticamente imposible escapar de esa realidad.

Sí, Jesús vino a traer nueva vida, sanidad y buenos propósitos para cada una de las personas que acabo de describir. Sin embargo, debemos ser conscientes —tanto desde el punto de vista práctico como espiritual— que no nos enfrentamos solo a la oscuridad del cautiverio en la vida de los *individuos*. Como comunidad de fe debemos enfrentar en oración a la *comunidad* de oscuridad presente dondequiera que reine el mal.

EN LA COMUNIDAD, LA PRESENCIA ES TODO

Tradicionalmente, como pentecostales, nos hemos esforzado por mantenernos alejados de la comunidad de oscuridad, y hemos intentado obedecer la misión de Dios de anunciar el evangelio a los perdidos y esclavizados… desde la seguridad de nuestros templos. Dada la depravación, la violencia y los poderes demoníacos que caracterizan la comunidad de oscuridad en nuestro mundo, como se describe en Isaías 59, este deseo de los creyentes de mantenerse lo más alejado posible del mal es comprensible. Pero ¿cómo podemos cumplir el mandato de Jesús de Lucas 4:18, de dar libertad a los cautivos, desde dentro de las paredes de la iglesia cuando los cautivos no pueden salir de su lugar de esclavitud para recibir la libertad de Cristo?

Gracias a Dios, tenemos ejemplos inspiradores de hombres y mujeres de fe del siglo veintiuno que han sido fieles a la compasiva voluntad de Dios para quienes viven en esas comunidades de oscuridad. Ambika Pandey es una de esas mujeres.

Ambika nació en una familia religiosa en el sur de la India. Después de graduarse de la universidad, trabajó en una empresa donde el gerente y su esposa eran fieles seguidores de Jesús. A través de su amistad, testimonio, oración, y una revelación milagrosa de Jesús como Aquel que es la luz, Ambika fue transformada poderosamente y llena del Espíritu Santo.

Ambika se sintió guiada a prepararse para el ministerio y se propuso ir a un instituto bíblico. Allí conoció al joven que luego sería su esposo. Al graduarse, se fueron a vivir a otra ciudad de la India, donde pastorearían una iglesia y donde ella trabajaría como profesora en un instituto bíblico. Pero algo más estaba pasando en el corazón de Ambika. Comenzó a soñar con que trabajaba con mujeres esclavizadas en la prostitución. Los sueños eran reales, pero inquietantes para una mujer de su contexto. Tener que tratar con «esa clase de mujeres» sería un tabú para una mujer india buena y honesta. Cualquier contacto con ellas ensombrecería su propia imagen y honor. Sin embargo, los sueños persistían.

Un día, Ambika se enteró de que había una oportunidad de ayudar en la escuela dominical que las hermanas de la madre Teresa habían comenzado en la zona roja. Cuando su propia iglesia local de las Asambleas de Dios le planteó esta necesidad, nadie sabía que Dios ya venía preparando a través de sueños el corazón de una profesora de instituto bíblico y esposa del pastor. Ambika estuvo a la altura de las circunstancias, refirió con lágrimas la carga que sentía y comenzó sus valerosas visitas semanales a la zona roja para trabajar con las hijas de las prostitutas. Durante varios años, esta mujer de Dios, madre y esposa, se adentró en obediencia y con oración en un mundo de violencia sexual y maldad tangible para estar con los niños a quienes Jesús ama profundamente. Mediante su presencia, oración, enseñanza de la Palabra de Dios y amor fiel por ellos, los niños llegaron a amar a la «tía Ambika».

Las madres, endurecidas por una vida de violencia sexual, llegaron a respetar a esta mujer de Dios y a confiar en ella.

Tuvieron que pasar varios años de sacrificios según el modelo del ministerio encarnacional de Jesús antes de que Ambika y sus colaboradores tuvieran finalmente la oportunidad de ayudar a las primeras niñas a dejar la zona roja. Es difícil ganarse la confianza de aquellas personas cansadas de que se aprovechen de ellas. ¡Pero qué día que fue aquel! Hoy hay dieciocho jovencitas viviendo en la seguridad del hogar de acogida que conocen a Jesús, lo aman y están encontrando la sanidad de los abusos del pasado. Hay ahora dieciocho mujeres que salieron de los burdeles para recibir capacitación en oficios que les permiten dejar la zona roja y comenzar una nueva vida. El centro vocacional se ha convertido de hecho en una iglesia, donde las mujeres que viven en gran oscuridad pueden atravesar el umbral, comenzar a aprender un oficio y escuchar el evangelio de Jesús. En este lugar tan humilde, las Marías Magdalena del mundo contemporáneo reciben amor, conocen a Jesús y aprenden a seguirle.

¿Qué habría sido de ellas si Ambika hubiera evitado la comunidad de oscuridad? ¿Y si hubiera dejado de ir a aquellos lugares que representaban una amenaza a su vida y donde tenía que abrirse paso a empujones entre cientos de hombres lascivos en busca de una mujer? ¿Qué hubiera pasado si, al cabo de un año, ella hubiera concluido que no valía la pena correr ese riesgo, toda la molestia que implicaba y las amenazas aterradoras de los poderes demoníacos?

Gracias a Dios por las Ambika Pandey de hoy que andan en la comunidad de luz y que han escuchado el llamado de Dios a dejar las comodidades, los beneficios y la seguridad de la iglesia para adentrarse en la comunidad de oscuridad y ayudar así a que los cautivos encuentren la libertad. Saben que la presencia de hombres y mujeres con la unción de Dios son esenciales para que los cautivos encuentren genuina libertad y liberación.

LA COMUNIDAD LOCAL DE FE COMO ESTRATEGIA DE COMPASIÓN POR EXCELENCIA

Las Escrituras elogian reiteradamente las acciones compasivas y justas que hacemos a título personal; señal de que cuentan con la aprobación de Dios y de que armonizan con su voluntad. De igual modo, quienes no las practican cosechan la desaprobación de Dios.

- Servir al pobre es hacerle un préstamo al Señor; Dios pagará esas buenas acciones (Proverbios 19:17, NVI).

- Quien cierra sus oídos al clamor del pobre, llorará también sin que nadie le responda (Proverbios 21:13, NVI).

- Defiendan la causa del huérfano y del desvalido; al pobre y al oprimido háganles justicia (Salmos 82:3, NVI).

- El que oprime al pobre ofende a su Creador, pero honra a Dios quien se apiada del necesitado (Proverbios 14:31, NVI).

- Y quien dé siquiera un vaso de agua fresca a uno de estos pequeños por tratarse de uno de mis discípulos, les aseguro que no perderá su recompensa (Mateo 10:42, NVI).

Sin embargo, los creyentes que son compasivos a título personal, son solamente una parte de la implementación de los propósitos de Dios. La máxima expresión de la compasión de Cristo, capaz de transformar vidas, solo puede realizarse, multiplicarse y mantenerse para cumplir los propósitos de Dios mediante el trabajo de individuos que unen sus esfuerzos en la comunidad local de fe. Hacer menos que esto debilitará la capacidad holística de traer salvación, sanidad, discipulado, restauración y el cumplimiento de los propósitos de Dios en las vidas de los pobres, los explotados, los cautivos y los oprimidos.

Veamos algunas maneras específicas en que la comunidad local de fe es el fundamento único y esencial para la compasión transformadora.

1. La comunidad local de fe es una base sólida para la oración de intercesión. Las obras de compasión en sí mismas no son transformadoras. Necesitan estar saturadas de intercesión, antes, durante y después —especialmente cuando se trabaja con personas esclavizadas en todo aspecto: espiritual, mental, físico, y emocional. (Véase el capítulo 10 ««¿Cómo podemos ayudar… además de orar?»: La estrategia de la intercesión»)

> La máxima expresión de la compasión de Cristo, capaz de transformar vidas, solo puede realizarse, multiplicarse y mantenerse para cumplir los propósitos de Dios mediante el trabajo de individuos que unen sus esfuerzos en la comunidad local de fe.

2. La comunidad local de fe es la *única* fuente donde encontramos los trabajadores, el personal y los voluntarios que trabajan en ministerios de compasión con una base bíblica. Piénselo. Parece algo evidente, pero ¿lo tenemos claro? Hay personas buenas en todo el mundo que llevan a cabo acciones solidarias todo el tiempo. Sin embargo, el ministerio de compasión que produce una restauración espiritual además de física, y

que conduce a una nueva vida, solo puede ser realizado por personas de fe.

3. La comunidad local de fe es la fuente a largo plazo de donde obtenemos los recursos (tanto humanos como económicos) con que apoyar ministerios de compasión sustentables en la comunidad. Si bien el apoyo de las agencias nacionales e internacionales puede ser efectivo y valioso al comienzo de un ministerio de compasión, la obra será difícil de mantener a largo plazo. Los trabajadores extranjeros eventualmente regresarán a su hogar. Los obreros nacionales no residentes viajarán constantemente a su nuevo hogar fuera de su país de origen. Las agencias eventualmente apoyarán otros proyectos o causas. La responsabilidad financiera local enriquece la sustentabilidad de los ministerios de compasión y el sentimiento del cuerpo local de Cristo de asumir el desafío como propio.

4. El liderazgo de la comunidad de fe en la localidad constituye un contexto que da legitimidad y fuerza a los ministerios de compasión, además de obligarlos a rendir cuentas. Lo ideal es que el liderazgo de la iglesia local tenga una visión integral de los ministerios de compasión misioneros en la congregación: que los entienda como una parte bíblica y no separada de la predicación del evangelio y el discipulado. Además, las iniciativas y los líderes de proyectos pueden parecer maravillosos a la distancia y a través del material promocional, pero, al mismo tiempo, tener una reputación diferente en su comunidad local y a nivel nacional. Una iglesia nacional local respetable puede verificar la legitimidad e integridad

de las iniciativas locales, o hacer notar aquellos problemas que requieren de atención. Cualquier cosa puede parecer maravillosa desde lejos, con una buena campaña publicitaria.

5. Lo que es más importante, la comunidad de fe local debe convertirse en la «familia», amorosa, solidaria, mentora y disciplinadora de aquellas personas que acuden a Cristo, y salen de la pobreza y el cautiverio. Una persona puede ser un gran instrumento en manos de Dios en el ministerio de compasión, pero actuando sola y a título personal no podrá cumplir la función espiritual que desempeña la «comunidad de fe» en la vida de los nuevos creyentes; y Dios quiere que el nuevo creyente se integre a una comunidad de fe.

Los ministerios de compasión no vinculados a una iglesia local saludable suelen ser iniciativas de personas buenas y con buenas intenciones. Sin embargo, el potencial de sanidad y transformación de vida en las víctimas de la injusticia es escaso, y aun puede ser nulo, cuando es el esfuerzo de personas que trabajan solas y solo remedian la situación por un breve período.

CONCLUSIÓN

¿Recuerdan a Lori, que pasó dos semanas de visita en un país asiático ayudando a rescatar a las mujeres que estaban en la esclavitud sexual? Si su equipo estuviera en diálogo y colaboración con una comunidad de fe de la localidad y respetada en la ciudad donde los voluntarios quieren ministrar, sus iniciativas solidarias tendrán las siguientes ventajas y el potencial de producir cambios perdurables en la vida de las mujeres que están en la prostitución:

- Los líderes de la iglesia local o los creyentes pueden guiar a Lori y a su equipo para enseñarles cómo conducirse en la comunidad, y para evaluar antes de viajar dónde y cómo pueden servir mejor a las mujeres de la localidad que están en la esclavitud. Se pueden hacer preparativos para que el esfuerzo sea más eficaz.

- Si Lori se encuentra con una niña o mujer en la prostitución que realmente quiere ayuda, la gente de la iglesia local, los servicios sociales, las fuerzas del orden público, los asesores legales, y los servicios médicos podrán continuar el trabajo con esta persona después de que Lori regrese a su país. Las mujeres piadosas en la iglesia, con autoridad espiritual para echar fuera los poderes demoníacos, estarán disponibles para ayudar con las necesidades de liberación. Todo el trabajo se hará en el idioma de la mujer prostituta; esto es esencial.

- Una vez que Lori deje el país, las creyentes de la iglesia local debe buscar amistad y continuar como mentoras espirituales de las mujeres con quienes Lori se puso en contacto. Para aquellas que salen del cautiverio, la sanidad es un proceso complicado de luchas espirituales y de fe, más que un momento de transformación instantánea de la vida. Requiere paciencia y fuerzas, a veces las 24 horas de todos los días, durante meses, aun años. Dios puede usar a Lori como un catalizador mientras ella esté allí, pero la iglesia local es la que siempre está presente para brindar la ayuda de largo alcance que ayudará a las mujeres a continuar el viaje a una nueva vida.

¿Recuerdan también a nuestra heroína, Ambika Pandey, en la India? Su ministerio a las mujeres y niñas en la prostitución no es una presentación con solo un actor. Ella recibe la asesoría y el consejo de un consejo de líderes de la iglesia local y de la comunidad, a quienes también les rinde cuentas. La iglesia de la misión de las Asambleas de Dios, a cargo del Dr. Ivan Satyavrata, la respalda con intercesión, oficinas, y recursos financieros. Ambika cuenta también con la colaboración de un extraordinario equipo de mujeres. Los domingos, en la comunidad de fe, ella es una seguidora más de Jesús y recibe el ministerio mutuo de los hermanos y hermanas en Cristo. Por eso Ambika es tan fuerte... aun en los días más difíciles. La compasión valerosa, de largo alcance, capaz de transformar vidas se nutre de las fuerzas de la comunidad de fe local, como Dios lo ordenó.

SUGERENCIAS PARA UNA EXPERIENCIA DE APRENDIZAJE

Actividad: «Comunidad de tinieblas, comunidad de luz» (véase el Apéndice D).

LECTURAS ADICIONALES

- Hellerman, Joseph H. «A Family Affair: What Would the Church Lool Like if It Put *We before Me?*» [Una cuestión familiar: ¿Cómo sería la iglesia si antepusiéramos el *Nosotros al Yo?*] Christianity Today 54, no. 5 (28 de mayo de 2010).

- Hofstede, Geert. *Culture's Consequences: Comparing Values, Behaviors, Institutions, and Organizations Across Nations* [Consecuencias de la cultura: Comparación de los valores, las conductas, las instituciones y las organizaciones entre diversas naciones]. Thousand Oaks, CA: Sage Publications, 2001.

- Jayson, Sharon. (2012). «What's on Americans' Minds? Increasingly, 'Me': Innovative Look at Digitized Books Reveals a Realm of Individualism» [¿En qué piensan los norteamericanos? Cada vez más en «Yo»: Una mirada innovadora a los libros digitalizados revela un imperio de individualismo]. *USA Today*, 11 de julio de 2012.

CAPÍTULO 9

COMPASIÓN CREATIVA: ABRIÉNDONOS CAMINO

POR REBECCA GRANT SHULTS

Nací en la lluvia.
Mi mamá me amaba tanto
que me envió lejos.
Tenía solo tres años.
Ella trabajaba en las luces rojas,
trabajaba para pagarle a una familia desconocida,
que me criara, me cuidara, y me alimentara.
Una pequeña durmiendo sobre el piso de la cocina,
aterida de frío en el invierno, hambrienta todo el año.
Un año, dos años, tres años...
año tras año, aterrada de esta Tía.
Quemaduras en mi piel, y golpes.
Tres años, cuatro años, cinco años...
Mi mamá me enviaba regalos,
dinero para ir a una buena escuela y para comprar ropa
La Tía se quedaba con todo
La pequeña, hambrienta, le pide comida a la Tía
Ella me arroja chiles picantes a los ojos, y me dice:
«Más tarde, niña, ahora duérmete».
Año tras año... seis años de tortura
Mamá nunca lo supo
Nunca se lo pude decir

La tortura fue larga, ¿cómo podré perdonar?

Durante seis largos años lo intenté. . .

Me llevó muchos años poder perdonar.

Hoy miro a través de mi ventana

La lluvia cae y refresca como el gozo

Cae, cae desde el cielo

(ESCRITO POR SATEEN, UNA ADOLESCENTE EN UN

ALBREGUE HOGAR DE ESPERANZA DE PROYECTO RESCATE)

«Rebecca, nuestra hija mayor, tenía tres semanas de vida cuando me di cuenta de que había dado a luz a una niña muy testaruda. Cuando cumplió tres años, me di cuenta de que también era extremadamente creativa y talentosa. Desde que aprendió a escribir, Becca se puso a crear pequeños libros y los ilustraba uno tras otro. Como hija de evangelistas itinerantes, pasaba horas y horas en cultos, reuniones, aeropuertos y restaurantes. Para hacerlo más llevadero, se ponía a leer, escribir, tomar notas en su diario y dibujar. Tengo una galería de esas obras de arte, realizadas en manteles individuales de restaurantes de todo el mundo; regalos amorosos que nuestra hija creativa nos hacía mientras crecía. Rebecca es ahora esposa, madre y colaboradora en Proyecto Rescate. Una de nuestras alegrías más grandes ha sido acompañarla como padres, conforme ella descubría el llamado único y creativo de Dios para su vida, cuando tenía entre quince y veinte años. Gracias a Dios, Rebecca no está sola. Las iglesias conservadoras que, en el pasado, concebían la expresión artística en el ministerio limitada solo al canto o a algún instrumento musical, en los últimos años han comenzado a reconocer el espectro más amplio de dones creativos que Dios imparte a sus hijos para usarlos en la vida de la iglesia y en su misión. Como la propia historia de Rebecca lo ilustra, hay un lugar para el arte en la compasión valerosa, holística, con poder transformador de vidas. Nadie como ella misma para relatar su propia historia sin cortapisas.

MI HISTORIA — REBEKAH GRANT SHULTS

EL NACIMIENTO DE LA CREACIÓN
LLAMADO A LA SANIDAD

Tenía dieciséis años cuando me llevaron por primera vez a la zona roja de Mumbai. Era la estación de los monzones y la lluvia había inundado las callejuelas nocturnas de Kamatapura, donde centenares de miles de mujeres se veían forzadas a prostituirse en su habitación, en jaulas, en la calle. El agua impedía que nuestro vehículo avanzara rápido; circulábamos lenta y dolorosamente entre un mar de niñas, jóvenes y viejas, de pie, esperando, bajo

> Me fije en los ojos de las niñas de mi edad, y más jóvenes, aún a través de la ventanilla, y vi miradas aterradoras: miradas vacías.

la vigilante mirada de los proxenetas. Me fije en los ojos de las niñas de mi edad, y más jóvenes, aún a través de la ventanilla, y vi miradas aterradoras: miradas vacías. Habían perdido la voluntad y la identidad de su alma. Habían perdido la esperanza.

Minutos más tarde llegamos a un pequeño apartamento donde nos esperaban una docena de mujeres. Nos recibieron cálidamente, y nos sentamos en el piso de hormigón de la sala de estar mientras nos servían *chai*. Conversamos despreocupadamente y luego las jóvenes comenzaron a contarnos lo que querían que escucháramos: cómo Dios las había rescatado de la esclavitud en la zona roja y les había dado una nueva esperanza. Algunas mujeres hacía muy poco que habían sido rescatadas, pero ya estaban ansiosas por contarnos lo bueno que Dios había sido con ellas. Nunca vi un contraste tan grande: la mirada vacía de las niñas en la calle y los ojos que brillaban de alegría en aquel primer hogar de Proyecto Rescate en Teen Challenge [Desafío Juvenil] de Bombay.

Aquella noche, por primera vez me di cuenta de que servía al único Dios que declara que todas las niñas del mundo tienen valor eterno y que tienen un destino como sus hijas, sin importar dónde hayan nacido o lo que hayan hecho. En una cultura que les dice a todas las niñas que su única posibilidad de un futuro es el buen nombre de su padre y su virginidad, mi Dios es el único que les ofrece una nueva vida a aquellas niñas que no tienen ni una cosa ni la otra. Mi Dios no solo trae libertad física a quienes están en la esclavitud, sino que les da también libertad espiritual y emocional. Aquellos rostros sin esperanza que vi en la zona roja se quedaron grabados en mí, y continué soñando con aquellas mujeres rescatadas que necesitaban sanar. Intuía que la sanidad sería seguramente un proceso lento, y esperaba poder contribuir algún día.

Esta visita a Mumbai en 1997 fue mi primera experiencia en la obra que mis padres habían ayudado a dar a luz. En los siguientes años, fundaron otros seis ministerios de Proyecto Rescate, con la colaboración de otros colegas en otras ciudades, y abrieron los hogares de acogida, «Homes of Hope», literalmente «Hogares de Esperanza». Seguí atentamente el progreso del ministerio Proyecto Rescate, conforme más y más mujeres encontraban una vida nueva y una comunidad dadora de vida; sin embargo, cuando tuve que regresar a los Estados Unidos en 1999 para estudiar en la universidad, me preguntaba cómo podría yo contribuir a la vida de estas mujeres y niñas. Mientras pensaba en qué estudiar, mi madre me aconsejó: «Haz lo que te gusta hacer, y deja que Dios se encargue de lo que hará con eso».

Comencé los estudios y me gradué en educación de locución escénica. Tal como se dieron las cosas, resulté ser una actriz mediocre, aunque con talento para dirigir y escribir guiones. Esto me llevó a explorar formas de fomentar el cambio social a través de obras originales de teatro. Cuando comencé a enseñar en la secundaria, pronto me di cuenta de que la docencia no era mi vocación. Mientras pensaba qué hacer en el futuro, comencé una maestría en arte escénico en la Universidad de Missouri. Lo que no sabía en aquel tiempo era lo bien que me vendría mi formación en práctica docente y planificación de lecciones, y educación especial cuando empecé a trabajar con sobrevivientes postraumáticos.

Estaba en el segundo año de posgrado cuando comencé a estudiar cómo los artistas (bailarines, escritores y artistas gráficos) usan su arte para ayudar a los pacientes postraumáticos a recuperarse. Los artistas creativos del mundo usan el arte para ayudar a los niños a expresar su dolor, para ayudar a las comunidades a enfrentar los desafíos sociales y para que quienes no tienen voz puedan expresarse. Exploré cientos de posibilidades que permitieran usar la redacción de guiones y de obras dramáticas para ayudar a los que sufren, pero en el ámbito religioso no pude encontrar ninguna metodología que usara la creatividad para sanar.

Fue solo una vez que salí a cenar con mi madre, durante mi último semestre, que decidí cambiar de rumbo. Mientras ella me refería el nuevo currículo que estaba organizando para el personal de Proyecto Rescate, le dije: —Quiero trabajar con Proyecto Rescate. ¡Podría usar el arte! Me miró, tal vez hasta divertida con mi propia extrañeza, y dijo: —Por supuesto que sí. ¿Por qué no presentas tu solicitud? Para mi sorpresa, ya no había nada que se interpusiera en mi objetivo de trabajar con Proyecto Rescate; estaba terminando mis estudios, no tenía deudas, ni obligaciones, ni novio, y ¡ahora tenía las herramientas para llevar sanidad a los sobrevivientes postraumáticos!

Durante el último semestre de mis estudios, me dediqué a diseñar e implementar un proyecto piloto para «sanar a través del arte» con adolescentes en hogares adoptivos que habían sobrevivido al abuso sexual. Con otras diez chicas, escribí, armé la coreografía y organicé un espectáculo original en donde pudieran compartir sus historias, los sueños y la nueva percepción que tenían de sí mismas para elegir su propio futuro. Terminaba con un hip-hop de la canción «Survivor» [Sobreviviente] de Destiny's Child, con coreografía y actuación de las muchachas. El público selecto de familiares, amigos, asistentes sociales y maestras presenció el espectáculo, todos absortos y con lágrimas. Al final, la madre de una de las chicas, una mujer de aspecto frágil y demacrado, con un par de niños más pequeños a su lado, se acercó a su hija y le dijo: «Nunca supe cuánto te había lastimado». Había dejado a su hija con los servicios sociales varias veces cuando era niña, a veces, hasta por un año. Fue un momento conmovedor y decisivo que nunca olvidaré.

Nueve años después de mi primer encuentro con niñas rescatadas en Mumbai, había llegado la hora de embarcarme en mi propio viaje a la India. Nunca había sentido un llamado a trabajar específicamente ahí, a pesar de los más de treinta años que mis padres habían dedicado a ese país. Sin embargo, sí sentía el llamado a sanar, y se me abría esa puerta. Si hubiera sabido lo que me esperaba, estoy segura de que me habría sentido demasiado abrumada. Sin embargo, el compromiso asumido por un año se extendió a cinco años de sanidad a través del arte con Proyecto Rescate, y posteriormente al desarrollo de una técnica llamada Rescue Arts [Artes de rescate].

> No hay verdadera sanidad sin Jesús. Él es el Dios que promete sanidad si se la pedimos.

Hay una idea persistente que me acompaña mientras escribo. Es la gran revelación que tuve desde que terminé los estudios de grado y me embarqué en miles de sesiones de Rescue Arts con los sobrevivientes postraumáticos en tres continentes: No hay verdadera sanidad sin Jesús. Él es el Dios que promete sanidad si se la pedimos. He visto personalmente a centenares de mujeres y niñas encontrar la sanidad emocional, una nueva identidad y el perdón para quienes las lastimaron. La historia de sus vidas parecería hacer esto imposible. Si bien utilizamos el arte (la creatividad y la expresión artística) y armamos las actividades como herramientas para la sanidad, hay poco que podemos hacer sin un Dios amoroso que habla la verdad a los corazones rotos, cuando estos quieren escucharlo.

EL ARTISTA COMPASIVO: UN LLAMADO A LA SANIDAD PRACTICANTE

Hay un estereotipo del artista narcisista que a veces nos parece real. No obstante, yo quisiera proponer un nuevo estereotipo: el del artista *compasivo*. En mis viajes, me he encontrado con muchos individuos talentosos y creativos con un corazón compasivo volcado hacia las personas que sufren y con el deseo de contar con una técnica que les permita hacer algo significativo. Ya sea que nos dediquemos a la danza, la fotografía o el canto, Aquel que nos dotó de creatividad también planeó maneras creativas para que fuéramos agentes de cambios milagrosos. Algunos tenemos vocación para producir cambios sociales en la comunidad, y otros para cambiar a aquellos que han sobrevivido el abuso. He visto lo efectivo que es el arte en ambos casos, cuando está acompañado por el Espíritu Santo.

Hay una diferencia importante entre el *activismo* a través del arte y la *sanidad* a través del arte. Si bien el concepto de sanidad a través del arte era relativamente desconocido cuando despertó mi interés por él, en la actualidad es un campo de estudio bastante popular. En muchas ciudades de todo el mundo se me acercan personas interesadas en saber cuál sería la mejor pasantía o programa donde pueden usar su arte para traer sanidad. Muchas de estas personas quisieran *escribir* o *actuar*. Durante mis estudios, yo también pensaba que esto era quizás lo único que podría hacer por la vida de las sobrevivientes del tráfico sexual: escribir o dirigir producciones sobre su realidad, una forma de *activismo* mediante las artes escénicas. Esta clase de activismo es hoy relativamente común y hay varios grupos que procuran generar conciencia y crear sensibilidad sobre la realidad de este trauma en el mundo.

Sin embargo, aunque importante, el activismo no trae la sanidad a través del arte a quienes más la necesitan. Estoy agradecida de haber tenido la oportunidad de trabajar directamente con muchas sobrevivientes de

> Es indescriptible el gozo que produce ver que una sobreviviente descubre la verdad de Dios en su historia de vida, su nueva y eterna identidad y sus sueños, a través de la creatividad.

traumas sexuales, de haber aprendido la mejor manera de ayudarlas a sanar y de haber desarrollado un abordaje terapéutico a través del arte. El trabajo directo con las sobrevivientes es menos llamativo, más complejo y personal, y requiere más tiempo que el que implica crear conciencia sobre su realidad. Sin embargo es indescriptible el gozo que produce ver que una sobreviviente descubre la verdad de Dios en su historia de vida, su nueva y eterna identidad y sus sueños, a través de la creatividad. Cuando ella acepta su propia historia y descubre su voz, encuentra un poder dentro de sí que desconocía. No hay momento más victorioso que aquel cuando ella descubre su facultad de decidir quién será, y de expresárselo a un público. Es para esos momentos que me dediqué a desarrollar un método responsable de terapia a través del arte.

Quiera Dios que en los años venideros los artistas cristianos abran nuevos senderos para los quebrantados de corazón, y para que usen medios creativos para facilitar la sanidad y el cambio duraderos. Con la compañía del supremo Sanador y del supremo Creador, deberíamos estar creando el arte más verdadero y profundo con el fin de llegar de la manera más concreta y creativa posible a quienes más sufren.

INFLUENCIAS Y DESARROLLO DE RESCUE ARTS

Después de siete años de dirigir voluntarios y equipos, de organizar jornadas de entrenamiento y de trabajar constantemente con las sobrevivientes postraumáticas, mi trabajo en Rescue Arts se ha afinado. En el proceso de formar Rescue Arts, me planteé una serie de puntos innegociables. Primero, aprendí que la sanidad sin discipulado no es posible (la persona tiene que entender claramente su valor e identidad en Cristo), y que el discipulado no es suficiente si no hay oportunidades y un ambiente propicio para la sanidad.

Segundo, en el proceso de adaptarme a la cultura india, me adherí a un abordaje de sanidad que contemplara la base comunitaria. El trabajo mancomunado es una parte crítica y constante de los proyectos de Rescue Arts, porque permite fortalecer las relaciones de los participantes entre sí y con los asistentes sociales que los

> El arte y la danza fueron importantes componentes para facilitar la sanidad de las sobrevivientes de traumas sexuales, especialmente quienes no sabían escribir o sufrieron este abuso en su más tierna infancia.

acompañan en el tiempo. Cuando una persona que ha sobrevivido a un trauma es rescatada y sacada de una comunidad fuerte de cautiverio, se necesita una *comunidad de fe* comprometida y llena de esperanza para acompañarla en el proceso de sanidad.

Tercero, incorporé más danza, composición de canciones, y expresiones visuales y plásticas que las que había previsto originalmente; en parte, porque en la India a todos les encanta bailar. Mientras vivía en una de las casas de acogida «Home of Hope», y dirigía un proyecto con un grupo de adolescentes, noté que la mitad del grupo no venía a las clases de redacción. Entonces, me pasé la mañana informándoles: «Esta tarde vamos a aprender una nueva danza». Vinieron todas. Bailar es una manera de liberar endorfinas, de crear un ambiente distendido y seguro, y de aflojar las emociones para la composición escrita y la creatividad.

Cuarto, las niñas que no podían escribir, igual podían pintar y realizar collages. Esto fue especialmente importante si el trauma que habían experimentado ocurrió cuando todavía no sabían hablar. En esos casos, al principio ellas eran incapaces de expresar su trauma en palabras. Por lo tanto, el arte y la danza fueron importantes componentes para facilitar la sanidad de las sobrevivientes de traumas sexuales, especialmente quienes no sabían escribir o sufrieron este abuso en su más tierna infancia.

Estos conceptos de trabajo conjunto, el uso de diversas formas creativas plásticas y cinestésicas, y la sanidad unida al discipulado han tenido un gran impacto en la configuración de Rescue Arts.

LA HISTORIA DE SARITA

Sarita nació en un pequeño burdel donde su madre fue obligada a recibir clientes cuando tenía ocho meses de embarazo, y a retomar la prostitución un mes después del nacimiento de Sarita. A Sarita le diluían alcohol con la leche, para que durmiera debajo de la cama de su madre, mientras esta trabajaba. Ocasionalmente, cuando nadie prestaba atención, los clientes se aprovechaban de Sarita y de su hermano. Sahil, su hermano, fue hecho eunuco a una temprana edad, y cuando cumplió dieciséis años, Sarita vio su paso a la prostitución en los escalones del templo hindú. Con solo doce años de edad, Sarita oyó a su madre que hacía planes para venderla al dueño de un bar; Sarita huyó de casa. Ese mismo día se encontró con un trabajador social de Proyecto Rescate, quien la invitó a un Hogar de Esperanza de Proyecto Rescate.

Las necesidades *más importantes* de Sarita eran alimento, vestuario, instrucción, y atención médica. ¡Sí! Pero ¿cómo ayudar a sanar el corazón herido por años de trauma, rechazo y temor? Hay organizaciones que hacen documentales sobre niñas como Sarita, y artistas que las representan en sus cuadros. Estos proyectos sirven para recaudar fondos que permiten alimentar y educar a Sarita, y nadie niega que esto sea importante; no obstante, hay artistas que enseñan a Sarita a expresarse, a desarrollar hábitos saludables y a cultivar su relación con la comunidad de fe. Estos artistas son quienes más impacto directo tienen en la vida de la sobreviviente. Es el impacto de la sanidad a través del arte.

Al principio, pasé cinco semanas en el hogar de acogida donde vivía Sarita. Durante tres semanas de sesiones, Sarita subió a la sala donde bailábamos, escribíamos nuestras historias y producíamos expresiones visuales. Ella contribuía poco y decía que no tenía nada para contar. Sarita observaba cómo sus hermanas expresaban la tristeza y los temores que nunca antes se habían animado a compartir. Se dio cuenta de que en esta atmósfera de seguridad y creatividad, cuidadosamente armada, no se criticaba ni se avergonzaba a nadie. Todas las historias eran aceptadas y creídas. Se reafirmaba a quienes las referían, se exponían y se desacreditaban las mentiras, y se declaraba la verdad —la verdad eterna— para cada niña. Después de tres largas semanas, Sarita llegó a un punto de quiebre. Al principio, me dijo que no vendría más a las sesiones. Cuando la seguí a su habitación e insistí, lloró lágrimas de temor, vergüenza y vulnerabilidad. Me refirió la historia de su vida que nunca había querido compartir, que aún después de cinco años había ocultado de su «familia» en el Hogar de Esperanza.

Dos semanas después, junto con once hermanas de Proyecto Rescate, Sarita fue la única que nos contó su relato, directamente y con valentía. Entre el baile, la composición y las expresiones artísticas creadas entre todas, Sarita compartió el dolor que las asistentes sociales y sus hermanas nunca habían escuchado. Rompió las cadenas del silencio para ella y para sus compañeras. Su corazón comenzó a sanar mediante el poder de la confianza y el arte.

RESCUE ARTS: EL MARCO CONCEPTUAL

Rescue Arts es un marco para la expresión, el procesamiento y el desarrollo relacional. Rescue Arts usa todo *tipo* de medio creativo para:

1. Brindar un lugar seguro donde las sobrevivientes postraumáticas puedan expresarse a través de medios creativos, basados en el contenido que ellas mismas escojan.

2. Procesar las creaciones tanto introspectivamente como colectivamente; y

3. Trabajar juntas para eventualmente desarrollar o representar sus creaciones, cultivar las relaciones, y promover la confianza y los vínculos saludables.

Es una estructura sencilla y necesaria para desarrollar el trabajo, donde el facilitador tiene libertad de adaptar sus expresiones artísticas a las necesidades del grupo, la oportunidad, y las circunstancias. Aunque siempre cabe la posibilidad de realizar una presentación pública, esto no es una parte necesaria del proceso de sanidad ni constituye tampoco un objetivo central de Rescue Arts.

LAS LECCIONES QUE HEMOS APRENDIDO

Quisiera compartir algunas lecciones que aprendí en el curso de usar el arte como terapia con las mujeres y las niñas que participaron de Proyecto Rescate. Los siguientes principios son aplicables a la práctica de facilitar la sanidad a través del arte.

1. *Determinar y seguir buenas prácticas.* Atender a los sobrevivientes postraumáticos no es algo nuevo: se ha hecho antes, bien y mal. Los profesionales han establecido un conjunto de «buenas prácticas» (los modos más inteligentes y más efectivos para llevar a cabo la tarea), y es crucial que quienes trabajan directamente con sobrevivientes reciban entrenamiento y

asesoramiento a este respecto. Durante un curso relámpago que tuve durante mi primer año de servicio con Proyecto Rescate en la India, aprendí a confiar en la sabiduría de los expertos en el trabajo con sobrevivientes de la explotación sexual (un excelente recurso es *Hands That Heal Curriculum* [Manos que sanan], eds. Grant y Hudlin). Un punto crítico en la relación con sobrevivientes postraumáticos es que asumamos la tarea con la debida responsabilidad.

2. *El factor más importante para la salud emocional en la vida de una persona que ha sobrevivido a un trauma es el establecer un vínculo estable con la persona que lo atiende* (Goldin y Hughes, 2012). Un mes de convivencia con las sobrevivientes no es tiempo suficiente —ni siquiera cinco años son suficientes— para cultivar la relación que más necesitan para sanar. Las sobrevivientes necesitan vincularse con alguien de la localidad, una persona encargada de su atención (una madre o un padre, padres adoptivos o alguien del personal que las atiende). Por lo tanto, cuando uso el arte como facilitador terapéutico, mi primera meta es estrechar los vínculos entre las sobrevivientes y su comunidad. Para ello, a) animo a las sobrevivientes a referir su historia a la persona que está a cargo de ellas, y no solo conmigo; b) solicito que haya siempre una encargada presente durante nuestras sesiones; y c) promuevo oportunidades creativas para que las sobrevivientes interactúen y formen vínculos afectivos entre sí y con las encargadas. En vez de estrechar los vínculos afectivos entre las sobrevivientes y yo, me repliego para que la sanidad de largo alcance pueda continuar con las encargadas que acompañarán a las chicas indefinidamente.

3. *Es necesario que ore para poder discernir cuánto necesita compartir conmigo una sobreviviente.* Para cualquier persona que haya

sobrevivido a un trauma, referir su relato personal puede ser una herramienta poderosa para su sanidad, que le permitirá recuperar su sentido de control sobre sus pensamientos (en vez de dejarse dominar por los malos recuerdos). Sin embargo, dar demasiados detalles de una vez, o en un grupo donde las personas no se han comprometido a mantener la confidencialidad ni a darse apoyo emocional, o si se siente presionada a referir detalles dolorosos una y otra vez podría intensificar el impacto del recuerdo traumático. Una buena medida es abstenerse de estipular qué aspectos de su relato las sobrevivientes revelarán, y darles libertad para decidir qué quieren compartir, pero con suficientes límites para que la tarea que se les asigne sea un «éxito» alcanzable (por ejemplo: «ilustra un recuerdo positivo de tu infancia»). En vez de hurgar en la narración completa de una niña, la meta debería ser fomentar un ambiente en el que ella sienta que puede elegir qué recuerdo o sentimiento quiere expresar, sin tener que necesariamente revivir el trauma en su totalidad; al grupo le corresponde identificar cualquier mentira que ella haya creído sobre su persona («Soy mala»), y responder con la verdad de la Palabra de Dios («¡Te alabo porque soy una creación admirable!», según Salmos 139:14, NVI).

4. *La voz de Dios es la más poderosa fuerza transformadora de la identidad.* Siempre que he dedicado tiempo durante una sesión a «escuchar lo que Jesús quiere decirnos», el Espíritu Santo ha grabado el amor de Dios y el digno valor de cada ser humano de una manera más concreta e irrefutable que cualquiera de mis palabras pudieran inducir.

5. *Reconocer el valor de las expresiones artísticas de cada persona, por más espantoso, simple, poderoso o aparentemente falto de sentido que parezca el tema escogido.* Crea un espacio seguro, donde siempre

se valore todo lo que produzcan y se las acepte a ellas como personas: un espacio lleno de verdad y desafiante. Entonces, tendrás la certeza de que Dios, el amoroso Creador, obrará en el corazón de las artistas a partir de una canción, un collage, una poesía, o una danza que sean producto de la creatividad de cada una.

6. *El buen cuidado de la salud es trascendental para que la labor de la encargada perdure y sea eficaz.* Después de siete meses en la India regresé a casa antes de lo previsto; me habían diagnosticado una depresión, no podía estar con la gente, nada me producía alegría, y durante varios meses ni siquiera podía pensar en la India. Con la ayuda de un tratamiento terapéutico y asesoría, aprendí que para cuidar de quienes sufren yo mima debía cuidar de mi salud emocional. Para mí, esto significó demarcar mejores límites y tener francas conversaciones con aquellas personas que me conocen bien.

7. *No se puede amar a una persona si no hablas su idioma.* Mi primer gran paso con las niñas de cinco años de edad rescatadas de la zona roja más grande de Asia fue pedirles que me enseñaran a contar hasta cien en hindi. Hemos sido como hermanas desde entonces.

ABRE UN NUEVO SENDERO

Muchas jóvenes artistas me piden que comience una organización «como Rescue Arts» en su ciudad. Cuando les sugiero que se ofrezcan para trabajar como voluntarias en un programa de apoyo escolar o en un hogar de mujeres y les propongo que usen el arte de manera terapéutica, suelen sorprenderse y negarse con la cabeza. Quieren llevar la sanidad a través del arte, pero prefieren hacerlo desde la seguridad de un programa.

Cuando comencé a servir con Proyecto Rescate no había componentes de expresión artística en el ministerio, pero los directores del programa en diversas ciudades me abrieron sus puertas. Cuatro centros me autorizaron a diseñar un proyecto que facilitara la sanidad a través del arte, dado que el arte era mi principal área de conocimiento y de experiencia. Los proyectos de entre cuatro y seis semanas fueron radicalmente diferentes en cada una de las cuatro ciudades. Conforme servía al amparo de un ministerio, que ya estaba obrando en la vida de las niñas que necesitaban sanidad, y luego las acompañaba en el proceso, tuve que escuchar, reformular y diseñar un método para que el personal local pudiera continuar el trabajo cuando yo me fuera.

> Nunca faltará una sobreviviente que se beneficie del ministerio de mentores buenos y dignos de confianza, que le faciliten el desarrollo expresivo, cognitivo y relacional a través del arte.

Mi intención nunca fue fundar un método terapéutico a través del arte. Si hubiera dependido solo de mis fuerzas y conocimientos, nunca habría podido crear el método y la red de Rescue Arts. De una manera que solo Dios puede prever y dirigir, porque estaba presente en el lugar y dispuesta a trabajar, comencé a diseñar proyectos de expresión creativa, en colaboración con el personal local y con las sobrevivientes. Aprendí maneras responsables de facilitar la expresión y la sanidad a través del arte, y pude discernir qué cosas eran efectivas y cuáles no. Pude contar con la ayuda de voluntarios en el área del arte, la educación y la terapia, y entre todos solidificamos una «metodología» terapéutica a través del arte, que luego se conoció como Rescue Arts. No comencé a trabajar con algo previsto. Me puse al servicio de los líderes, las mujeres y las niñas en Proyecto Rescate y Dios produjo algo hermoso.

Soy la primera en reconocer que Rescue Arts no es un fin en sí mismo ni la panacea en el uso terapéutico de expresiones artísticas. Queda mucho por hacer, ¡hace falta creatividad!

Nunca faltará una sobreviviente que se beneficie del ministerio de mentores buenos y dignos de confianza, que le faciliten el desarrollo expresivo, cognitivo y relacional a través del arte. En cambio, sí hay escasez de hombres y mujeres *dispuestos* a ofrecerse como colaboradores en dicho trabajo, a menudo sin recibir un sueldo. Y no se trata de que no seamos compasivos; tal vez, a veces tenemos miedo de hacer más mal que bien. No estamos seguros de dónde comenzar. No estamos seguros de cómo relacionarnos con «ellas» ni de cómo organizar un proyecto de estas características. Mi mejor consejo es encontrar una organización seria, con experiencia práctica en el trabajo con este tipo de personas, en la que puedas colaborar. Pronto, tendrás un panorama de la que debes hacer.

Escribí este capítulo porque quiero que más artistas usen los recursos disponibles, que obren con responsabilidad, que se fijen en los sobrevivientes postraumáticos que con desesperación buscan sanidad, y que abran nuevos senderos para que ésta se haga realidad a través de la creación artística.

CONCLUSIÓN

En el verano de 2008, me encontraba viviendo en la húmeda y calurosa ciudad de Calcuta y pasaba mis días en el hogar de acogida de Proyecto Rescate, con dieciséis niñas entre cuatro y dieciséis años de edad. Todas habían nacido en la zona roja y su destino era seguir en la esclavitud como las generaciones que las habían precedido. En vez de ocultarse de los clientes y vagar por los callejones del mercado de esclavos, vivían en un apartamento espacioso que daba a un tranquilo lago, estudiaban en una buena escuela, y recibían el amor de las encargadas. Estas pequeñas habían madurado radicalmente en muchos sentidos desde que fueron rescatadas, pero todavía cargaban con la vergüenza del secreto y el estigma que la sociedad les había impuesto.

Una colega y yo dirigimos un proyecto con danzas, escritura, dibujo y una presentación final ante el personal. Guiamos a las niñas en el proceso de elegir a un animal con quien se asociaban, que contaran la historia de ese animal (creamos libros con ilustraciones, porque muchas todavía no sabían leer), y luego que, entre todas, hicieron el relato, la coreografía y una representación teatral de sus historias. Una niña en particular, con un rostro muy dulce, me dejó asombrada mientras escribía y dirigía a otras dos compañeras de cuatro y cinco años a representar su historia.

Shantali escribió la historia de un pequeño conejo que había sido abandonado en un área muy fea; lo habían dejado solo para que fuera golpeado y para que todos se aprovecharan de él. Las dos pequeñas actrices llevaban las máscaras de un conejo y de un perro. El perro golpeaba al conejo, una y otra vez; el conejo lloraba y se encogía en una bola contra el piso. Después de un tiempo, otro animal llevó al pequeño conejo a un lugar seguro y lo cuidó bien. El conejo creció y comenzó a ayudar a otros. La obra terminaba con la niña de cinco años (con una máscara de conejo lila y una nariz rosada) abrazando al «perro» (el hombre abusador) y secándole las lágrimas. El público, que eran las niñas y el personal, contempló absorto la obra, sin saber bien qué decir al final. A través de esta historia y representación, Shantali y sus compañeras habían contado la historia de Jesús, que nos ama y nos da nueva vida, y la capacidad sobrenatural de perdonar a quienes han intentado destruirnos.

No deja jamás de maravillarme la revelación del Espíritu Santo a las sobrevivientes postraumáticas, cuando tienen la oportunidad de expresar, procesar y representar creativamente su vida. No hay mensaje o tema más poderoso que las creaciones crudas y cándidas de aquellas personas que son ejemplo vivo del milagro de renovación de vida.

SUGERENCIAS PARA UNA EXPERIENCIA DE APRENDIZAJE

Describe una ocasión cuando, gracias a la creatividad, o a alguna expresión artística, tu propia vida pudo sanar.

Medita y pregúntale a Dios a quién quiere Él que sirvas: cómo podrías facilitar la sanidad a través del arte. Toma nota de la población objetivo y cómo podrías diseñar un proyecto para dichas personas.

Investiga las «buenas prácticas» para la población con la que deseas trabajar, y haz una lista de algunos de estos grupos.

LECTURAS ADICIONALES

- Grant, Beth, y Cindy Hudlin, eds. *Hands That Heal: International Curriculum to Train Caregivers of Trafficking Survivors (Academic Edition)* [Manos sanadoras: Programa curricular internacional para entrenamiento de quienes trabajan con sobrevivientes del tráfico ilegal de personas] S. l.: Faith Alliance Against Slavery and Trafficking, 2007.

- Fujimura, Makoto. *Refractions: A Journey of Faith, Art, and Culture* [Refracciones: Un viaje de fe, arte y cultura]. Colorado Springs, CO: Navpress, 2009.

- Hughes, Daniel A. *Building the Bonds of Attachment: Awakening Love in Deeply Troubled Children* [Construcción de vínculos afectivos: Cómo despertar el amor en niños con profundos conflictos]. 2ª ed. Oxford: Jason Aronson, 2006.

- Kraft, Charles. *Deep Wounds, Deep Healing: Discovering the Vital Link Between Spiritual Warfare and Inner Healing* [Heridas profundas, sanidad profunda: Descubrimiento del vínculo vital entre la guerra espiritual y la sanidad interior]. Ventura, CA: Gospel Light, 1993.

- Omartian, Stormie. *Lord, I Want to Be Whole: Workbook and Journal* [Señor, Quiero sanar: Libro de ejercicios y Diario]. Nashville, TN: Thomas Nelson Publishers, 2003.

- Linesch, Debra. *Art Therapy with Families in Crisis: Overcoming Resistance Through Nonverbal Expression* [Terapia artística con familias en crisis: Superación de la resistencia a través de la expresión no verbal]. Nueva York: Brunner/Mazel Publishers, 1993.

- Rothschild, B. *Help for the Helper: The Psychophysiology of Compassion Fatigue and Vicarious Trauma* [Ayuda para el que ayuda: Sicofisiología del desgaste profesional y el trauma vicario]. Nueva York y Londres: W. W. Norton and Company, 2006.

- Rothschild, B. *The Body Remembers: The Psychophysiology of Trauma and Trauma Treatment* [La memoria del cuerpo: Sicofisiología del trauma y del tratamiento de traumas]. Nueva York y Londres: W.W. Norton and Company, 2000.

CAPÍTULO 10

«¿CÓMO PODEMOS AYUDAR... ADEMÁS DE ORAR?»: LA ESTRATEGIA DE LA INTERCESIÓN

Padre, que este lugar conocido por su densa oscuridad
llegue a ser conocido como un lugar donde la luz de
Jesús brilla con todo su fulgor, ¡con salvación, liberación,
gozo y la obra transformadora del Espíritu Santo!
Hágase tu voluntad, venga tu reino a
Kamatapura, por la gloria de tu Nombre.

ORACIÓN EN UNA IGLESIA DE
UNA ZONA ROJA EN LA INDIA

Hace unos años, tuve el privilegio de participar en un retiro para mujeres, durante un tiempo de intensa oración e intercesión. La poderosa presencia de Dios estuvo acompañada de una palabra profética que describía la extraordinaria fuerza del León de Judá. Mis oraciones de inmediato fueron a favor de millares de mujeres y niños vinculados a los ministerios afiliados a Proyecto Rescate; estas personas necesitaban desesperadamente salir de la esclavitud sexual y comenzar una nueva vida en Jesucristo.

Repentinamente, Dios me habló y me dijo que así como un león paraliza a una presa cuando le quiebra la espalda y la derriba, el poderoso León de Judá es el único que puede quebrar las espaldas de los sistemas malignos que controlan la explotación sexual en la India y en todo el mundo. Depender solo de los esfuerzos humanos, por muy bien intencionados que sean y lo bien ejecutados que estén, no servirá para desarticular estos sistemas destructivos; se requiere la intervención sobrenatural del Rey de reyes que tiene pleno poder y autoridad espiritual. No bastaba con orar por cada una de las personas, para que fueran liberadas de la esclavitud, sino que como equipo de ministerio también debíamos orar simultáneamente para que el León de Judá quebrara las espaldas de estos sistemas de maldad que controlan y perpetúan esta injusticia, y destruyen a millones de vidas.

Meses más tarde, ya de regreso a la India, nos encontrábamos reunidos con colegas del ministerio para interceder por la zona roja. Sentí que debía compartir el desafío que Dios me había revelado respecto a la intercesión estratégica, para pedir que Dios derribara los sistemas de maldad que controlan la esclavitud sexual en aquella ciudad. De pronto, unas poderosas mujeres de oración que había entre los presentes, exmadamas convertidas a Cristo, comenzaron a afirmar con lágrimas que Dios tenía que derribar los agobiantes sistemas de oscuridad que ellas bien conocían por dentro. Ellas sabían exactamente donde se reunían los agentes poderosos en la ciudad, por supuesto, estos personajes vivían en uno de los sectores más acomodados de la ciudad, bastante lejos de la horrenda violencia y suciedad de la zona roja. Conforme comenzamos a arremeter con unción contra las puertas del infierno, mientras orábamos en aquella pequeña habitación en el medio de aquel antro, las prostitutas de la calle comenzaron a golpear discretamente la puerta y a entrar para que oráramos por ellas. Dios nos enseña cómo armarnos para la batalla, con la oración y el poder del Espíritu, mientras obramos con compasión y hacemos justicia.

FORMACIÓN DE INTERCESORES PARA LAS OBRAS DE COMPASIÓN Y JUSTICIA

Cuando intentamos llevar esperanza y sanidad a las mujeres y niñas explotadas, hay muchos momentos —demasiados— en los que me puedo identificar con los discípulos de Jesús. Mateo cuenta la extraordinaria experiencia de Pedro, Jacobo, y Juan en el monte con Jesús, cuando el Señor se transfiguró delante de ellos (Mateo 17:1–8). Estos discípulos fueron testigos singularmente privilegiados del Hijo de Dios en radiante gloria, mientras el Padre desde el cielo habló con voz audible: «Este es mi Hijo amado; estoy muy complacido con él. ¡Escúchenlo!» (NVI). El impacto sobre estos hombres fue tan poderoso que quedaron postrados en tierra, y solo se levantaron cuando Jesús se acercó a ellos, los tocó y les dijo que se levantaran.

Es fascinante y reconfortante a nuestra humanidad leer el relato que sigue a la transfiguración en Mateo 17:14–21. Jesús y sus discípulos están nuevamente rodeados por una multitud, y un padre se le acerca con el corazón destrozado para pedirle que ore por su hijo epiléptico. Al buscar la ayuda de Jesús, el padre menciona que ya lo había llevado a los discípulos para que lo sanaran, *pero que no lo habían podido ayudar* (v.16). En el relato de Mateo, Jesús aparentemente comienza por reprender a la «generación incrédula y perversa», sin embargo después reprende al demonio que acosa al muchacho, y éste de inmediato quedó sano y libre (vv. 17,18).

En privado, los discípulos luego le preguntaron a Jesús por qué ellos no habían podido expulsar el demonio. ¡Vaya si me puedo identificar con esta actitud de los discípulos! Ha habido momentos en que he tenido que mirar a los ojos sin brillo de una joven mujer, brutalmente violada desde la niñez, y ver reflejada en su mirada las escalofriantes potestades de las tinieblas. Como los discípulos, he orado con sinceridad, compasión, desesperación, y aun rabia ante la injusticia. No obstante, después de terminar la oración, ella se marchó con sus cadenas.

«¿Por qué nosotros no pudimos expulsarlo?» (v. 19). La pregunta de los discípulos no es fortuita ni irrelevante para los seguidores de Jesús del día de hoy, consumidos por el ferviente deseo de ser sus agentes de compasión, sanidad y liberación. Quizás podríamos eludir a estas personas que están sometidas a la influencia de los demonios y decir: «Ese no es mi ministerio» (NVI). Escuchemos con mucha atención la respuesta de Jesús a sus discípulos. Jesús les señaló que habían fracasado por su falta de fe. Les hubiera bastado una fe tan pequeña como un grano de mostaza para mover montañas. Luego el Señor agrega una profunda palabra de crítica y de instrucción para ellos y para los discípulos que habrían de venir. «Pero este género [de poder demoníaco] no sale sino con oración y ayuno» (v. 21, RV-1960). En otras palabras, posiblemente se trate de la labor más difícil, pero necesaria, en la obra de compasión y justicia. Si creemos las palabras de Jesús, ninguna de nuestras estrategias para traer liberación espiritual de los demonios serán suficientes. Debemos deliberadamente dar prioridad en nuestra agenda y en nuestro tiempo a ser cada día un pueblo de oración y ayuno.

Pero ¿cómo hacer para convertirnos en intercesores más estratégicos en la guerra espiritual, que es parte de nuestra obra cristiana de compasión y justicia?

1. *Empecemos por reconocer la realidad de la guerra espiritual. ¡Es real!* Debemos reconocer que proclamar la victoria de Cristo conforme obedecemos su misión integral requiere librar una batalla espiritual contra las autoridades espirituales colectivas y las potestades del mal, al mismo tiempo que continuamos la obra de compasión y justicia. Algunos enemigos de la misión de Dios son visibles, otros son invisibles. El apóstol Pablo así se refiere a ellos en Efesios 6:12: «Porque nuestra lucha no es contra seres humanos, sino contra poderes,

contra autoridades, contra potestades que dominan este mundo de tinieblas, contra fuerzas espirituales malignas en las regiones celestiales». Nuestra misión, la misión que Dios nos encomendó, es ayudar a los hombres y las mujeres sujetos por las cadenas de estos poderosos sistemas a encontrar la libertad y la liberación, para que se conviertan en fuertes hombres y mujeres de Dios. La lucha espiritual es inevitable si queremos vencer.

2. *Debemos librar la batalla espiritual de intercesión contra los sistemas del mal, mientras que proyectamos el amor incondicional de Cristo a los individuos esclavizados por el sistema del mal.* Felizmente para la niña de cuatro años en la iglesia de la zona roja, que tanto me impresionó (véase el capítulo 6), el director de Teen Challenge de Bombay, K. K. Devaraj, ha entendido que las personas necesitan a Jesús y que es su responsabilidad proclamar la autoridad de Cristo sobre los sistemas del mal por amor a los que viven en esclavitud. En esta integración bíblica de intercesión contra las estructuras del mal y la misión personal de Cristo de que ninguno se pierda, Devaraj y su equipo de ministerio no practican la compasión selectiva. Mas bien anuncian el evangelio, como hizo Jesús, con amor a toda la gente atrapada en la maquinaria destructiva de Satanás: las madamas, los proxenetas, los policías corruptos, las autoridades locales de gobierno, los «clientes», y las mujeres y las niñas que ellos explotan. El impacto de esta estrategia es evidente, ya que en la actualidad las obreras más activas en el ministerio en la zona roja son exmadamas y sus hijas, que fueron completamente liberadas —cuerpo, mente y espíritu— hace varios años. Se sabe de un

caso en que un proxeneta se vio obligado a rechazar momentáneamente a unos «clientes» porque el equipo evangelizador de Teen Challenge estaba dirigiendo un estudio bíblico para las mujeres que anhelaban conocer más de Dios. Devaraj se anima a proclamar la compasión y el poder de Cristo allí donde impera Satanás y, como resultado, los hombres, las mujeres, los niños y las niñas están encontrando a Jesús allí mismo.

3. *Debemos aprender a ser llenos del Espíritu para elevar a Dios oraciones proféticas de proclamación y denuncia.* El Señor guía a su pueblo a interceder con fe, y a clamar por la victoria de Cristo sobre los sistemas religiosos, económicos y políticos que perpetúan la injusticia. Estos sistemas pueden ser herramientas de Satanás para destruir no solo a las personas, sino a comunidades y a generaciones en todo el mundo. Hay un pastor en Asia que es conocido por ser un hombre de oración que guía a su congregación en ciclos diarios, semanales, mensuales, y anuales de ferviente intercesión pentecostal. Durante una de estas reuniones de oración mensuales, en que millares de creyentes oraban, él comenzó a orar públicamente con palabras proféticas dignas de los profetas del Antiguo Testamento. No le suplicó a Dios. Tampoco se presentó ante Él con soberbia, sino con gran humildad. Sin embargo, gracias a su vida de ferviente oración diaria y al tiempo que pasaba en la presencia de Dios, proclamó la autoridad de Cristo a través de la oración, conforme discernió en el Espíritu el destino de Dios para su ciudad, nación y continente. «Padre, que los ídolos paganos de esta nación sean derribados, que se disuelvan en el mar. Que la cruz

de Cristo sea proclamada de norte a sur, de oriente a
occidente. Que este continente pagano se convierta
en un continente cristiano». Esta valiente oración de
proclamación armoniza con la grandeza de nuestro Dios
omnipotente y rememora el ministerio profético que
Dios encomendó a Jeremías. «He puesto en tu boca mis
palabras. Mira, hoy te doy autoridad sobre naciones y
reinos, para arrancar y derribar, para destruir y demoler,
para construir y plantar» (Jeremías 1:9,10, NVI). La
comunidad de fe en la ciudad ha crecido más de diez por
ciento, y la iglesia se eleva y proyecta la luz del reino de
Cristo por todo el continente. El Dios que no cambia
todavía usa a los hombres y las mujeres de la misma
manera, para que eleven oraciones de proclamación
profética capaz de transformar las ciudades, las naciones
y aun nuestro mundo del siglo veintiuno.

4. *Debemos reconocer humildemente nuestra necesidad de
   crecer en el ejercicio de la guerra espiritual intercesora.*
   Tenemos mucho que aprender. Siempre hubo hombres y
   mujeres de Dios que avanzaron con autoridad espiritual
   conforme escucharon la voz de Dios y respondieron
   en intercesión y proclamación de la autoridad divina
   por las ciudades y las naciones, contra los sistemas de
   injusticia. Algunos han tenido una sólida base teológica;
   otros, no. En algunos casos de guerra espiritual, quizás
   observemos en el mismo pastor aspectos que son
   pertinentes a nivel colectivo, y otras prácticas que son
   cuestionables. No obstante, debemos ser cautos y no
   tirar todas las manzanas por una sola manzana podrida
   en el cajón. Hay algunas preguntas incómodas que
   debemos hacernos. Nuestra teología y doctrina pueden

ser bíblicas, pero ¿qué impacto espiritual producimos, tanto personal como colectivamente, en el tsunami de mal que arrasa nuestras ciudades y naciones? ¿Estamos enfrentando la oscuridad de Satanás en nuestras ciudades con la proclamación profética en el poder del Espíritu? ¿O somos culpables de tener una sana doctrina y carecer de poder espiritual? ¿Tenemos más experiencia en juzgar a los demás sobre cómo llevan adelante la guerra espiritual que en librar nosotros mismos esa batalla? Como los discípulos que se acercaron a Jesús, después de haber fracasado rotundamente en su esfuerzo de expulsar un demonio (¡al menos, lo intentaron!), tenemos mucho espacio para crecer.

Quiera Dios conceder a su pueblo en toda su iglesia la humildad para aprender unos de otros, a través de denominaciones y de organizaciones. Si mantenemos abiertos nuestros oídos y nuestro corazón, Dios nos enseñará lecciones valiosas sobre la guerra espiritual, a través de otros hombres y mujeres de Dios, a veces en los lugares más inesperados.

SALVACIÓN PARA LOS NIÑOS, ASALTO AL INFIERNO

Rut y su esposo, Tomás (nombres inventados), se enfrentan a diario a todo tipo de mal. Hace seis años, Dios los llamó a servir en una zona roja de una ciudad asiática sumida en la más extrema de las tinieblas. La unción de Dios estaba sobre ellos, y el ministerio que desarrollaban entre las mujeres en la prostitución y sus hijas comenzó a prosperar rápidamente. A los cinco años, más de cien hijas de mujeres sumidas en la esclavitud sexual habían sido liberadas y vivían en hogares seguros donde recibían atención médica, educación, apoyo sicológico y el amor de Jesús.

Rut y Tomás se han ganado la confianza de muchas personas de la comunidad, que se han acercado a ellos para recibir oración y atención médica. Comenzaron también a tener reuniones dominicales en la comunidad, donde las mujeres en la prostitución pudieran emprender el camino espiritual a la libertad. Esto es un milagro en cualquier ciudad, pero lo es con mayor razón en una ciudad de más de un millón de habitantes, con una larga y documentada historia de paganismo y violenta oposición a cualquier tipo de influencia cristiana. Todos los niveles de la sociedad con algún grado de poder están contaminados por las fuerzas del mal. Cada paso de fe que dan para desafiar a la oscuridad es recibido con franca y poderosa oposición.

Rut es una infatigable y valiente mujer de intercesión. Ha recibido repetidas veces intimaciones civiles promovidas por quienes tienen intereses creados en que las jóvenes adolescentes sean devueltas «al negocio». Cuanto más saludables y felices las niñas crecen en su nueva vida en Cristo, tanto más aumenta su cotización para los proxenetas, las madamas, los «padres», los policías corruptos y aun para las madres esclavizadas. Por desgracia, la zona roja está controlada por poderosos sistemas políticos, religiosos y económicos que contribuyen a perpetuar esta injusta causa.

En una ocasión, un juzgado la intimó a presentarse porque la directora de la Sociedad para el Bienestar de las Mujeres y la Infancia pretendía cerrar el ministerio y los acusaba de abuso infantil. La familia y los colegas de Rut la rodearon con sus oraciones mientras ella comparecía en el juzgado para responder ante esta poderosa directora. Cuando la llamaron a testificar, Rut tenía una sensación tan fuerte de la presencia de Dios que cuestionó a la autoridad, alegando que nunca había visitado los hogares del ministerio, y la desafió a hacerlo antes de continuar con su acusación. Ante la invitación pública y la revelación de que, en realidad, no conocía el ministerio al que acusaba, la mujer aceptó la invitación. Esta influyente dama visitó los edificios que alojaban el ministerio y después de ver la obra que se realizaba, retiró la acusación. Finalmente, se convirtió en una defensora del ministerio cristiano ante un sistema injusto.

Pero la guerra no ha terminado. Hasta que Jesús establezca su reino en la tierra, los ataques espirituales a través de los sistemas de injusticia serán constantes e implacables. En otra ocasión, Rut y Tomás trabajaron incansablemente para persuadir a una prostituta para que dejara salir a su hija de siete años del burdel y que la autorizara a vivir en un hogar del ministerio para niñas. La meta es librar a las niñas del peligro que implica vivir allí, como medida preventiva, para que no fueran explotadas sexualmente y obligadas a entrar en la esclavitud sexual cuando tuvieran once o doce años. Después de mucha oración y esfuerzo, la madre accedió a dejar que su hija viviera con este matrimonio, donde recibiría sanidad, amor, educación y seguridad en el nombre de Cristo. La pequeña floreció. Trágicamente, su madre recibió amenazas de parte de quienes controlan la injusticia de la que era víctima, regresó a Rut y Tomás e insistió en que su hija volviera con ella a la zona roja. A pesar de que le suplicaron con lágrimas de que no lo hiciera, la madre regresó con su hija al mundo de tinieblas, donde la pequeña fue violada por varios hombres y sufrió una espantosa muerte. No hay palabras para expresar el horror y la crueldad de los sistemas del mal de Satanás. El único consuelo es que esta preciosa niña fue a morar con el Jesús a quien había aprendido a amar, y ahora tiene un hogar seguro con Él para siempre. Nadie más podrá abusar de ella ni explotarla.

Rut y Tomás y todo el personal lloraron la trágica muerte de la pequeña que habían llegado a amar. Sin embargo, tomaron la decisión nada natural, pero cristiana, de comenzar a ministrar la compasión de Cristo a la desconsolada madre. La mujer estaba emocionalmente atormentada por la muerte de su hija y por su sentimiento de culpa. Le ofrecieron el amor y el perdón incondicional de Cristo, en la certeza de que Él le ofrecía la libertad, el perdón, la redención y una nueva vida. Como afirmó el apóstol Pedro: «El Señor no tarda en cumplir su promesa, según entienden algunos la tardanza. Más bien, él tiene paciencia con ustedes, porque no quiere que nadie perezca sino que todos se arrepientan» (2 Pedro 3:9, NVI).

Siete años después, esta mujer ha recibido el perdón de Dios y continúa su proceso de recuperación con Jesús en una comunidad de fe. Una mujer que era parte de un sistema perpetuador de la esclavitud, aun en la vida de su propia hija, ahora es una valiosa obrera en el ministerio que ayuda a otras niñas rescatadas a dar sus primeros pasos a la sanidad. Ella es libre y tiene una nueva identidad en Cristo. En los días más difíciles, ella encuentra esperanza porque sabe que un día estará con Jesús y con su hija en el cielo.

> Siempre que la compasión y la justicia cambian definitivamente una vida, alguien ha pagado el precio de librar la batalla espiritual contra las tinieblas mediante la oración en el poder del Espíritu.

Entonces, ¿cómo podemos ayudar, además de orar? Todos los días, a cada paso, después de cada victoria, Rut y Tomás deben enfrentar nuevamente los sistemas del mal y vencerlos con las armas espirituales. Siempre que la compasión y la justicia cambian definitivamente una vida, alguien ha pagado el precio de librar la batalla espiritual contra las tinieblas mediante la oración en el poder del Espíritu.

PROCLAMACIÓN DE LA VICTORIA DE CRISTO Y DE SU REINO SOBRE LOS INJUSTOS SISTEMAS SOCIALES

Cuando el pueblo de Dios, en el cumplimiento de la gran comisión se enfrenta a la injusticia sistémica, podemos orar por los siguientes puntos estratégicos en la guerra espiritual. Pidamos a Dios por:

- El favor de las autoridades de gobierno y para tener buenas relaciones con ellos, contactos en las agencias, autoridades locales, proxenetas, madamas; con todas aquellas personas que controlan los sistemas de injusticia a nivel local, regional, y nacional.

- La salvación de hombres y mujeres que ocupan puestos de poder y que perpetúan los sistemas de injusticia.

- La derrota de los bastiones políticos, económicos, legales y físicos de nuestras ciudades que controlan a miles de personas a las que Cristo vino a liberar.

- Protección sobrenatural sobre creyentes que han sido llamados a llevar a Jesús a la vida de aquellos controlados por el crimen organizado y los sistemas del mal.

- Los líderes piadosos, para que procedan con discernimiento y sean estratégicos, para que se dejen guiar por el Espíritu y tengan la unción para proclamar la victoria de Cristo sobre los bastiones de oscuridad en sus ciudades.

- Un ejército cada vez más numeroso de valientes hombres y mujeres de Dios, que se dejen guiar por el Espíritu para librar una guerra espiritual y se caractericen por una obediencia inconmovible en la proclamación del triunfo de Cristo.

CONCLUSIÓN: DE LAS LÁGRIMAS A LA LUCHA Y EL TRIUNFO

La intercesión contra las estrategias malignas de Satanás, y sus dardos contra la misión redentora de Dios, encuentra su imagen más poderosa en la agonía de Jesús en Getsemaní (Lucas 22:39–46). Sin embargo la batalla no terminó en el huerto de la intercesión. Todavía faltaba el Calvario, donde se desataría la batalla épica contra las maquinaciones y sistemas de Satanás, que serían derrotadas sobre una vil cruz. Sin embargo, conforme a los caminos misteriosos de Dios, el sepulcro vacío representaría para siempre la vida del Jesús resucitado y su victoria sobre el pecado, Satanás y la muerte. Todo sistema y estructura del mal fue derrotado en el Calvario, junto con el archienemigo que las preparó.

Lo trágico es que el reino de oscuridad en nuestras ciudades, naciones, y el mundo continúa imperando cuando el pueblo de Dios evita, rehúye, ignora, o tímidamente rechaza cualquier participación en la guerra espiritual contra las sistemáticas maquinaciones de Satanás. Sin embargo, Dios ha ordenado la victoria de su reino en nuestras ciudades, si el pueblo de Dios discierne sus propósitos estratégicos, intercede contra los sistemas de injusticia y proclama con denuedo la victoria de Cristo sobre el mal. El Señor de la batalla profetizó: «... sobre esta piedra edificaré mi iglesia, y las puertas [o las maquinaciones] del reino de la muerte no prevalecerán contra ella» (Mateo 16:18, NVI). ¡Venga tu reino! Tenemos muy claro que «nuestra lucha no es contra seres humanos, sino contra poderes, contra autoridades, contra potestades que dominan este mundo de tinieblas, contra fuerzas espirituales malignas en las regiones celestiales» (Efesios 6:12, NVI), como afirmó el apóstol Pablo. ¡Las acciones de valerosa compasión y justicia requieren igual cantidad de valientes oraciones!

SUGERENCIAS PARA UNA EXPERIENCIA DE APRENDIZAJE

El liderazgo pastoral de la Iglesia First Assembly of God de Bangalore, India, desarrolló un calendario estratégico de oración para su congregación, que transcribimos a continuación. Es una herramienta útil y un ejemplo práctico de cómo integrar la guerra espiritual con la Palabra de Dios, la compasión y la justicia en una ciudad en particular y en un contexto local. (Se han incluido solo tres de las cuatro semanas, porque la tercera semana estaba dedicada a orar por personas de la congregación, y por tanto no corresponde su inclusión.)

Iglesia First Assembly of God, Bangalore, India, Cadena de Oración Nov – Dic 2013

SEMANA UNO

Sin embargo, como está escrito: «Ningún ojo ha visto, ningún oído ha escuchado, ninguna mente humana ha concebido lo que Dios ha preparado para quienes lo aman» — 1 Corintios 2:9, NVI

LUNES

Zacarías 7:9–10

Oremos para que como iglesia lleguemos a entender verdaderamente la voluntad de Dios respecto a la justicia en la tierra. Oremos para que comprendamos, para ser justos en todos los ámbitos de nuestra vida, y para que continuemos clamando por justicia.

MARTES

Romanos 12:15–21

Oremos para que continuemos buscando y recibiendo el conocimiento del Señor, para saber cómo aproximarnos a cada situación. Oremos para que nuestras respuestas broten del amor. Oremos para que podamos continuar con pureza de corazón que agrade a Dios.

MIÉRCOLES

Mateo 7:12

Oremos para que conforme nuestro amor por el Señor nos consume, continuaremos fieles a Su Palabra y en obediencia a sus mandamientos. Oremos para que Dios nos use para continuar sanando, liberando y dando libertad a los cautivos.

JUEVES

1 Juan 3:17–18

Oremos que Dios continúe tocando nuestro ser para ser canales de bendición a otros. Oremos para que su amor por nosotros despierte aún más amor por Él, que se derrame a los demás. Oremos para que nos conozcan por el amor.

VIERNES

Isaías 58:6–11

Oremos para que nuestras oraciones y súplicas sigan siendo conformes a la voluntad de Dios. Oremos para que no sean egoístas, y que toquen el corazón del Padre. Oremos por conocimiento para presentar las debidas peticiones ante Él.

SÁBADO

Santiago 1:27

Oremos para continuar valorando la pureza y para odiar mancillar las cosas de Dios. Oremos para que, a pesar de estar en el mundo, vivamos separados de los caminos del mundo. Oremos para que traigamos gozo al Padre en todo lo que hacemos.

DOMINGO

Amós 5:24

Oremos para continuar buscando los caminos del Señor, para caminar en rectitud y justicia, que trae la paz a la tierra. Oremos para que el Espíritu de Dios esté con nosotros con su poder en todo lo que hacemos, para su gloria.

SEMANA DOS

Oremos para mantenernos firmes como iglesia, totalmente dependientes del Señor en el cumplimiento de su misión, para que cumplamos la tarea que Dios nos encomendó como Iglesia.

LUNES

United Theological College, Dept. de Estudios de la Mujer

Oremos por el Departamento de Estudios sobre las Mujeres, en su intento de crear sensibilidad de la injusticia y opresión que existen en la sociedad. Oremos para que su trabajo produzca el cambio en la sociedad, conforme a los propósitos de Dios. Oremos por la dirección y la protección de Dios hacia aquellas personas en cargos de autoridad.

MARTES

Project Rescue [Proyecto rescate]

Oremos para que la mano de Dios los acompañe en su tarea de prevención y de intervención en los casos de tráfico ilegítimo de personas, y en la restauración de las mujeres rescatadas. Oremos por los directores de la obra y por quienes trabajan allí, para que Dios los proteja y les infunda sabiduría.

MIÉRCOLES

Global Concerns India [Preocupación global – India]

Oremos para que cuenten con recursos para la organización, para que puedan responder a las llamadas de los oprimidos. Oremos para que Dios proteja e infunda sabiduría a los directores de la obra y a quienes trabajan en el campo. Oremos para que sigan creando cada vez más conciencia sobre estos problemas.

JUEVES

International Justice Mission [Misión de justicia internacional]

Oremos para tener el favor de las autoridades de gobierno, y para poder tener más influencia. Oremos para que DIOS dé sabiduría a los abogados que procuran la justicia para los oprimidos. Oremos por todos los directores y trabajadores, para que cuenten con la protección especial de Dios y con su dirección.

VIERNES

Justice and Care [La justicia y la atención]

Oremos para que Dios dé discernimiento e inteligencia a todos quienes trabajan con las fuerzas del orden público en temas relacionados con las niñas y jóvenes adultas rescatadas de la esclavitud. Oremos para que Dios bendiga su trabajo y que las preserve en el camino de la verdad.

SÁBADO

Asha Forum [Foro Asha]

Oremos para que Dios proteja a las personas que forman parte de este Foro. Oremos para que su trabajo produzca más impacto entre los cristianos de la nación. Oremos para que sean instrumentos de Dios y traigan a más niños a su luz maravillosa.

DOMINGO

Women of Destiny, Bangalore Prayer Meeting [Mujeres con destino, reunión de oración en Bangalore]

Oremos para que Dios proteja al liderazgo de este movimiento de oración. Oremos para que aumente la fe capaz de romper el yugo del enemigo sobre los débiles y los oprimidos. Oremos para que la oración tenga más influencia en todos los ámbitos de la sociedad en su conjunto.

SEMANA TRES

Oremos para que cuando se despierte su ira contra este pecado contra Él, Él mire a todos con misericordia, a los perpetradores y a las víctimas, para así establecer su paz y justicia en la nación.

LUNES

Secuestros

Oremos para que Dios proteja a las víctimas inocentes y más vulnerables a ser objetivo de las redes del tráfico ilegal de personas. Oremos para que Dios desbarate todas las tácticas del enemigo. Oremos para que los niños tengan más conciencia del peligro de los secuestros.

MARTES

Pornografía

Oremos contra las redes internacionales que distribuyen la pornografía. Oremos para que Dios exponga las raíces de dichas redes. Oremos para que los entrenadores, maestros y profesores trabajen en el temor de Dios y se nieguen a trabajar para estas redes. Oremos por la seguridad de los niños y las niñas.

MIÉRCOLES

Adicciones

Oremos contra las redes que producen, procesan, comercializan y distribuyen drogas. Oremos para que la ira y el enojo de Dios se levanten contra estas organizaciones. Oremos para que la juventud y la infancia reconozcan los riesgos y eviten caer en las seducciones del abuso de sustancias.

JUEVES

Asesinatos

No mueran vidas inocentes por causa de las intenciones malvadas de los traficantes de personas. Oremos para que Dios continúe usando a su pueblo, para que enfrenten este mal, protejan vidas y salven almas. Oremos para que Él continúe obrando milagros y dando libertad a los cautivos.

VIERNES

Pedofilia

Este mal que acecha los cuerpos de los niños y las niñas. Oremos para que Dios escuche el clamor de los niños y las niñas obligados a realizar actos no naturales, contrarios al propósito de Dios. Oremos para que Él se levante y los rescate, los sane, los renueve y los guíe tiernamente en Su camino.

SÁBADO

Tráfico de órganos

Oremos contra este comercio de opresión que roba órganos a personas inocentes para obtener una ganancia. Oremos para que Dios revele las consecuencias, para que los hombres teman involucrarse con este negocio. Oremos para que el pueblo tome cada vez más conciencia de este peligro, para que desconfíen de los desconocidos.

DOMINGO

Extorsiones

Oremos contra quienes viven como parásitos y extorsionan a otros. Oremos para que Dios anule los planes y estrategias que hacen creer a las personas que esta es una posibilidad de ganarse la vida. Oremos para que quienes extorsionan se sientan avergonzados de sus acciones.

PREGUNTAS PARA EXPLORAR:

1. ¿Qué fue lo primero que les llamó la atención de este calendario de oración? ¿Por qué?

2. El calendario de oración se centra en la injusticia específica del tráfico ilegal de personas y los males que lo acompañan; esto se ha convertido en un horror lamentablemente común en esa ciudad y país. ¿Cuál sería la injusticia más apremiante en tu comunidad? ¿Cuál sientes que Dios ha puesto en tu corazón, en el del grupo pequeño, o en la congregación?

3. Pónganse en oración (sí, ¡oren!) para desarrollar un
   calendario de oración estratégico en su grupo pequeño o
   en el equipo de líderes, que puedan usar para movilizar a
   la gente a la intercesión en el poder del Espíritu. Pidan
   por justicia y contra las fuerzas espirituales y sistemas de
   injusticia. Estudien e incluyan pasajes bíblicos adecuados
   para guiar la iniciativa de oración; incorporen motivos
   de oración individuales y comunitarios; oren por otras
   organizaciones cristianas locales que tienen en común la
   misma misión encomendada por Dios.

LECTURAS ADICIONALES

- Murray, Andrew. *The Ministry of Intercessory Prayer:
  A Classic Devotional Edited for Today's Reader* [El
  ministerio de la oración de intercesión: Un devocional
  clásico editado para el lector contemporáneo].
  Minneapolis, MN: Betania House, 2003.

- Nouwen, Henri J. *The Only Necessary Thing: Living
  a Prayerful Life* [Una sola cosa les falta: Una vida
  de oración]. Nueva York: The Crossroad Publishing
  Company, 2008.

- Sheets, Dutch. *Authority in Prayer: Praying with Power
  and Purpose* [Autoridad en la oración: Oraciones con
  poder y propósito]. Minneapolis, MN: Betania House,
  2006.

CAPÍTULO 11

LA MAFIA ENTIENDE QUE ES IMPORTANTE; Y NOSOTROS, ¿POR QUÉ NO LO VEMOS? EL PODER DESAPROVECHADO DE LA COLABORACIÓN

«¡Yo puedo! Yo solo.»
FRASE COMÚN DE TODOS LOS NIÑOS
Y NIÑAS OCCIDENTALES

Solos podemos hacer muy poco; juntos podemos hacer mucho.
HELEN KELLER

Ahora bien, hay diversos dones, pero un mismo Espíritu.
Hay diversas maneras de servir, pero un mismo Señor.
Hay diversas funciones, pero es un mismo Dios
el que hace todas las cosas en todos.
Ahora bien, ustedes son el cuerpo de Cristo, y
cada uno es miembro de ese cuerpo.
1 CORINTIOS 12:4-6, 27, NVI

M i esposo David y yo estábamos en una iglesia iraní en Londres. El propósito de la charla era describir la injusticia del tráfico sexual en todo el mundo y cómo opera. Como tantas veces antes, David comenzó con una presentación de los diferentes grupos nacionales e internacionales del crimen organizado que han desarrollado enormes redes globales dedicadas a la comercialización del sexo. Estos grupos infunden temor y son preocupantemente efectivos a la hora de perpetrar este mal; además, trabajan prácticamente impunemente en demasiados países.

De pronto, me di cuenta de algo. Si el crimen organizado puede trabajar mancomunadamente para conseguir sus propósitos de avaricia, explotación e injusticia, ¿por qué nosotros, gente buena y cristiana, no podemos trabajar juntos para cumplir el propósito de nuestro Señor de anunciar libertad, sanidad y justicia? [72]

ES IMPOSIBLE, ¡NO PODEMOS HACERLO SOLOS!

Espero que a esta altura de la lectura del libro haya quedado más clara la complejidad del problema de enfrentar la injusticia y ayudar a los sobrevivientes a encontrar libertad y sanidad. No quiero de ningún modo desanimar las respuestas valerosas y obedientes al amor de Dios y a la misión por las víctimas. En absoluto. No obstante, una de las razones principales detrás de la escritura de este libro ha sido la creciente certeza de que no podemos hacerlo solos.

---

72 «Aunque en ocasiones las organizaciones criminales compiten agresivamente y con violencia para obtener el control sobre el territorio y el delito, otras veces, son capaces de colaborar, especialmente cuando la cooperación es vista como mutuamente provechosa para todas las partes». Tomado de Marci Cottingham, Thomas Nowak, Kay Snyder, y Melissa Swauger en «Sociological Perspective: Underlying Causes» [Perspectiva sociológica: Causas subyacentes], capítulo 3 en *Human Trafficking: Interdisciplinary Perspectives* [Tráfico de personas: Perspectivas interdisciplinarias], por Mary Burke (Nueva York: Routledge, 2013) 61. Otra referencia que se puede consultar es www.faastinternational.org. .

Por desgracia, hay muchos que creen que sí lo pueden hacer. Todos los meses, quizás aun todas las semanas, nos contactan —a mi esposo, a las oficinas, a mí— jóvenes bien intencionados, fervorosos, que sienten esa carga por las mujeres y los niños víctimas del tráfico ilegal de personas. Son personas sinceras y generosas, y su llamado a la obra es tan genuino como el amor que sienten por Dios. Sin embargo, gracias a nuestra típica sacralización del individualismo a ultranza, en los Estados Unidos, tendemos a suponer que si sentimos un llamado a la obra, Dios nos está diciendo que debemos comenzar algo. A menudo, las personas que han decidido obrar en conformidad con su deseo de trabajar con mujeres y niños víctimas del tráfico de personas, proceden como sigue:

1. Oran.

2. Comentan con sus amigos (o padres) lo que harán.

3. Escogen un nombre para la iniciativa.

4. Crean un logo.

5. Preparan un sitio en internet.

6. Recaudan fondos.

7. Se convierten en una voz o en activistas.

Luego, la familia y los amigos aplauden nuestra pasión e iniciativa individual, pero el impacto presente y de largo plazo es mínimo, porque todo se basa en la visión, la iniciativa y la capacidad de una sola persona.

Después de años de dolorosas lecciones que hemos aprendido en este viaje de ministerios de compasión, entendemos que debemos cambiar ligeramente estos pasos:

1. Oren.

2. Comenten con familiares, amigos y mentores respetados la carga que sienten en el corazón. Pidan consejos y escuchen.

3. Oren juntos por la necesidad.

4. Hagan sus indagaciones. Investiguen si alguien ya está desarrollando un trabajo con las mujeres en la prostitución y con niños víctimas del abuso sexual en su comunidad o ciudad (hogares para los desamparados, comedores públicos en zonas de prostitución o drogas, servicios sociales, programas que la iglesia desarrolla en los sectores más empobrecidos, etc.). Lo más seguro es que ya haya alguien haciendo algo relacionado con esta injusticia. Averigüen quién es y qué hace.

5. Compartan esta información con mentores respetados y oren juntos que Dios los ilumine sobre qué hacer como grupo o iglesia para satisfacer en parte esta necesidad.

6. Ofrézcanse como voluntarios para dar parte de su tiempo en iniciativas locales. Esto les dará la oportunidad de interactuar con mujeres y niños explotados. A partir de esas experiencias básicas, Dios comenzará a aclarar el deseo que Él ha puesto en su corazón.

7 Pero ¿es tu deseo desarrollar este trabajo en el extranjero? Empieza de esta manera. Es muy difícil hacer en otro país, en un idioma y cultura diferente, lo que nunca hemos hecho en nuestra propia cultura. Si Dios nos está guiando al trabajo con mujeres y niños sexualmente explotados o en la prostitución, el tiempo que pasemos con ellos en trabajos voluntarios en nuestra comunidad y cultura nos servirá para confirmar ese llamado, aunque tal vez sea difícil. Organiza un grupo pequeño entre todos los que sienten esta necesidad. Comparte la información que cada uno averiguó acerca de las

necesidades locales y busquen juntos la dirección de Dios respecto a los siguientes pasos prácticos que deberán dar.

8. Inviten a profesionales que trabajan en la lucha contra el tráfico y en servicios de apoyo a las víctimas, para que compartan su experiencia en su grupo pequeño o iglesia (por ejemplo, agentes del orden, servicios sociales, el director de una organización que trabaje en este campo). Pregúntenles qué podrían hacer ustedes como iglesia o grupo para ayudarlos. Ellos respetarán la compasión y el respeto con que traten este tema, aún más su interés sincero sobre las posibilidades de ayudar, más que el solo impulso de trabajar haciendo caso omiso de los esfuerzos que ya se han hecho y de la experiencia.

Para dar estos ocho pasos no se requieren fondos, ni una organización no gubernamental, ni un sitio en Internet. *Primero* lo *importante.* El grupo de oración es fundamental para cualquier tipo de proceso perdurable y transformador de vida, para cultivar las relaciones en la comunidad local, para hacer preguntas pertinentes, para escuchar las respuestas informadas y para planificar la acción juntos, no solos. La oración en grupo tiene un efecto multiplicador, el impacto se proyecta al futuro gracias a la colaboración.

El antiguo proverbio africano no podría ser más cierto, cuando se trata de comenzar ministerios a las víctimas de la injusticia. «Si quieres llegar rápido, camina solo. Si quieres llegar lejos, camina acompañado».

El antiguo proverbio africano no podría ser más cierto, cuando se trata de comenzar ministerios a las víctimas de la injusticia. «Si quieres llegar rápido, camina solo. Si quieres llegar lejos, camina acompañado».

UN MODELO PARA LA COLABORACIÓN EN LA OBRA DE COMPASIÓN Y JUSTICIA

Fue un momento revelador, en aquella iglesia iraní de Londres. Comencé a visualizar la complejidad de colaborar genuinamente como seguidores de Jesús, y desarrollar el trabajo de compasión y justicia transformadora de vida. Esas ideas se plasmaron en el siguiente modelo, que puede ser objeto de muchas adaptaciones. Demuestra la naturaleza multifacética del ministerio de compasión holístico y por qué la asociación con otras personas, organizaciones, iglesias y denominaciones es un factor crítico para ser más efectivos en la batalla por la justicia, a nivel local y global.

COLABORACIÓN PARA UNA COMPASIÓN TRANSFORMADORA

La respuesta no está en ningún ministerio u organización. Jesús es la respuesta. Anunciar su justicia, su libertad, su sanidad, y su liberación requiere espíritu de colaboración.

EL DESAFÍO MÁS GRANDE QUE LAS INICIATIVAS RELIGIOSAS ENFRENTAN EN LA LUCHA CONTRA LA INJUSTICIA

En este libro, he procurado responder a algunos de los desafíos más pertinentes que enfrentan quienes se disponen a obedecer el llamado de Dios a obrar en favor de los que sufren, y éstos son: el temor, nuestras propias expectativas, la comunidad de las tinieblas, el poder del crimen organizado, las fuerzas espirituales de maldad. Sin embargo, hemos llegado a la conclusión de que uno de los desafíos más difíciles que enfrentamos, y con más potencial para entorpecer las poderosas promesas de Dios es otro: el desinterés, la falta de voluntad, y la incapacidad para trabajar unidos de parte de aquellos a quienes Dios llamó a esta misión. El cuadro no es hermoso. El campo de batalla del siglo veintiuno entre las fuerzas de la justicia y las de la injusticia en nuestro mundo es un tendal de bajas, producto de relaciones rotas, asociaciones divididas, y luchadores heridos.

Nuestra cosmovisión individualista tiene virtudes y ventajas cuando se trata de cumplir la justicia de Dios y de ser compasivos: iniciativa, valentía personal, disposición a escuchar la voz de Dios y a obedecer aunque no sea fácil e implique ir contra la corriente, la voluntad de plantearnos metas y alcanzarlas. Sin embargo, nuestro individualismo cultural está acompañado de rasgos corolarios que son contraproducentes al propósito de hacer justicia y ser compasivos, y que incluso tal vez no son bíblicos. El modelo occidental asociado al éxito elogia a los líderes independientes, autosuficientes, con una alta dosis de protagonismo y altamente competitivos. Pero estas cualidades pueden producir desastres cuando las personas de fe se unen para hacer frente a la injusticia y llevar la compasión sanadora al mundo. Nuestras fortalezas culturales pueden convertirse en debilidades espirituales e impedimentos para el trabajo práctico. Somos sin duda uno en espíritu en el cuerpo de Cristo; sin embargo, en demasiados casos, nos hemos vuelto tan adeptos a pelear y a criticarnos mientras combatimos el mal y la injusticia, que el maligno no tiene nada que temer de nosotros.

El Dr. Charles Greenaway fue un gran consejero misionero y líder de mi esposo y mío. Varias veces nos prometió: «Haré todo lo posible por ayudarlos. Pero si no pudiera hacerlo, por lo menos, no los lastimaré». En la batalla contra la injusticia que nos toca librar en el siglo veintiuno, las circunstancias serían otras si asumiéramos este compromiso mutuo.

¿POR QUÉ ES TAN DIFÍCIL QUE LAS ORGANIZACIONES RELIGIOSAS QUE PRESTAN AYUDA TRABAJEN UNIDAS?

El valor que el mundo occidental (y, cada vez más, el resto del mundo) asigna a la competencia, y que aceptamos sin cuestionamiento, tiene implicaciones prácticas cuando intentamos unirnos por amor a los quebrantados y esclavizados del mundo. En 2006, la comisión directora de la alianza contra la esclavitud y el tráfico, [Faith Alliance Against Slavery and Trafficking (FAAST)],[73] determinó que la necesidad internacional más importante entre las organizaciones afiliadas era contar con un programa para el entrenamiento del personal encargado de atender a los sobrevivientes postraumáticos. Dicho programa incluiría contribuciones de más de cuarenta practicantes y escritores de diversas comunidades religiosas. Fue así que llevamos nuestra propuesta a los respectivos líderes de nuestras organizaciones; las primeras preguntas que se nos plantearon, fueron:

---

73 Ver www.faastinternational.org.

1. ¿Quién será el dueño del producto final?

2. ¿Quién tendrá los derechos de autor?

3. ¿Quién se quedará con las ganancias?

Tal vez, usted piense: «¡Obviamente! Estas son preguntas naturales. ¿A dónde quiere llegar con este planteamiento?» Mi esposo y yo silenciosamente recordamos: «Este proyecto es un asunto del reino. Nos pertenecerá a todos. No se trata de que una u otra organización predomine. Es más grande que Proyecto Rescate. Debemos trabajar unidos, de manera transversal a las denominaciones y organizaciones religiosas mundiales; el fin es que las víctimas de la esclavitud sexual encuentren la libertad y reciban la sanidad que tanto necesitan.[74] Unimos nuestro esfuerzo por causa de la misión».

> Cuando nos acercamos el uno al otro y nos conocemos, aprendemos a amarnos, a entendernos y a valorarnos, y descubrimos que muchos de nuestros estereotipos son injustos y no tienen fundamento.

¿Ingenuos? Tal vez. Pero a los ojos de la cultura secular, ¿acaso no son ingenuas muchas de las cosas a las que Jesús nos llama y la manera en que quiere que las hagamos? Sí, la colaboración entre organizaciones y denominaciones es difícil. Todos estamos acostumbrados a una cierta manera de hacer las cosas. Pero es posible… cuando damos prioridad al cumplimiento de la gran misión de Dios de promover la justicia, y relegamos nuestras preferencias personales y organizacionales. Para trabajar unidos en algún área, no necesitamos colaborar en todas.

---

74 Ver *Hands that Heal* [Manos que sanan], 2007..

Un momento… ¿Y qué hacemos con los grupos religiosos que no comparten nuestra teología? ¿Podemos trabajar juntos para promover la justicia si no compartimos la misma doctrina sobre el Espíritu Santo? ¡Ni siquiera oramos de la misma manera! Hmmm. ¿Por qué no nos preocupamos más de llevar a Jesús a quienes viven en la oscuridad en nuestra ciudad (y pelear las ineludibles batallas espirituales que esto implica) y agradecer a Dios por los hermanos y las hermanas en Cristo que están peleando codo a codo en las trincheras? Cuando nos acercamos el uno al otro y nos conocemos, aprendemos a amarnos, a entendernos y a valorarnos, y descubrimos que muchos de nuestros estereotipos son injustos y no tienen fundamento. Cuando comenzamos a amarnos y respetarnos en el amor de Cristo, como un cuerpo unido por la fe, aumenta nuestro deseo de protegernos mutuamente a través de los ministerios, conforme trabajamos unidos en pro del propósito más importante de dar a conocer a Cristo y de anunciar la libertad a los más vulnerables de nuestro mundo. Ante la violencia y oscuridad que se describe en Isaías 59, nos damos cuenta de la bendición que hemos recibido al poder trabajar unidos con quienes aman y confían en Jesús.

No obstante, cuando se trata de animar a las organizaciones, grupos sin fin de lucro e iniciativas denominacionales a trabajar unidas, hay una «piedra en el zapato»: el dinero. Todas las organizaciones necesitan recaudar suficientes fondos para continuar su obra de compasión y justicia. Aunque suene paradójico, las entidades religiosas que más se beneficiarían y se fortalecerían del trabajo mancomunado pueden fácilmente percibirse como compitiendo entre sí por la misma limitada fuente de donaciones. De pronto, las organizaciones religiosas —sin duda buenas, que hacen el mismo trabajo para el mismo Señor— se encuentran en franca competencia entre sí. Hacen promociones y, en algunos casos, quizás sin querer, desvirtúan el trabajo de los demás grupos… ¡todo en el nombre de Jesús! Hay algo que no está bien en este cuadro. Es hora de ser sinceros y conversar con sinceridad acerca de esta «piedra de tropiezo».

Un primer paso sería reconocer que tenemos un problema si dejamos que las consideraciones de carácter económico financiero gobiernen nuestras acciones y nuestra actitud hacia nuestros hermanos y hermanas en Cristo que se han dedicado al mismo tipo de trabajo. Debemos arrepentirnos de las acciones o actitudes que no se conforman a la humildad y el corazón de servicio cristiano. En segundo lugar, por amor al nombre y la misión de nuestro Padre, tengamos la suficiente humildad para aclarar los malentendidos que con toda seguridad surgirán, en el espíritu de Hebreos 12:14: «Busquen la paz con todos, y la santidad, sin la cual nadie verá al Señor...» (NVI). Tercero, el Dios que nos llamó a su misión es, en última instancia, nuestro proveedor. Él tiene recursos más que suficientes a su haber para satisfacer nuestras necesidades sin que desacreditemos el trabajo que desarrollan otras buenas organizaciones, iglesias, y hermanos y hermanas en su iglesia. Si Dios no lo haciera, ¿cómo podemos con buena conciencia animar a los pobres y necesitados a confiar que Él suplirá sus necesidades?

Una de las colaboraciones más inspiradoras que encontramos en el trabajo con víctimas de la explotación sexual ha sido la red Mukti Network en la India. El pastor G. Satyanandan ha ayudado a movilizar grupos de la red Mukti en varias ciudades indias, para reunir a las diversas organizaciones religiosas que trabajan en zonas de prostitución en esas ciudades. En las reuniones mensuales de la red, los representantes de cada organización presentan un informe de su trabajo, comparten información pertinente y, lo que es más importante, oran unos por otros, por los complejos retos personales y organizativos que cada uno está enfrentando. Las reuniones de la red Mukti se han convertido en una fuente de amistad (el saber que «¡No estamos solos en este trabajo!»), de información compartida sobre el trabajo que cada uno desarrolla, de capacitación, y de intercesión esencial para librar esta formidable batalla espiritual contra el mal. Entre una reunión y otra, los directores de las organizaciones se recomiendan personas para eventuales trabajos o cuando surge una necesidad en alguna zona roja. Ahora que se conocen, los miembros saben quién está haciendo bien qué, y pueden referir personas, recursos y necesidades en conformidad. Algunos de los grupos representados son organizaciones grandes, bien financiadas y poderosas a nivel mundial. Otros son pequeños, con escasos recursos y a escala local. Pero en la red Mukti, se unen como hermanos y hermanas en Cristo, todos con necesidad de la ayuda de Dios y del aliento mutuo. ¡Quiera Dios que su pueblo construya miles de estas eficaces redes de colaboración en nuestras ciudades y naciones, para su gloria y para su obra!

EL PAPEL DEL PERDÓN

¿Cómo podemos con integridad guiar a las mujeres y niñas brutalmente explotadas a perdonar a sus explotadores y a ser libres si nosotros mismos no perdonamos a esas pocas personas que, en el curso de nuestro trabajo, nos han lastimado o traicionado, con consecuencias muchísimo menores?

Todos quienes hemos servido de alguna manera u otra en el cumplimiento de la misión de Dios en esta tierra hemos sufrido alguna herida o alguna traición cuando intentamos trabajar con otros creyentes. Así es la vida. Trabajamos con seres humanos, como todos. Sin embargo, la colaboración no solo cambia el alcance y la calidad de nuestra obra compasiva. Con el tiempo, la colaboración cambia a las personas que realizan la labor; cambia a los hijos de Dios.

Quienes trabajan directamente con las víctimas del abuso o de la explotación sexual saben la importancia crucial del perdón en el proceso de sanidad. Con toda la intervención que se experimenta en la sanidad, la cicatrización emocional, sicológica y espiritual en los sobrevivientes requiere que en algún momento enfrenten la necesidad de perdonar a quienes abusaron de ellos. En términos humanos, y en vista de las atrocidades que se han cometido contra millones de ellos, el perdón parece una imposibilidad.

Sin embargo, ocurre algo sobrenatural cuando aquellas personas que han comenzado a recibir la gracia de Dios se animan a extender esta gracia a quienes las lastimaron: es liberador, es reconfortante, es beneficioso... propio de Jesús. Esto no significa que las sobrevivientes se arriesguen a ser explotadas nuevamente. Mas bien, cuando experimentan en su vida el poder transformador del amor y la gracia de Jesús, pueden decidir no solo recibir la gracia y el perdón: pueden decidir ellas mismas extender gracia y perdón a otros. Cuando lo hacen, reafirman su libertad espiritual del poder controlador que sus abusadores y el enemigo de sus almas ejercían sobre ellas.

La pregunta que tengo para ti, y que yo también me la hago, y se la hago a todos aquellos que quieren llevar libertad y justicia a quienes están en la esclavitud, es la siguiente: ¿Cómo podemos con integridad guiar a las mujeres y niñas brutalmente explotadas a perdonar a sus explotadores y a ser libres si nosotros mismos no perdonamos a esas pocas personas que, en el curso de nuestro trabajo, nos han lastimado o traicionado, con consecuencias muchísimo menores? En palabras de Jesús, que nos enseñó a orar:

> Perdónanos nuestras deudas, como también nosotros hemos perdonado a nuestros deudores.... Porque si perdonan a otros sus ofensas, también los perdonará a ustedes su Padre celestial. Pero si no perdonan a otros sus ofensas, tampoco su Padre les perdonará a ustedes las suyas (Mateo 6:12, 14–15, NVI).

O como nos exhortó el apóstol Pablo:

Más bien, sean bondadosos y compasivos unos con otros, y perdónense mutuamente, así como Dios los perdonó a ustedes en Cristo (Efesios 4:32, NVI).

Para poder aconsejar, en integridad, a las víctimas de la injusticia y exhortarlas a perdonar a sus explotadores, nosotros también debemos estar dispuestos a vivir una vida de perdón hacia aquellos que nos han lastimado. La colaboración día a día con personas que también trabajan en este proceso de compasión es una oportunidad de experimentar y ser ejemplo de la gracia de Dios hacia las víctimas de la injusticia; así podremos efectivamente poner en práctica la divina transformación de vida.

El crimen organizado a nivel mundial deja de lado sus diferencias para cumplir su destructiva misión. ¡Ya es hora de que el pueblo de Dios haga lo mismo para cumplir con amor la misión liberadora, sanadora y redentora que Jesús le ha encomendado!

CONCLUSIÓN

Proyectar la valerosa compasión de Cristo y la justicia en un mundo extremadamente injusto requiere un nivel de colaboración sin precedentes en la comunidad de fe, a nivel local y mundial. Las víctimas de la injusticia y la explotación no son las únicas personas que necesitan el amor transformador de Dios. Nosotros, la comunidad de creyentes que respondemos ante la injusticia, también necesitamos su amor transformador.

Padre celestial:

En un mundo que busca un rol protagónico, ayúdanos a ser hijos e hijas conocidos por valorar el digno trabajo de los demás.

En un mundo de agravios imperdonables, ayúdanos a ser conocidos por nuestra generosa gracia.

En un mundo dominado por el interés egoista, ayúdanos a ser conocidos por dar preferencia a los demás antes que a nosotros mismos.

En un mundo de competitividad, ayúdanos a ser conocidos por el amor que Cristo ha puesto en nuestra vida.

En el poderoso nombre de Jesús, nuestro Señor.

Amén.

Llénenme de alegría teniendo un mismo parecer, un mismo amor, unidos en alma y pensamiento (Filipenses 2:2, NVI).

ACTIVIDAD DE APRENDIZAJE SUGERIDA

En tu clase o grupo pequeño, consideren las siguientes preguntas:

1. ¿Cómo entienden la competencia? Aunque el espíritu competitivo caracteriza a las culturas occidentales de Europa y los Estados Unidos, ¿cómo se compatibiliza con la vida de Cristo y las enseñanzas del Nuevo Testamento a sus seguidores? ¿Qué lugar tiene cuando hacemos justicia?

2. Miren nuevamente el diagrama «Colaboración para una compasión transformadora». ¿En que aspecto perciben fortalezas y potencial en su iglesia local, su organización, o en su propia vida? Identifiquen las áreas donde necesitan destrezas y ministerios que podrían cubrirse a través de la colaboración de otros. ¿Con quiénes se podrían asociar en su ciudad para llevar adelante la obra de justicia y compasión? Pongan estos temas en oración para considerar posibles pasos que podrían dar hacia esta meta.

3. La colaboración necesaria para llevar adelante la misión de Dios, conforme a su propósito, no es nunca fácil. Lean dos o tres ejemplos de colaboración entre los discípulos en el Nuevo Testamento. ¿Dónde hubo tensiones? ¿Qué hicieron ellos para superarlas? ¿Qué pricipios prácticos pueden aprender para aplicar a su ministerio de compasión?

4. Consideren por qué tú, tu grupo pequeño, o tu iglesia (organización) no han colaborado más. ¿Hay diferencias culturales, personales, organizativas, promocionales o espirituales? Pongan en oración la necesidad de colaborar más para llevar con más eficacia la compasión y la justicia de Dios a su ciudad. Oren por los desafíos que afrontan y pidan sabiduría para entender cómo desarrollar un ejército más poderoso, abocado al cumplimiento de la misión divina en la ciudad o el estado, que represente mejor a Dios y la comunidad bíblica de fe.

LECTURAS ADICIONALES

• Hamalainen, Arto, y Grant McClung. *Together in One Mission: Pentecostal Cooperation in World Evangelization* [Unidos en una misión: Cooperación pentecostal en la evangelización mundial]. Cleveland, TN: Pathway Press, 2012.

• Volf, Miroslav. *Free of Charge: Giving and Forgiving in a Culture Stripped of Grace* [Sin cargo: Dar y perdonar en una cultura carente de gracia]. Grand Rapids, MI: Zondervan, 2005.

CAPÍTULO 12

PODER SOBRENATURAL PARA UNA COMPASIÓN SOBRENATURAL

Ahora voy a enviarles lo que ha prometido mi
Padre; pero ustedes quédense en la ciudad hasta
que sean revestidos del poder de lo alto.

LUCAS 24:49, NVI

Doquier el hombre esté, la nueva proclamad,
doquier haya aflicción, miserias y dolor;
cristianos anunciad que el Padre nos envió,
el fiel Consolador.
El fiel Consolador, el fiel Consolador,
que Dios nos prometió, al mundo descendió:
doquier el hombre esté, decid que vino ya,
el fiel Consolador.
Él es quien da salud, y plena libertad,
a los que encadenó el fiero tentador;
los rotos hierros hoy dirán que vino ya
el fiel Consolador.

LETRA DE FRANK BOTTOME, 1890

Hace varios años, nos encontrábamos en Mumbai, con nuestro colega en el ministerio K. K. Devaraj. Una tarde, él sugirió que fuéramos a un burdel en particular, a orar por una mujer que se encontraba gravemente enferma y que había pedido que la visitáramos. Yo estaba agradecida por el corazón abierto de una mujer que necesitaba el amoroso toque de Dios y por la puerta abierta que Deveraj tenía para ministrar en ese lugar. En aquel momento, trabajaba con nosotros una joven con un gran don, muy comprometida en la lucha contra el tráfico y con un sincero deseo de ayudar a las mujeres a encontrar libertad. Ella representa a alguna de las mejores jovencitas que Dios ha llamado a trabajar en las misiones del siglo veintiuno. Competente, creativa, valiente y segura de sí misma, esta joven colega enseguida se ofreció para acompañarnos a orar a la zona roja.

> Cada vez que hemos tenido la oportunidad de anunciar la compasión y el poder transformador de Jesús en las tinieblas, ha sido un verdadero desafío que ha requerido de toda la fe, el valor, y el compromiso que tenemos.

Entonces, llegamos y bajamos del auto en la calle principal de Mumbai, en la primera calle de la zona roja. De pronto, después de solo cinco pasos, dejamos atrás un mundo de relativa seguridad, en que nos sentíamos poseedores de algún tipo de control y protección, para adentrarnos en un mundo imposible de imaginar, donde lo normal es la explotación, los demonios y la maldad tangible. Como mujer, quizás más aún por ser extranjera, una se siente de inmediato consciente de que hemos salido de nuestro mundo; la atmósfera y la implacable mirada de los hombres, demasiado íntima y penetrante, nos avisan que estamos en su mundo. Estamos en el lugar equivocado, en territorio enemigo, y puede suceder cualquier cosa.

Pero, igual de pronto, algo más cambió. La joven mujer llena de confianza que iba a mi lado, que horas antes había estado dispuesta a luchar contra toda la injusticia global del tráfico ilegal de personas, extendió insegura su mano y me tomó del brazo.

—¿Puedo? —me susurró. Sin más palabras, nos tomamos del brazo y enfilamos hacia las infernales calles.

MÁS QUE UNA OPCIÓN

La entendía. Cada vez que hemos tenido la oportunidad de anunciar la compasión y el poder transformador de Jesús en las tinieblas, ha sido un verdadero desafío que ha requerido de toda la fe, el valor, y el compromiso que tenemos. Nunca nos acostumbraremos a enfrentar de cerca el poder del mal; ni tampoco será más fácil hacerlo con el tiempo. ¿Por qué? Porque hablar de «las potestades de las tinieblas» no es una metáfora. Es una realidad, y estas potestades son más grandes y más poderosas que nosotros. En términos humanos, no tenemos manera de encararlas. Y en algunos barrios de las ciudades, el mal es opresivamente agresivo. Podemos estar en la calle y sentir que podemos enfrentarlo, pero cuando cruzamos la línea invisible y pasamos al territorio del enemigo, el sentido común nos avisa: *¿En qué estabas pensando?* Sí, el temor puede ser paralizante.

Por eso no podemos pasar por alto las palabras del profeta Zacarías: «No será por la fuerza ni por ningún poder, sino por mi Espíritu —dice el SEÑOR Todopoderoso—» (Zacarías 4:6, NVI). No es posible llevar a cabo la obra del reino de Dios —ni siquiera las obras de compasión— como Él quiere si solo confiamos en nuestras fuerzas o poder humano. Es imposible ser compasivos y hacer justicia, y ver el resultado de vidas transformadas, si no estamos llenos del poder del Espíritu del Señor. Dios está haciendo algo grande y digno de celebrar en el corazón de su pueblo en todo el mundo. Muchos seguidores de Jesús, en comunidades de fe evangélicas, pentecostales, y carismáticas, en el siglo veintiuno están obedeciendo su mandato para el ministerio, según Lucas 4:18: predicar el evangelio a los pobres, sanar a los quebrantados de corazón, proclamar libertad a los cautivos, dar vista a los ciegos y dar libertad a los oprimidos. Para algunos, esto es la renovación del compromiso; para otros, implica emprender un viaje nuevo por completo, y dejar atrás los encasillamientos teológicos. Pero en todos los casos, es crucial que no trivialicemos el poder que Jesús nos da para cumplir estas tareas, a fin de no debilitar nuestra misión. «El Espíritu del Señor omnipotente está sobre mí, porque Él me ha ungido».

En el Nuevo Testamento, Dios señaló que su poder para el ministerio transformador de vidas que reveló en Jesús también se extiende a sus seguidores. Antes del día de Pentecostés, Pedro era el discípulo verborrágico, enojadizo y penosamente falto de poder (Juan 18:17), ¡una peligrosa combinación! Días después, cuando recibió la promesa y fue lleno del Espíritu Santo, se convirtió en un elocuente varón de Dios, y un vehículo de salvación para miles (Hechos 2:41).

> El poder del Espíritu Santo no es una opción para el ministerio de compasión y la justicia. Es esencial.

Si los seguidores de Jesús hoy no contaran con el poder sobrenatural del Espíritu Santo, la misión que Dios nos ha llamado a hacer sería imposible. ¿Tienen dudas? Pasen un tiempo en las calles de los barrios más peligrosos de su ciudad y procuren trabajar con quienes están sujetos al yugo emocional, físico, y espiritual de los demonios. ¿Alguna vez trataron de persuadir a una de estas personas a que dejen sus cadenas? No obstante, Dios no nos hubiera llamado a ir al mundo y hacer discípulos si no hubiéramos podido contar con su poder; y practicar su compasión es parte integral de esta misión. La misión que nos encomendó no es imposible. De ningún modo. Pero no podemos pasar por alto el poder que Dios mismo ha provisto para que cumplamos su misión y alcancemos la victoria como Él quiere.

No, el poder del Espíritu Santo no es una opción para el ministerio de compasión y la justicia. Es esencial.

LAS NECESIDADES ESPECÍFICAS PARA LA UNCIÓN DEL ESPÍRITU EN LOS MINISTERIOS DE COMPASIÓN

Al observar a los grandes pioneros pentecostales en los ministerios de compasión, y después de haber participado en ellos personalmente, hay ciertos aspectos del ministerio cristiano holístico que parecen especialmente dependientes de la obra del Espíritu Santo a través de los hijos de Dios. Son aspectos cuya base bíblica son las enseñanzas de Pablo sobre las manifestaciones del Espíritu, según 1 Corintios 12 y 13, y Romanos 8, con una aplicación concreta a los ministerios de compasión holística del siglo veintiuno.

EL DON ESPIRITUAL DE LA FE

Las complejas necesidades mentales, físicas, emocionales, relacionales y espirituales de millones en nuestro mundo son abrumadoras y aparentemente imposibles de satisfacer. Cuanto más contacto tenemos con gente en angustiante necesidad, tanto más desesperada parece su condición. Se requiere la obra sobrenatural del Espíritu para infundir una fe no natural en los futuros obreros (¡a veces al instante!), para que vean más allá de lo visible y perciban lo que es posible gracias al

> El don de la fe que nace milagrosamente del Espíritu tiene como fundamento el carácter, las promesas y los propósitos declarados de nuestro Dios. Él nunca falla.

Espíritu del Señor. El don espiritual de la fe no debería confundirse con un ingenuo y pusilánime optimismo, ni con el optimismo de que todo saldrá bien. El don de la fe que nace milagrosamente del Espíritu tiene como fundamento el carácter, las promesas y los propósitos declarados de nuestro Dios. Él nunca falla.

> «Ningún ojo ha visto, ningún oído ha escuchado, ninguna
> mente humana ha concebido lo que Dios ha preparado para
> quienes lo aman.» Ahora bien, Dios nos ha revelado esto
> por medio de su Espíritu, pues el Espíritu lo examina todo,
> hasta las profundidades de Dios. (1 Corintios 2:9–10, NVI)

EL DON ESPIRITUAL DEL CONOCIMIENTO

El don espiritual de conocimiento muestra una sensibilidad ante la vida y las necesidades de las personas: necesidades que difícilmente podemos conocer de manera natural. Dios obra mediante este don espiritual para que sus seguidores hablen la verdad a la vida de aquellas personas que están en tinieblas, para presentarles al Único que es la luz y la salvación. Como la mujer en el pozo que tuvo un encuentro con Jesús (Juan 4:5–26), las personas cautivas en las prisiones de la desobediencia a Dios, juguetean con la verdad para hacer su vida más llevadera, para ellos y para la sociedad. Sin embargo, cuando se expresa con delicadeza, el don espiritual del conocimiento desarma a quienes están en la oscuridad porque les revela la verdad oculta que solo se puede conocer sobrenaturalmente. Esta obra del Espíritu, verbalizada a través de los ungidos hijos de Dios, revela cuánto Él ama a aquellos hijas e hijos pródigos, y los busca para darles salvación (Lucas 19:10). Dios puede obrar a través de sus hijos con el don espiritual del conocimiento en campos de refugiados, en programas de alimentación en los barrios pobres, en centros de rehabilitación de drogadictos, en cárceles, en policlínicas y burdeles… dondequiera que sus hijos e hijas con toda compasión se dediquen a cumplir el ministerio, y permanezcan abiertos a la obra del Espíritu a través de ellos.

EL DON ESPIRITUAL DE LA SABIDURÍA

La sabiduría es necesaria a efectos de cumplir el llamado de Dios a enfrentar los contextos espirituales, sociales, económicos, y políticos. Es revelador leer sobre la vida de Cristo en los Evangelios a través de los lentes de la sabiduría de Dios que nos inspira a ministrar a personas en los cambiantes e inestables círculos políticos y religiosos. Jesús no cumplió los propósitos de su Padre en un contexto neutral; dos mil años después, nosotros tampoco lo hacemos. Por ejemplo, hubo ocasiones en el ministerio terrenal de Jesús cuando Él le dijo a las personas a quienes sirvió: «Vayan y cuenten…»; hubo también otras ocasiones en que mandó expresamente a quienes sanó que no contaran a nadie lo que les había sucedido. Jesús sabía navegar con divina sabiduría sobre las turbulentas corrientes políticas, sociales y religiosas mientras cumplía la misión de su Padre. Nosotros, como seguidores comprometidos de Jesús, también debemos determinar dónde ir, cuándo ir, con quién hablar, cuándo guardar silencio, qué hacer, cuándo hacerlo, cómo hacerlo… y una lista de decisiones diarias que debemos tomar para cumplir la misión que Cristo nos encomendó. En algunas situaciones, estas decisiones pueden tener consecuencias graves, y conllevar aun riesgo de vida. Lo que «resultó» o «salió bien» el año pasado (incluso la semana pasada) en el frente de batalla de los ministerios de compasión tal vez no resulte este año (ni siquiera esta semana). En un mundo lleno de aflicción y necesidad, volátil y a veces hostil al cristianismo, seamos valientes para hacer la voluntad de nuestro Padre con apacible confianza. Pero debemos mantener la saludable dependencia del don sobrenatural de la sabiduría que viene del Espíritu.

EL DON ESPIRITUAL DEL
DISCERNIMIENTO DE ESPÍRITUS

Este don espiritual es crítico si hemos de diferenciar las necesidades y las dinámicas espirituales subyacentes que operan en las personas que buscan ayuda. En los últimos veinte años, conforme Dios nos ha guiado a un ministerio integral a las víctimas de la explotación y la injusticia, he observado cosas que me llevan a sugerir sin temor a equivocarme que el don espiritual del discernimiento es uno de los dones más necesarios en la iglesia misionera de hoy.

No obstante, es quizás el más pasado por alto y el menos valorado. Tal vez es nuestra respuesta desproporcionada a las prácticas extremas del pentecostalismo norteamericano, que atribuyen todo a demonios y a espíritus malignos. Hoy, sin embargo, ministramos en un medio espiritual diferente, donde tenemos dificultad para reconocer la influencia de demonios o poderes satánicos en una cierta situación. Estamos más prestos a atribuir las conductas o manifestaciones erráticas a trastornos mentales, inestabilidad emocional, o al alcoholismo. Hemos pasado de suponer causas espirituales a suponer causas naturales. Quiera Dios darnos el don espiritual del discernimiento para reconocer debidamente las necesidades de las personas, porque el resultado de «no darnos cuenta» puede ser como mínimo frustrante, y otras veces, destructivo y desastroso.

Hay un fenómeno en particular, relacionado con la necesidad de discernimiento espiritual, que he observado repetidas veces en los treinta y siete años de ministrar con mi esposo a mujeres jóvenes en campamentos de jóvenes, conferencias, y reuniones femeninas. En una serie de ocasiones, durante el momento de oración, cuando se siente la obra del Espíritu de Dios, algunas jóvenes se nos han acercado, sinceramente preocupadas y nos piden que oremos por alguna persona que ellas creen que está «poseída por un demonio». Nos hemos encontrado, por ejemplo, con fervientes jovencitas que oran, ¡y gritan para que las escuchen desde el cielo!, y rodean a otra mujer que parece afligida, reacia, o sin plena conciencia de lo que está sucediendo. En esos casos, David y yo tenemos el hábito de pedir a todas que se alejen silenciosamente de la mujer, que sigan orando, pero que nos dejen a solas unos minutos con la joven.

Cuando estamos tranquilos y orando en silencio es más fácil discernir qué está sucediendo espiritualmente ante nosotros. Además, podemos tratar con más sensibilidad a la persona por quien estamos orando. Mientras oramos silenciosamente en el nombre de Jesús, cuando efectivamente las potestades de las tinieblas y del mal tienen el control, habrá una reacción violenta ante la presencia y la autoridad de Jesús. La presencia de lo satánico es personalmente amenazante, no solo para la persona por quien estamos orando, sino para cualquiera que intervenga en el nombre de Jesús. Se requiere oración de liberación.

> El don espiritual del discernimiento es uno de los dones más necesarios en la iglesia misionera de hoy.

Si la persona por quien estamos orando tiene otras necesidades sicológicas, emocionales y espirituales, cuando todo se calma, no se sentirá de manera tangible la agresividad del mal ni la intimidación propia de nuestro destructivo enemigo espiritual. Hemos notado que cuando una persona resiste la oración y no responde como es usual, para quien observa tal vez podría interpretarse como influencia de un demonio, en privado a veces nos hemos enterado que ella fue víctima de alguna forma de abuso sexual. Como resultado, hay algo en ella que resiste la oración intensa, la imposición de manos, y la presencia de un Dios santo, tal vez porque se siente sucia e indigna. Esto no significa que esté necesariamente controlada por un demonio. El abuso y la explotación sexual indudablemente abren, en diversa medida, la puerta a la influencia de las tinieblas en la persona violada. No es raro que las víctimas de la violencia sexual extrema, presenten eventualmente estados disociativos (lo que antes se llamaba «trastornos de personalidad múltiple»), para poder soportar lo que sufren. Pueden fragmentarse en diversas personalidades, lo que puede ser desconcertante, pero no representa una amenaza a nadie. Se necesita sanidad y sabios consejos, combinados con sensibilidad espiritual. Estas víctimas necesitan a Jesús.[75]

En otros casos de explotación sexual, es posible que la mujer o los niños hayan sido parte de ceremonias paganas, religiosas o satánicas sobre, como ritos de iniciación a la prostitución. A veces, en ese proceso, los sacerdotes o chamanes invitan a dioses o diosas a morar en el nuevo esclavo. Las potestades de las tinieblas luego vuelven con venganza, para atribularla o atribularlo durante toda la vida, salvo que haya una liberación milagrosa por medio de la autoridad de Jesús y de su Espíritu liberador que es mayor que cualquier espíritu maligno.

De ahí nuestra necesidad imperiosa del don espiritual del discernimiento cuando trabajamos con personas quebrantadas y victimizadas en los ministerios de compasión. Cuando tenemos que tratar con los demonios, necesitamos la poderosa unción y la autoridad espiritual de Dios para orar pidiendo liberación, con oraciones inspiradas por el Espíritu. Las personas rescatadas pueden ser milagrosamente liberadas para amar a Dios, servirle y vivir una nueva vida de libertad. Sin embargo, si nos encontramos con personas lastimadas emocional y sicológicamente, lo último que éstas necesitan es que los seguidores de Jesús (por muy bien intencionados que sean) comiencen a «echar fuera demonios» de su vida y crear más capas de confusión, dolor y vergüenza. ¡Necesitamos el don espiritual del discernimiento[76]

---

75 La obra y la enseñanza de la Dra. Melody Palm, una consejera con vasta experiencia internacional en el tratamiento de víctimas de abuso sexual ha sido de mucho valor para ayudarnos a entender el problema y la práctica. Ver «Understanding the Psychological Needs of Survivors» [Entendiendo las necesidades sicológicas de los sobrevivientes], en *Hands that Heal* [Manos que sanan], 183.

76 oug Lowenberg tiene una excelente explicación, con buen fundamento teológico, de la influencia de Satanás y los poderes demoníacos en la vida de las personas, y la necesidad de los creyentes de saber discernir debidamente estos espíritus para poder ayudar. Ver *Enrichment*, verano 2013, 93–95.

EL DON ESPIRITUAL DE LA ORACIÓN EN EL PODER DEL ESPÍRITU

En Romanos 8:26,27, Pablo instruye a los creyentes en la oración con el poder del Espíritu e inspirada por Él:

> Así mismo, en nuestra debilidad el Espíritu acude a ayudarnos. No sabemos qué pedir, pero el Espíritu mismo intercede por nosotros con gemidos que no pueden expresarse con palabras. Y Dios, que examina los corazones, sabe cuál es la intención del Espíritu, porque el Espíritu intercede por los creyentes conforme a la voluntad de Dios. (NVI).

De forma similar, en su carta a los creyentes de Éfeso, Pablo los exhorta sobre cómo librar la batalla espiritual contra las potestades de las tinieblas. Describe la armadura esencial de Dios y exhorta a los efesios a practicar una vida de continua oración: «Tomen el casco de la salvación y la espada del Espíritu, que es la palabra de Dios. Oren en el Espíritu en todo momento, con peticiones y ruegos» (Efesios 6:17,18, NVI).

> En su plan soberano, Él ha elegido orar por su Espíritu a través de vasijas de barro como nosotros, para traer su redención, sanidad y liberación a las personas que tanto lo necesitan.

Muchas veces, cuando ministro a una persona con grandes necesidades, no sé qué decir. Desde nuestra perspectiva, las complejas necesidades del ser humano son tan reales, tan personales y tan próximas que no encuentro las palabras ni la sabiduría. Nosotros no somos la respuesta, ni tenemos las respuestas. Pero Dios sí es la respuesta, y Él sí tiene las respuestas. En su plan soberano, Él ha elegido orar por su Espíritu a través de vasijas de barro como nosotros, para traer su redención, sanidad y liberación a las personas que tanto lo necesitan. Qué gran privilegio tenemos de poder participar con humildad en su estrategia de oración.

EL PUEBLO DEL ESPÍRITU EN LUGARES IMPENSADOS

Una de las más grandes alegrías que David y yo hemos tenido en nuestros años de ministerio ha sido la de encontrarnos con grandes hombres y mujeres de Dios, llenos de su Espíritu, y que andan en el poder del Espíritu mientras trabajan en el ministerio integrado de la compasión. Creo que Dios nos sonríe con paciencia cuando nos sorprendemos de cómo su Espíritu sopla a través de diversas denominaciones y organizaciones en nuestro mundo. Hemos descubierto maravillosos hermanos y hermanas en el Espíritu, que cumplen ministerios de compasión bajo la sombra de diversas banderas de fe: bautistas, menonitas, católicos, presbiterianos, metodistas wesleyanos, episcopales, no denominacionales, World Relief, pentecostales, carismáticos, Ejército de Salvación e independientes.

A medida que hemos cultivado amistades y hemos conocido a colegas en diversos campos de la comunidad de fe, muchos hemos aprendido que la realidad de las formidables batallas espirituales que libramos en las trincheras de los ministerios de compasión nos ha obligado a buscar el poder de Dios y la unción espiritual como nunca antes. Con la experiencia, hemos aprendido que nuestros dones humanos y nuestras fortalezas no son suficientes para la lucha espiritual que es parte inevitable de la injusticia… aun cuando se trata de alimentar al que no tiene qué comer. Obedecer el llamado de Dios a ser compasivos no debe nublar nuestra realización de que las personas necesitan el evangelio y el discipulado, tanto como necesitan alimentos y libertad. Nos hace todavía más consientes que nunca que los hombres, las mujeres, los niños y las niñas necesitan todo lo que Dios prometió: salvación, discipulado, sanidad y liberación. Nosotros también. Todas las promesas de Dios para una misión integral efectiva se hacen realidad cuando el Espíritu Santo nos llena, nos infunde su poder, nos imparte sus dones y obra en sus hijos.

LA AUTORIDAD ESPIRITUAL: EL RECONOCIMIENTO DE NUESTRA DESVENTAJA CULTURAL

Una de las alegrías más inspiradoras en mi travesía espiritual ha sido ver cómo las mujeres de Dios, que antes eran madamas de un burdel, ejercitan la autoridad espiritual, que Dios les imparte, sobre las potestades de las tinieblas. Mujeres que antes fueron atormentadas por espíritus malignos y que vivían amedrentadas por el poder del mal, ahora echan fuera demonios cuando pronuncian oraciones de liberación a favor de otras mujeres esclavizadas en alguna iglesia en la zona roja. Nada refleja tan bien el ejercicio de la Gran Comisión que este poder delegado por Dios para llevarla a cabo. Es el contexto que llena de significado las últimas palabras de Jesús a sus discípulos, antes de su ascensión al cielo:

> Jesús se acercó entonces a ellos y les dijo: —Se me ha dado toda autoridad en el cielo y en la tierra. Por tanto, vayan y hagan discípulos de todas las naciones, bautizándolos en el nombre del Padre y del Hijo y del Espíritu Santo, enseñándoles a obedecer todo lo que les he mandado a ustedes. Y les aseguro que estaré con ustedes siempre, hasta el fin del mundo. (Mateo 28:18–20, NVI)

Al observar con qué rapidez las exmadamas en la India asumían y aprendían a ejercer esta autoridad espiritual que Dios les impartió, me di cuenta progresivamente de otra cosa. Las madamas en los burdeles no entienden la autoridad como yo la entiendo. Ellas, criadas en una cultura con una fuerte impronta jerárquica, no tienen ninguna dificultad para entender la autoridad y la delegación de autoridad. En estas culturas con una fuerte impronta jerárquica, se sabe que algunas personas tienen autoridad: es un hecho aceptado, asumido y nunca puesto en entredicho; nadie cuestiona la autoridad, no se la cuestiona cuando se usa para bien ni cuando se la usa para mal.

Es un verdadero contraste con la realidad a la que estamos acostumbrados quienes venimos de culturas más igualitarias, donde se nos ha enseñado que es aceptable, incluso puede llegar a ser admirado, cuestionar todo y a todos, y en particular a quienes tienen autoridad. Los niños del jardín de infantes cuestionan a sus maestros, y a sus propios padres igualitarios, quienes a su vez cuestionan a las autoridades, y elogian y apoyan el derecho de sus hijos a cuestionar la autoridad. Si se nos enseñó a cuestionar la autoridad desde el nacimiento, ¿por qué nos sorprende que tengamos dificultad para comprender el significado de la autoridad de Cristo y la autoridad qué Él nos delega, a sus seguidores?

Esta perspectiva cultural sobre la autoridad es un filtro innegable que se interpone entre las palabras de Jesús a sus primeros discípulos y nosotros.

> Habiendo reunido a los doce, Jesús les dio poder y autoridad para expulsar a todos los demonios y para sanar enfermedades. Entonces los envió a predicar el reino de Dios y a sanar a los enfermos. (Lucas 9:1–2, NVI)

> Sí, les he dado autoridad a ustedes para pisotear serpientes y escorpiones y vencer todo el poder del enemigo; nada les podrá hacer daño. Sin embargo, no se alegren de que puedan someter a los espíritus, sino alégrense de que sus nombres están escritos en el cielo. (Lucas 10:19–20, NVI)

Las palabras de Jesús implican que la autoridad espiritual para sus discípulos es un hecho; no hay nada complicado en ello. (El problema radica en nosotros, que tenemos dificultad para entenderla, recibirla y obrar en conformidad.) En realidad, Jesús instruye a sus discípulos a celebrar su salvación basados en la relación que tienen con Él. Los milagros y la autoridad espiritual sobre el maligno son consecuencia de esa relación y son asuntos secundarios. Jesús delegó autoridad espiritual a sus discípulos. Aunque no es lo más importante, Él supone que andaremos en su autoridad para cumplir todo lo que Él nos ha llamado a hacer.

Charles Kraft lo resume como sigue: «La autoridad de la que participamos fue ejemplificada por el mismo Jesús y, al igual que Jesús, contamos con el poder del Espíritu Santo. Dios nos ha dado el derecho a ejercer esta autoridad, y el Espíritu Santo que habita en nosotros nos infunde poder de Dios para ejercerla».[77]

Padre, transforma nuestra mente, para que no se conforme a la cultura, y llena nuestro corazón hambriento con tu Espíritu. Honramos tu autoridad, la aceptamos en nuestra vida, y por tu poder, andaremos en ella conforme tocamos a otras personas para tu gloria.

CONCLUSIÓN

Cuando el pueblo de Dios pasa demasiado tiempo entre las paredes de una iglesia, dentro del grupo de jóvenes, grupos pequeños, grupos de estudio bíblico, reuniones, y con otros creyentes, podría confundirse y pensar que la promesa de Jesús a sus discípulos, de que serían llenos del Espíritu Santo (Hechos 1:8), es opcional: «Pero cuando venga el Espíritu Santo sobre ustedes, recibirán poder y serán mis testigos tanto en

---

77   harles Kraft, *I Give You autoridad: Practicing the Authority Jesús Gave Us* [Práctica de la autoridad que Jesús nos dio], (Grand Rapids, MI: Chosen Books, 2007), 67.

Jerusalén como en toda Judea y Samaria, y hasta los confines de la tierra»,
NVI. Desde la cómoda seguridad de nuestras iglesias y posiblemente de
nuestro trabajo, podemos pasar un tiempo mínimo con los adictos, las
prostitutas, los quebrantados, los inadaptados, y los explotados. Tal vez
dialogamos cómodamente acerca de los matices más finos de nuestras
teologías sobre el Espíritu Santo y su obra en sus hijos y a través de ellos,
sin que estas incómodas realidades nos interrumpan. Podríamos incluso
llegar a concluir que el bautismo del Espíritu Santo prometido por Jesús
a los creyentes para cambiar su mundo es opcional, y que tal vez no sea
para nosotros.

Mientras conversamos plácidamente dentro de la comunidad
de luz, la tarea posiblemente nos parezca realizable. Sin embargo,
cuando comenzamos a dar los primeros pasos en la oscuridad espiritual,
e intentamos llevar a Cristo a las ciudades y el mundo que el profeta
describe en Isaías 59, pronto nos damos cuenta de nuestra
ineptitud. La compasión, las buenas intenciones y aun la fe no son
suficientes. En el frente de esta épica batalla espiritual, donde la oscuridad
y la luz chocan, siempre hay una violenta guerra espiritual. Hoy, en
nuestro mundo, los más valientes y comprometidos seguidores de Jesús
anhelan fervientemente la unción

> En el frente de
> esta épica batalla
> espiritual, donde la
> oscuridad y la luz
> chocan, siempre
> hay una violenta
> guerra espiritual.

del Espíritu Santo, y lo saben. Para los pobres, los cautivos, los esclavos,
los enfermos, las víctimas, los explotados y todos los pecadores, como tú y
como yo, la libertad plena solo se obtiene a través de la obra omnipotente
del Espíritu.

SUGERENCIAS PARA UNA EXPERIENCIA DE APRENDIZAJE

Consideren las siguientes preguntas para explorar y aplicar los conceptos más pertinentes en este capítulo.

1. Piensen en hombres y mujeres de Dios a quienes conocen, e identifiquen aquellos que viven y andan con autoridad espiritual en el Espíritu. ¿Qué cosas los distinguen? ¿Cómo lo saben? Descríbanlas. Reflexionen sobre qué cosas se podrían aprender de ellos, como referentes espirituales para su propia vida.

2. ¿Cómo se perciben la autoridad y las jerarquías en su cultura? Analicen personalmente cómo esas percepciones afectan o nublan su perspectiva de las palabras y del ejemplo de Jesús respecto a la autoridad espiritual que Él delegó a sus discípulos. Oren juntos por el Espíritu de Dios, que los ilumine y libere en aquellas áreas de conformismo a la cultura que está en conflicto con la Palabra de Dios.

3. Lean una vez más la descripción del apóstol Pablo sobre los dones del Espíritu, en 1 Corintios 12. ¿Cómo han sido cada uno instrumento en manos de Dios conforme fueron sensibles a su Espíritu? Pidan en oración poder identificar las áreas en las que están más vulnerables y más necesitados de la obra de su Espíritu, para que puedan cumplir su compasivo propósito hacia quienes están en oscuridad espiritual. Oren juntos para recibir la plenitud del Espíritu Santo o ser renovados en Él con el fin de recibir la investidura de poder que necesitamos los creyentes para el servicio a Dios.

4. Comprométanse a buscar a Dios intencionadamente, y a procurar la obra plena del Espíritu Santo, en cada uno personalmente y en conjunto con toda su comunidad de fe. Reconozcan la necesidad que tienen de su poder. Su presencia sobre nosotros y en nosotros no es necesariamente ruidosa y efusiva, pero sí es innegable.

LECTURAS ADICIONALES

- Kendall, R. T. *The Anointing: Yesterday, Today, Tomorrow* [La unción: Ayer, hoy y mañana]. Lake Mary, FL: Charisma House, 2003.

- Kraft, Charles H. *I Give You Authority: Practicing the Authority Jesus Gave Us* [Les doy autoridad: La práctica de la autoridad que Jesús nos dio]. Grand Rapids, MI: Chosen Books, 2007.

- Lowenberg, Doug. «Demonization and the Christian Life: How the Devil Influences Believers» [Los demonios y la vida cristiana: Cómo el diablo influye en los creyentes]. *Enrichment*, verano 2013, 87–95.

- Menzies, Robert. *Pentecostés: Esta historia es nuestra historia*. Springfield, MO: Gospel Publishing House, 2013.

- Tyra, Gary. *The Holy Spirit in Mission: Prophetic Speech and Action in Christian Witness* [El Espíritu Santo en el campo misionero: Palabra y acción profética en los testigos cristianos]. Downers Grove, IL: InterVarsity Press, 2011.

CONCLUSIÓN

LA LUCHA CONTRA LA INJUSTICIA, COMO DIOS QUIERE

La justicia bíblica, como la salvación, tiene un precio. Andar por la senda del discipulado, de la justicia, exige más que una gracia barata. La metáfora básica de la Biblia que describe lo que Dios está haciendo en nuestro mundo es la redención: comprar la libertad de aquel que es esclavo. Como no vivimos en una sociedad de esclavitud, tendemos a olvidarnos de ese significado. La redención es una transacción costosa.[78]

Nuestro mundo y las vidas de los seguidores de Jesús necesitan afecto y acciones de bondad. Pero no son sustitutos de la justicia y la compasión valerosa, centrada en Jesús y capaz de transformar la vida ahora y para la eternidad. Como atestiguan personas de nuestro mundo como la madre Teresa, Mark y Huldah Buntain, y los K. K. Devaraj: no es fácil. La libertad, la justicia, la sanidad y la transformación, en realidad, se ganan en el campo de la épica batalla entre el bien y el mal, entre las tinieblas y la luz. Quienes libran la batalla armados con la verdad eterna de Dios, conforme a su divina voluntad y con el poder del Espíritu Santo al final obtendrán la victoria en su vida y en la vida de aquellas personas a quienes procuran redimir.

Lo que me motivó a escribir este libro han sido dos interesantes situaciones que mi esposo David y yo hemos venido observando en los últimos años. La primera es el creciente interés por la justicia social que observamos en la generación más joven de seguidores de Jesús. Está bien y es bueno, porque nuestro Dios es un Dios de justicia, y muchos

---

78 David Neff, «Signs of the End Times» [Señales del fin de los tiempos], *Christianity Today* 55, no. 8 (24 de agosto de 2011): 46–51.

> Si involuntariamente separamos la compasiva misión de Dios de su verdad expresada en palabras y el poder liberador del Espíritu, la justicia y la compasión serán ineficaces para transformar vidas.

de nosotros hemos pasado por alto este aspecto de las Escrituras durante mucho tiempo. Nuestros jóvenes amigos y colegas están dispuesto a proceder con valentía y elocuencia, y están verdaderamente dispuestos a enfrentar las necesidades más apremiantes y las injusticias sociales de nuestro mundo que se asemeja a Isaías 59. ¡Cómo los amo! Ellos representan la posibilidad que tenemos de desafiar genuinamente el mundo de las tinieblas por amor a Cristo. Jamás había visto una generación con tanto potencial.

La segunda razón que me llevó a escribir este libro es una profunda preocupación de hacer bien las cosas. Si involuntariamente separamos la compasiva misión de Dios de su verdad expresada en palabras y el poder liberador del Espíritu, la justicia y la compasión serán ineficaces para transformar vidas. Nuestro mejor esfuerzo altruista, si está separado de la gran misión de Dios, es sólo un parche temporal que más bien gratifica a quien presta la ayuda, a los activistas y abolicionistas, en vez de realmente cambiar la vida de los pobres, los explotados, y los esclavizados.

Mathew y Suhasini Daniel hace diez años que están cumpliendo de excelente manera la misión en Pune, India. La tarea parecía enorme cuando recibieron a dieciocho niñas que el gobierno rescató del tráfico en una de sus redadas, y las alojaron en un hogar de acogida de Proyecto Rescate para que pudieran sanar. Efectivamente, fue enorme, ya que tuvieron que incorporar toda la experiencia médica, consejería postraumática, asistencia social, y ministerio de liberación espiritual que pudieron obtener, para atender las necesidades físicas, emocionales, sicológicas, educativas y espirituales de las niñas que habían amparado.

El matrimonio Daniel luchó literalmente por la vida de sus «hijas» adoptivas: contra los arrendadores de la casa que los desalojaron cuando supieron de dónde venían las niñas; contra los parientes de la zona roja que luchaban para que las niñas volvieran y así continuar la lucrativa explotación; contra supuestos socios en el ministerio que, por «ayudarlas», las habrían explotado aunque de otra manera; contra los traficantes en los tribunales cuando las niñas estuvieron dispuestas a presentar testimonio de su historia; y contra los violentos gobernantes de las tinieblas que las atormentaron durante muchas noches hasta que estas preciosas niñas experimentaron una plena liberación.

Catorce de estas niñas ahora han terminado el programa de cuidados y han terminado sus estudios en la escuela. Se están preparando para aprender un oficio o una profesión; son mujeres de Dios, seguras de sí mismas y educadas que hoy pueden disfrutar su juventud. Mientras escribo el manuscrito de este libro, siete de ellas han comenzado un programa universitario para trabajar como consejeras. Se sienten llamadas a trabajar como asistente social con las niñas de su nación que han sufrido explotación sexual, que como ellas hace diez años, necesitan libertad, sanidad y a Jesucristo. Estas jovencitas, rescatadas del tráfico sexual infantil, se han convertido en elocuentes portavoces a favor de la libertad y la justicia.

Mathew y Suha serían los primeros en reconocer que cometieron errores. Sin embargo, trabajaron arduamente, oraron sin cesar y colaboraron con otros para cumplir una obra de compasión y justicia con integridad y sincera lealtad a Jesús, mientras implementaban un programa que conquistó el respeto del gobierno y de los servicios sociales: una realización para nada menor. Si los seguidores de Jesús intentan obrar con compasión y justicia en un mundo como el de Isaías 59 sin la presentación de Jesús a los pobres, los necesitados y los explotados, ni la verdad liberadora de la Palabra de Dios, sin el apoyo de una comunidad de fe ni el poder del Espíritu Santo, los resultados son los que siguen:

- Los esclavos obtienen libertad física, pero permanecen esclavos en la mente y el espíritu.

- Un porcentaje alarmante de ellos vuelve a la explotación.

- Los pobres que solo reciben ayuda financiera siguen encadenados a la pobreza mental, sicológica, social, y espiritual.

- La sanidad para las víctimas de explotación sexual se limita al mejor consejo y tratamiento humano, sin la oportunidad de experimentar el milagro de la transformación espiritual.

Y cuando las niñas que fueron rescatadas regresan a la esclavitud, los pobres continúan en su pobreza o las personas a quienes ayudamos se convierten en explotadores, nosotros, los que hemos trabajado arduamente, nos desilusionamos, nos hundimos en la frustración, y finalmente llegamos a la trágica conclusión de que la justicia de Dios es inoperante. Demasiados luchadores en esta guerra ya han desertado silenciosamente.

Las personas de la iglesia que les habían aconsejado que no se metieran con la justicia social y la compasión, posiblemente les dirán: «¿Te das cuenta? La justicia social nos distrae del evangelio, de la evangelización, y del discipulado; no es la manera de obedecer la Gran Comisión. Quien lo haga, se confundirá y perderá de vista sus prioridades. No te metas en eso». La fragmentación del verdadero mandato de Jesús, en Lucas 4:18, está a la orden del día y parece tener justificación. Los que más pierden son los pobres, los explotados y los esclavos.

Por último, quienes viven en cautividad se resignan una vez más a creer la mentira del enemigo de que nadie es capaz de darles un futuro distinto. Qué baratas que son las promesas. Qué fáciles. Nuestros mejores esfuerzos y nuestras obras más denodadas por la justicia no pueden forzar la mano de Dios ni pueden humanamente transformar la voluntad aniquilada para que después de años de trauma y fracaso la persona tome buenas y saludables decisiones. Pero la justicia de Dios sí obra... cuando la

> La justicia de Dios sí obra... cuando la ejercemos como Él quiere.

ejercemos como Él quiere. Su misión milagrosa de redimir a los perdidos, los quebrantados, los enfermos y los cautivos sí es efectiva cuando sus hijos adoptan sin temor alguno y con fidelidad la estrategia del Nuevo Testamento, centrada en Jesús y en el poder del Espíritu, para edificar la comunidad de la fe.

Y en aquellos días en que la batalla contra el mal se torna insoportable, cuando hemos hecho todo lo que podíamos, invocamos el nombre de Dios y clamamos por su ayuda. Él nos sostiene y transforma milagrosamente la vida de los hombres, las mujeres, los niños y las niñas. Él ha prometido que lo hará, porque esta es su misión, y nosotros nos atrevemos a cumplirla a su manera, como Él quiere, conforme a su voluntad.

El ayuno que he escogido,
    ¿no es más bien romper las cadenas de injusticia
    y desatar las correas del yugo,
    poner en libertad a los oprimidos
    y romper toda atadura?
    ¿No es acaso el ayuno compartir tu pan con el hambriento
    y dar refugio a los pobres sin techo,
vestir al desnudo
    y no dejar de lado a tus semejantes?
    Si así procedes, tu luz despuntará como la aurora,
    y al instante llegará tu sanidad;

tu justicia te abrirá el camino,
y la gloria del Señor te seguirá.
Llamarás, y el Señor responderá;
pedirás ayuda, y él dirá: «¡Aquí estoy!».
(Isaías 58:6–9, NVI)

APÉNDICES

Apéndice A

PAUTAS PRÁCTICAS PARA LA EVALUACIÓN DE LOS MINISTERIOS DE COMPASIÓN Y EVENTUALES DECISIONES DE PARTICIPACIÓN O APOYO PERSONAL O COLECTIVO

Antes de tomar la decisión de trabajar como voluntarios o de apoyar un ministerio de compasión, conviene que las personas se hagan las siguientes preguntas estratégicas:

1. ¿Cómo se relaciona el ministerio con la comunidad? ¿Qué opinión tiene la comunidad local de este ministerio? ¿Se lleva adelante para la comunidad local, o con la comunidad local? ¿De qué manera?

2. ¿El ministerio está asociado o vinculado a una comunidad de fe o a una iglesia de la localidad? Si es así, ¿cuál es esa relación?

3. ¿Es el personal mayoritariamente local/nacional o extranjero? Si es personal extranjero, ¿en qué medida la comunidad local de fe siente el programa como propio?

4. ¿Se rinde cuentas al liderazgo espiritual local? Si así fuera, ¿qué implica, cómo opera?

5. ¿Hay estructuras locales de ministerio para que el ministerio de compasión a los individuos no se limite a satisfacer necesidades físicas, sino que procure también la transformación espiritual? ¿Son una oportunidad para que aquellas personas en necesidad puedan también ser «nuevas criaturas en Cristo Jesús»?

6. Describa cómo el ministerio tiene un sentido claro de misión, como lo fue el ministerio de compasión de Jesús.

Apéndice B

¿DE QUÉ MANERA SE INTEGRA EL MINISTERIO A LA MISIÓN MÁS AMPLIA DE MISIONES MUNDIALES DE LAS ASAMBLEAS DE DIOS

LLEGAR: evangelización	ESTABLECER: iglesias que crecen	CAPACITAR: discipulado	TOCAR: compasión
Evangelización en las zonas rojas y al aire libre	Comienzo de nuevas iglesias en las zonas rojas	En todos los hogares seguros de acogida para las mujeres y las niñas	Intervención para el rescate físico
Policlínicas médicas	Centros de capacitación vocacional y laboral (áreas sensibles)	En iglesias y escuelas dominicales en las zonas rojas	Asegurar una educación
Escuelas dominicales en los barrios y programas fuera del horario escolar	Grupos pequeños de apoyo y cuidado en los lugares donde hay prostitución (o cerca de ellos) para hombres y mujeres	En iglesias locales que se convierten en la comunidad de fe para quienes participan en los programas	Terapia postraumática
Hogares de asistencia y cuidados postraumáticos		Becas de estudio en el instituto bíblico, para las personas llamadas al ministerio vocacional	Policlínicas médicas

Nota: De los once centros afiliados a Proyecto Rescate que operan en seis países, solo un ministerio (con veinte años de servicio en este campo) ha incluido todas estas facetas: Teen Challenge de Mumbai, en la India.

Otros comenzaron su primer ministerio de intervención cuando Dios les abrió una puerta, y luego fueron agregando los demás elementos, basados en sus propios contextos cultural, político, y religioso. No hay dos ministerios iguales, pero todos están mutuamente comprometidos a cumplir los cuatro elementos de la misión.

Apéndice C

SITIOS EN INTERNET DE
ORGANIZACIONES INTERNACIONALES

Ofrecemos a los lectores la siguiente lista de sitios en internet si es que tuvieran interés en recabar más información sobre cómo participar de un ministerio integral de compasión, centrado en Jesús, o en iniciativas de servicio a las víctimas de la injusticia social, el tráfico sexual y la explotación sexual en todo el mundo. Si bien hay muchas buenas organizaciones que proveen excelentes servicios, en esta lista incluimos aquellas que se dedican a promover la compasión y la justicia transformadora, que contempla las necesidades de la persona como ser integral: cuerpo, mente y espíritu.

Sitios en internet de ministerios que ofrecen atención integral

Convoy of Hope	www.convoyofhope.org
Enlace El Salvador	www.enlaCEOnline.org
Global Teen Challenge *drug/substance abuse rehab*	www.globaltc.org
Health Care Ministries	www.healthcareministries.org
Latin America Child Care	www.lacc4hope.org
Rainbows of Hope and Crisis Care Training International (ministerio global de WEC International a la niñez en situación de crisis) *global ministries of WEC International to children in crisis*	www.wecinternational.org.uk/ wec-youth-children-camps/ risk-crisis-roh.html
Salvation Army	www.salvationarmy.org

Touched Romania	www.touchedromania.org
World Hope	www.worldhope.org
World Relief	www.worldrelief.org

Sitios de internet de ministerios que se dedican exclusivamente a trabajar con víctimas de la explotación sexual y el tráfico sexual, o con niños en situación de riesgo

Alabaster Jar *Alemania*	www.alabasterjar.de
Bombay Teen Challenge	www.bombayteenchallenge.org
Breaking Chains Network *Bélgica*	www.breakingchainsnetwork.com
Chab Dai Cambodia	wwwmogiv.com/chabdai/cambodia/
Chicas de Promesa *Costa Rica*	www.marykmahon.com
Faith Alliance Against Slavery and Trafficking	www.faastinternational.org
Live2free *US university student engagement (Organización de estudiantes universitarios en los Estados Unidos)*	www.live2free.org
Project Rescue	www.projectrescue.com
Project Rescue España	www.fietgratia.org
Rescue: Freedom International	www.rescuefreedom.org

Apéndice D

EJERCICIO DE APRENDIZAJE PARA EL CAPÍTULO 8 COMUNIDAD DE OSCURIDAD, COMUNIDAD DE LUZ

Propósito de la actividad: Demostrar el poder de la comunidad tanto para el bien como para el mal, su impacto en los esfuerzos de las personas de fe que procuran practicar la justicia de Dios, y su impacto en aquellas personas en situación de cautiverio y explotación, a quienes quieren ayudar.

Instrucciones: Dividan el grupo o la clase en dos grupos más pequeños. Los grupos permanecerán sentados y separados por una distancia de aproximadamente dos metros (4 o 5 pies). Un grupo será la comunidad de fe (de luz) y el otro, la comunidad de injusticia y explotación (de oscuridad). Identifiquen a una persona de la comunidad de luz que desea ayudar a rescatar personas de la comunidad de tinieblas.

El moderador le pregunta a cada comunidad: «¿Qué rasgos caracterizan a su comunidad? A la comunidad de luz: Estos rasgos que nombraron, ¿son en general verdaderos o ideales?».

Pida al rescatador que salga de su comunidad y se pare en el espacio entre las dos comunidades. El rescatador luego sacará a una joven de la comunidad de oscuridad y la llevará al espacio entre las dos comunidades.

Mientras el rescatador y la persona rescatada están de pie entre las dos comunidades, el moderador hace las siguientes preguntas:

1. A la comunidad de oscuridad/explotación): ¿Qué
   piensan o sienten cuando esta persona viene para llevarse

a alguien de su comunidad? ¿Cuáles son sus temores? ¿Cómo responderían? ¿Por qué?

2. (Al rescatador): Ahora que has sacado a esta persona de la comunidad de oscuridad, ¿qué harás con ella?

3. A la persona que es rescatada): Considerando el lugar donde has estado hasta ahora, ¿qué piensas? ¿Qué sientes? ¿Qué temores tienes? ¿Cómo responderías? ¿Por qué?

4. (A la comunidad de luz): En vista de que uno de ustedes, la comunidad de luz, quiere sacar a esta persona del cautiverio que vive en la comunidad de oscuridad, ¿qué piensan? ¿Qué sienten? ¿Qué temores tienen? ¿Cómo reaccionarían? ¿Por qué?

5. Si la persona que está saliendo de la comunidad de oscuridad estuvo envuelta en la explotación sexual (como víctima o perpetradora), ¿qué podría pensar, sentir, temer? Como seguidores de Jesús, ¿cuál es nuestra responsabilidad hacia ellos? ¿Cuál es la responsabilidad de los pastores y líderes en este tipo de situación?

Para ayudar a la gente a liberarse de la esclavitud, la explotación y la injusticia, quienes se dedican a este trabajo deben estar preparados para traerlos a una comunidad local sanadora, que les brinde el apoyo que necesitan. Fuera de esa estructura, quienes salen de ese mundo difícilmente sobrevivirán por su cuenta, y finalmente serán arrastrados de vuelta a su antigua comunidad de explotación.

Consideren las siguientes propuestas:

1. Sugieran algunos pasos prácticos que podrían dar para que su comunidad local de fe opere conforme al modelo bíblico del Nuevo Testamento, en que las personas pueden iniciar un proceso que transforme su vida.

2. ¿Qué problemas espirituales y actitudes culturales deben ser consideradas? ¿Cómo?

3. ¿Es una actitud responsable intentar «rescatar» a los pobres, los esclavizados y los explotados si la comunidad local de fe todavía no está preparada para aceptarlos con amor, fe y paciencia y acompañarlos durante el complejo proceso de sanidad? ¿Por qué sí o por qué no?

4. ¿Cuál es la idea más importante que este ejercicio les permitió vislumbrar acerca de su comunidad de fe, la comunidad de oscuridad, o ustedes mismos?

Oración final: Oren que Dios les revele y los perdone por actitudes, pensamientos y motivaciones personales relacionadas con la comunidad de luz o la de la oscuridad, y que a Él no lo complacen. Pidan sabiduría a Dios, para saber cómo enfrentar con valor la injusticia y practicar la compasión de Jesús, como una sola comunidad y con integridad.

Oren que el Espíritu transforme las actitudes y las perspectivas, para que estas reflejen más claramente la imagen de Jesús.

Oren que haya un crecimiento en la fe, la unidad, y el poder del Espíritu, para así se cumpla el mandato y la misión que Jesús encomendó a su iglesia en Lucas 4:18.

SOBRE LA AUTORA

Beth Grant y su esposo, David, han servido como misioneros de las Asambleas de Dios en Eurasia durante treinta y siete años. Si bien su ministerio se centró en la India, su vocación misionera los ha llevado a más de treinta países del mundo.

Beth tiene el llamado y el don para la enseñanza. Es maestra y catedrática que dicta charlas sobre misiones y educación intercultural en universidades de la India, Asia, África, Europa, y los Estados Unidos. Participa con frecuencia en retiros internacionales de mujeres, con un mensaje de inspiración para que las damas reconozcan su identidad en Cristo y sean llenas de poder para cumplir el propósito que Dios les dio.

Beth es codirectora de Proyecto Rescate, un ministerio para mujeres que han sobrevivido la esclavitud sexual. Como miembro de la alianza para la lucha contra la esclavitud y el tráfico (Faith Alliance Against Slavery and Trafficking), Beth coeditó el programa curricular internacional *Hands That Heal* [Manos que sanan] para entrenar a quienes trabajan con sobrevivientes del tráfico ilegal de personas. En la actualidad, desarrolla su ministerio como la primera mujer presbítera ejecutiva en el Concilio General de las Asambleas de Dios de los Estados Unidos.

Beth obtuvo su doctorado en Educación Intercultural de Biola University de Los Ángeles, California. Su visión es movilizar a una generación de jóvenes mujeres y hombres a cumplir la misión transformadora de Dios en nuestro mundo del siglo veintiuno.

Beth se siente feliz de ser la esposa de David, madre de dos hijas maravillosas, Rebecca y Jennifer, suegra de Tyler Shults y Jon Barratt, y «mimi» de Judah y Gemma.

PARA ORDENAR MÁS COPIAS
DE ESTE LIBRO

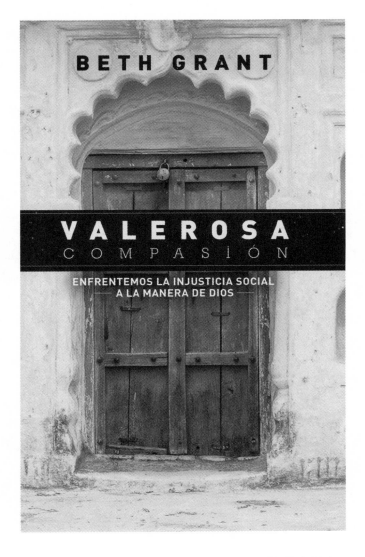

BETH GRANT

VALEROSA
COMPASIÓN

ENFRENTEMOS LA INJUSTICIA SOCIAL
A LA MANERA DE DIOS

VISITE WWW.MIIGLESIASALUDABLE.COM